U0431152

优秀教学成果奖系列丛书
中等职业教育“十三五”规划教材

轨道车辆机电设备检修

主　编　刘艳艳　张井彦
副主编　汪洪青　孙立民　贾进军

北京理工大学出版社
BEIJING INSTITUTE OF TECHNOLOGY PRESS

内容简介

本书是城市轨道交通车辆运用与检修专业核心课程丛书之一。本书依照轨道车辆机电设备检修课程标准和技能型人才成长规律，将学生须掌握的基本知识和技能分解为常用电工工具的使用、城市轨道交通车辆机电设备运行与维护、城市轨道交通车辆牵引传动系统、识读车辆典型电气控制线路图四个项目十二个教学任务，通过学习学生能够了解车辆机电设备及其运行与维护等方面的基本知识，掌握车辆机电设备运用、日常维护和检修基本技能，对车辆检修工、列检员等工种职业能力的形成起到理论支撑和技术铺垫的作用。

本书可作为中等职业学校城市轨道交通车辆运用与检修专业教材，也可作为轨道交通车辆检修工、列检员等岗位的技能培训教材，或从事轨道交通相关人员的业务参考书。

图书在版编目（CIP）数据

轨道车辆机电设备检修 / 刘艳艳，张井彦主编. —北京：北京理工大学出版社，2019.9

ISBN 978 - 7 - 5682 - 7588 - 0

Ⅰ. ①轨…　Ⅱ. ①刘… ②张…　Ⅲ. ①轻轨车辆 - 机电设备 - 车辆检修 - 高等学校 - 教材　Ⅳ. ①U279.3

中国版本图书馆 CIP 数据核字（2019）第 207496 号

出版发行 / 北京理工大学出版社有限责任公司
社　　址 / 北京市海淀区中关村南大街 5 号
邮　　编 / 100081
电　　话 / （010）68914775（总编室）
　　　　　（010）82562903（教材售后服务热线）
　　　　　（010）68948351（其他图书服务热线）
网　　址 / http：//www.bitpress.com.cn
经　　销 / 全国各地新华书店
印　　刷 / 北京虎彩文化传播有限公司
开　　本 / 787 毫米 × 1092 毫米　1/16
印　　张 / 11.5
字　　数 / 230 千字
版　　次 / 2019 年 9 月第 1 版　2019 年 9 月第 1 次印刷
定　　价 / 36.00 元

责任编辑 / 封　雪
文案编辑 / 封　雪
责任校对 / 周瑞红
责任印制 / 李志强

前言 Preface

随着国民经济的高速发展和科学技术的进步，我国城市化的步伐不断加快。然而，城市规模发展过快带来了城市交通日益拥挤的严重问题。为此，国务院发展研究中心在“城市化与轨道交通建设”国际研讨会上发布报告称，截至目前，我国40余个城市在建或正在筹建地铁和轻轨等城市轨道交通设施，已获批25个城市，2015年已建成3 000余千米的城市轨道交通，总投资达1.2万亿元。

城市轨道交通具有安全、快捷、准时、舒适、运量大、无污染、占地少等鲜明的特点，是城市公共交通的一个重要组成部分。城市轨道交通为市民的出行提供了极大的方便，同时也承载着众多人的生命安全，车辆要在既安全又简便的操纵下获得不同工况下的良好运行性能，就需要一系列不同性能、不同作用、不同型号机电设备可靠地工作。机电设备各部件的工作贯穿于车辆的整个操纵过程。

根据中职教育的要求及目前中职学生的特点，本书依照轨道车辆机电设备检修的课程标准，将所要求掌握的基本知识和技能分解为常用电工工具的使用、城市轨道交通车辆机电设备运行与维护、城市轨道交通车辆牵引传动系统、识读车辆典型电气控制线路图四个项目十二个教学任务，通过学习学生能够深入了解城市轨道交通车辆机电设备的基本知识，掌握城市轨道交通车辆机电设备、设施的运用、日常维护和检修的基本技能，为轨道交通车辆检修工职业能力的形成起到理论支撑和技术铺垫的重要作用。

本书在内容组织、结构编排及表达方式等方面做出了重大改革，以基本功为基调，通过“项目教学”来学习理论，再通过学习理论来指导实训，并注重教学与生产实践的对接，充分体现理论和实践的结合。本书强调“先做后学，边做边学”，使学生能够快速进入学习状态，激发学生浓厚的学习兴趣，学习变得轻松愉快。本书适合中等职业学校轨道交通车辆检修专业的教学，也可作为轨道交通车辆检修的岗位培训用书。

由于编者学识有限，收集资料不够全面，书中难免有纰漏和不足之处，恳请各位读者批评指正，不吝赐教，以便修改。另外，本书参考了一些国内外发表的文章、资料，编者在此对他们表示诚挚的谢意。

编　者

学时分配参考表

序　号	内　容	学　时
项目一	常用电工工具的使用	12
项目二	城市轨道交通车辆机电设备运行与维护	30
项目三	城市轨道交通车辆牵引传动系统	18
项目四	识读车辆典型电气控制线路图	12
总学时数		72

目录 Contents

1 项目一

常用电工工具的使用

- 任务一　常用电工工具的使用
- 任务二　万用表的认识与使用

【项目情境创设】

车辆电气检修工和列检员在电气线路维护、用电设备的安装、检修维护车辆过程中，经常需要测量一些物理量，如电流、电压、电阻等，了解是否安装正确或找寻需要维修的位置。测量这些物理量经常使用万用表等电工工具，而设备的运行维护必须使用一些特定的工具和一些常用的电工工具，因此本项目着重介绍常用电工工具及其使用方法。

【项目学习目标】

学习目标		学习方式	学时
技能目标	1. 掌握常用电工工具的使用方法和操作要领； 2. 测电笔的使用方法和注意事项； 3. 掌握指针式万用表的使用方法和操作要领； 4. 掌握数字式万用表的使用方法和操作要领	讲授、演示、学生实习	10

续表

学习目标		学习方式	学时
知识目标	1. 了解测电笔的结构和工作原理； 2. 能规范使用指针式万用表并能正确读数； 3. 能规范使用数字式万用表并能正确读数	讲授	2

【项目基本功】

一、项目基本技能

任务一　常用电工工具的使用

1. 螺丝刀

螺丝刀又称起子、螺钉旋具，是拧紧或旋松头部带一字或十字槽螺钉的工具。螺丝刀可分为“一”字形、“十”字形，其外形如图 1－1 所示。

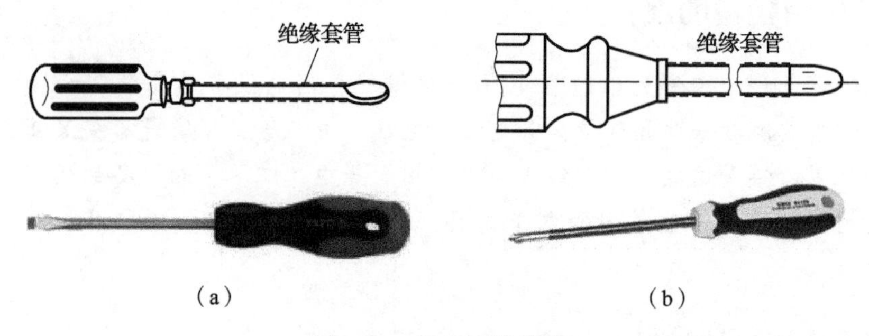

图 1－1　螺丝刀的外形

(a)“一”字形；(b)“十”字形

2. 钳子

钳子根据用途可分为钢丝钳、剥线钳、尖嘴钳、斜口钳、卡线钳、压线钳、网线钳等。

(1) 钢丝钳。

钢丝钳又叫平口钳、老虎钳，主要用于夹持或折断金属薄板及切断金属丝。电工所用的钢丝钳钳柄上必须套有耐压 500 V 以上的绝缘管。钢丝钳的外形及握法如图 1－2 所示。

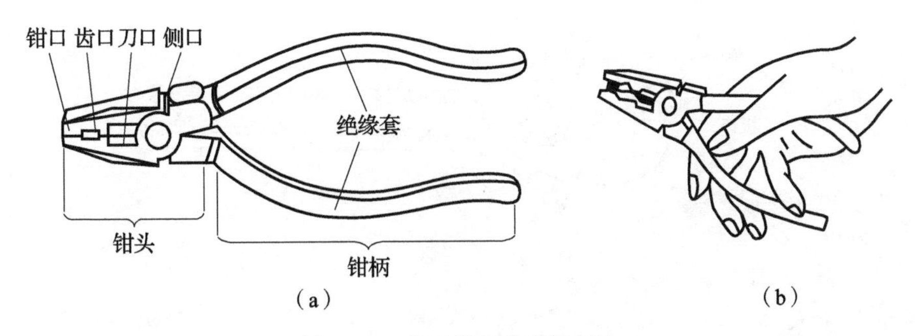

图 1－2　钢丝钳的外形及握法

（2）剥线钳。

剥线钳是一种用于剥除小直径导线绝缘层的专用工具，其外形如图 1－3(a) 所示。

（3）尖嘴钳。

尖嘴钳的功能与钢丝钳类似，其外形如图 1－3(b) 所示。

（4）斜口钳。

斜口钳又称偏口钳、断线钳，常用于剪切多余的线头或代替剪刀剪切尼龙套管、尼龙线卡等，其外形如图 1－3(c) 所示。

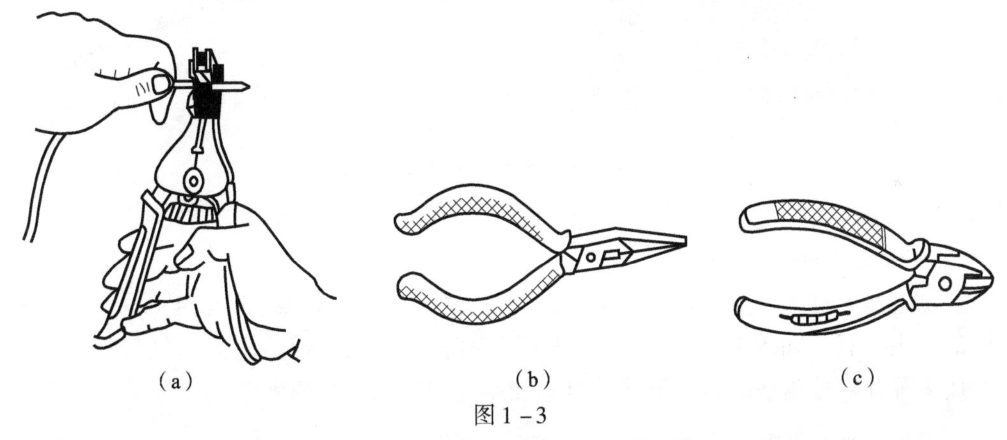

图 1－3

（a）剥线钳；（b）尖嘴钳；（c）斜口钳

3. 电工刀

电工刀是一种剥线工具，其外形如图 1－4 所示。

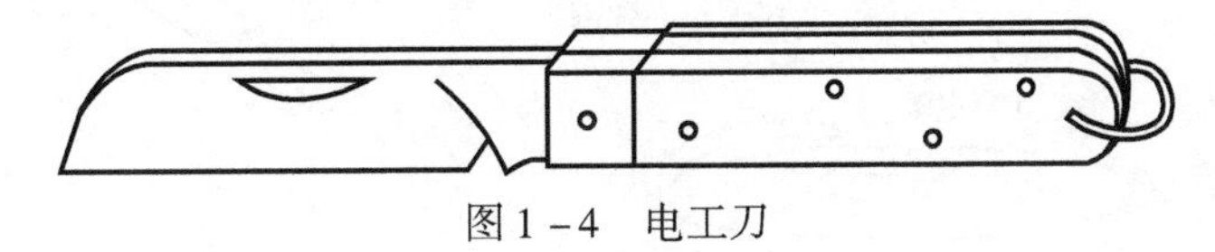

图 1－4　电工刀

4. 扳手

常用的扳手有活动扳手、套筒扳手、固定扳手 3 类，如图 1－5 所示。

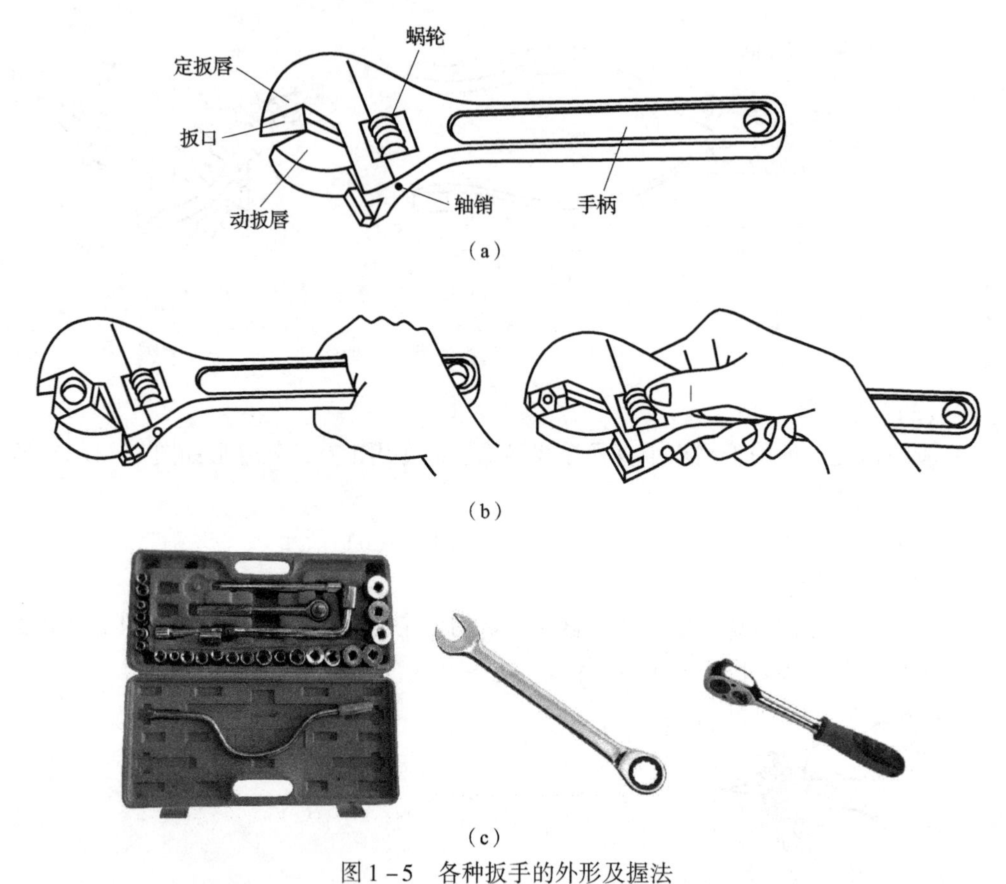

（a）

（b）

（c）

图1－5　各种扳手的外形及握法

（a）活动扳手的结构组成；（b）活动扳手的两种握法；（c）套筒扳手和固定扳手

5. 试电笔的认识与使用

试电笔又称为低压验电器，是一种能直观地确定测试导线、电器和电气设备是否带电的常用工具。如图1－6所示，试电笔是由金属笔尖、限流电阻、氖管、弹簧、笔尾金属体等几部分组成。有钢笔式测电笔和螺丝刀式测电笔两种形式。

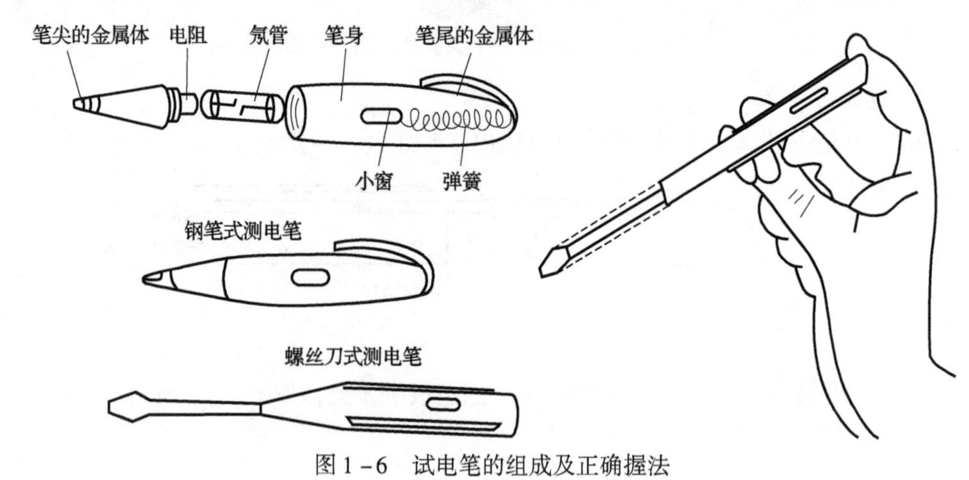

图1－6　试电笔的组成及正确握法

试电笔的使用说明：

使用试电笔时，手的握法必须正确。正确的握法是用拇指和中指握住试电笔的塑料凿柄或笔杆，食指按在金属笔尖或铜铆钉上，用凿头或笔尖去接触被测的导线或器具，如图 1-6 所示。当线路或器具有泄漏电流时，泄漏电流经氖管和电阻及人体对地电容入地。试电笔的内阻在 2～5 kΩ，其阻值较大，经人体的电流虽很小，但很小的电流就可以使试电笔上的电压达到起辉电压（一般 70 V 左右），这就是试电笔的测试原理。如氖管发亮，则说明有电。

用试电笔判别电路是否有电：

当笔头接触测试物体时，试电笔上的氖管亮就说明测试物体带电，而测试物体不带电时试电笔氖管就不会亮。

用试电笔判别相线与零线。在交流电路里，有电流通过的导线是相线（俗称火线），无电流通过的导线是零线。所以，当试电笔触及导线金属芯时，如果氖管亮，则说明该导线就是相线；如果氖管不亮，则说明该导线是零线。

用试电笔判别交流电与直流电。交流电通过试电笔时，氖管里的两个极同时发亮；直流电通过试电笔时，氖管里的两个极只有一个极发亮。

直流电正、负极的区别。把试电笔连接在直流电正、负极之间，氖管两电极中发亮的一端为正极。

设备漏电。用试电笔触及电气设备的壳体（如电动机、变压器的外壳），若氖管发亮，则说明该设备有漏电现象。

任务二　万用表的认识与使用

（一）指针式万用表的认识与使用

指针式万用表是一种多功能、多量程的测量仪表，一般万用表可测量直流电流、直流电压、交流电流、交流电压、电阻和音频电平等，有的还可以测交流电流、电容量、电感量及半导体的一些参数（如 β）。

1. 指针式万用表的结构组成

指针式万用表的外形及组成如图 1-7 所示。

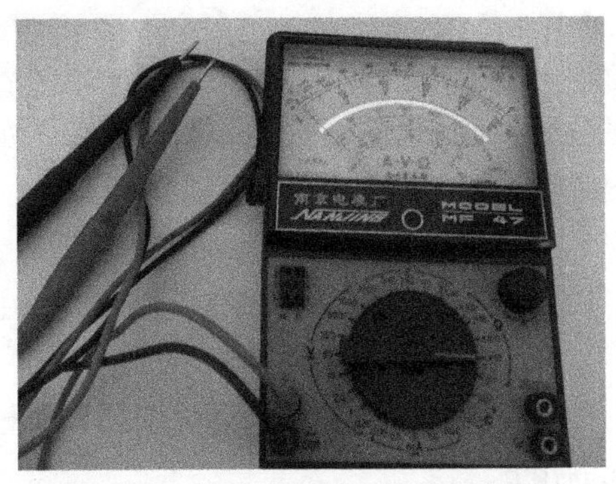

图 1-7　指针式万用表的外形及组成

万用表由表头、测量电路及转换开关等三个主要部分组成。

万用表表头如图 1－8 所示。

图 1－8 万用表表头

它是一只高灵敏度的磁电式直流电流表，万用表的主要性能指标基本上取决于表头的性能。表头的灵敏度是指表头指针满刻度偏转时流过表头的直流电流值，这个值越小，表头的灵敏度越高。测电压时的内阻越大，其性能就越好。表头上有六条刻度线，它们的功能如下：第一条（从上到下）标有 R 或 Ω，指示的是电阻值，转换开关在欧姆挡时，即读此条刻度线。第二条标有 V 或 mA，指示的是交、直流电压和直流电流值，当转换开关在交、直流电压或直流电流挡，即读此条刻度线。第三条标有 h_{FE}，指示的是三极管的放大倍数。第四条标有 C，用来测量电容。第五条标有 L，用来测量电感。第六条标有 dB，指示的是音频电平。

测量线路：测量线路是用来把各种被测量转换到适合表头测量的微小直流电流的电路，它由电阻、半导体元件及电池组成，它能将各种不同的被测量（如电流、电压、电阻等）、不同的量程，经过一系列的处理（如整流、分流、分压等）统一变成一定量限的微小直流电流送入表头进行测量。

转换开关：其作用是用来选择各种不同的测量线路，以满足不同种类和不同量程的测量要求。

2. 测量前的准备

（1）打开万用表背面电池盖板，装入 1.5 V 和 9 V 电池各一节。

（2）将万用表水平放置，观察其表针是否在机械零位，如不指零，则应旋动机械调零螺丝，使仪表指针准确指在零点刻度上。

3. 使用方法

（1）熟悉表盘上各符号的意义及各个旋钮和选择开关的主要作用。

（2）进行机械调零。

（3）根据被测量的种类及大小，选择转换开关的挡位及量程，找出对应的刻度线。

（4）选择表笔插孔的位置。

（5）测量电压：测量电压（或电流）时要选择好量程，如果用小量程去测量大电压，则会有烧表的危险；如果用大量程去测量小电压，那么指针偏转太小，无法读数。量程的选择应尽量使指针偏转到满刻度的2/3左右。如果事先不清楚被测电压的大小，应先选择最高量程挡，然后逐渐减小到合适的量程。

a. 交流电压的测量：将万用表的转换开关置于交流电压的合适量程上，万用表两表笔和被测电路或负载并联即可。

b. 直流电压的测量：将万用表的转换开关置于直流电压的合适量程上，且“+”表笔（红表笔）接到高电位处，“-”表笔（黑表笔）接到低电位处，即让电流从“+”表笔流入，从“-”表笔流出。若表笔接反，表头指针会反方向偏转，容易撞弯指针。

（6）测电流：测量直流电流时，将万用表的转换开关置于直流电流挡的合适量程上，电流的量程选择和读数方法与电压一样。测量时必须先断开电路，然后按照电流从“+”到“-”的方向，将万用表串联到被测电路中，即电流从红表笔流入，从黑表笔流出。如果误将万用表与负载并联，则因表头的内阻很小，会造成短路烧毁仪表。其读数方法如下：实际值=指示值×量程/满偏。

（7）测电阻：用万用表测量电阻时，应按下列方法操作：

a. 机械调零。在使用之前，应该先调节指针定位螺丝使电流示数为零，避免不必要的误差。

b. 选择合适的倍率挡。万用表欧姆挡的刻度线是不均匀的，所以倍率挡的选择应使指针停留在刻度线较稀的部分为宜，且指针越接近刻度尺的中间，读数越准确。一般情况下，应使指针指在刻度尺的1/3～2/3范围内。

c. 欧姆调零。测量电阻之前，应将2个表笔短接，同时调节“欧姆（电气）调零旋钮”，使指针刚好指在欧姆刻度线右边的零位。如果指针不能调到零位，说明电池电压不足或仪表内部有问题。并且每换一次倍率挡，都要再次进行欧姆调零，以保证测量准确。

d. 读数：表头的读数乘以倍率，就是所测电阻的阻值。

4. 注意事项

a. 在测电流、电压时，不能带电换量程。

b. 选择量程时，要先选大的，后选小的，尽量使被测值接近于量程。

c. 测电阻时，不能带电测量。因为测量电阻时，万用表由内部电池供电，如果带电测量则相当于接入一个额外的电源，可能损坏表头。

d. 用毕，应使转换开关在交流电压最大挡位或空挡上。

e. 注意在欧姆表改换量程时，需要进行欧姆调零，无须机械调零。

（二）数字式万用表的认识与使用

1. 数字式万用表的外形及测量范围

数字式万用表性能稳定、可靠性高、防震性能好。它可用于交、直流电压，交、直流电流，电阻，电容，二极管，三极管，音频信号频率等的测量。数字式万用表的面板结构如图1-9所示。

图1-9 数字式万用的表面板结构

使用前的检查与注意事项：

将电源开关置于ON状态时，显示器上应有数字或符号显示。若显示器出现低电压符号，应立即更换内置的9 V电池。

表笔插孔旁的符号，表示测量时输入电流、电压不得超过量程规定值，否则会损坏万用表内部测量线路。

测量前旋钮开关应置于所需量程。测量交、直流电压或交、直流电流时，若不知被测数值的大小，可将转换开关置于最大量程挡，然后根据测量值再调整到合适量程重新测量。

显示器只显示“1”，表示量程选择偏小，转换开关应置于更高量程。

在高压线路上测量电流、电压时，应注意人身安全。

2. 数字式万用表的操作方法

（1）测量电压。

将黑表笔插入“COM”插孔，红表笔插入“V/Ω”插孔，功能开关置于合适的量程，表笔与被测电路并联，红表笔接被测电路的高电位端，黑表笔接被测电路的低电位端，其测量电压最大值一般不得超过1 000 V。

（2）测量电流。

将黑表笔插入“COM”插孔，测量最大值不超过200 mA电流时，红表笔插入“mA”插孔；测200 mA~20 A范围电流时，红表笔插入“20 A”插孔。功能开关置于合适的量程，将仪表串入被测电路且红表笔接被测电路的高电位端，黑表笔接被测电路的低电位端。

（3）测量电阻。

将黑表笔插入“COM”插孔，红表笔插入“V/Ω”插孔，转换开关置于“Ω”范围的合适量程，红黑表笔各与被测电阻一端相接。

注意：表笔为开路状态时，显示器显示为“1”；测量接在电路中的电阻时，不能带电测量；所测电阻的阻值直接按所选量程的单位读数；测量阻值大于1 MΩ的电阻时，示数几秒钟后才能稳定，属正常现象。

二、项目基本技能训练

1. 电压的测量

电压测量的量程选择开关位置如图 1－10、图 1－11 所示。

图 1－10　测量直流电压量程选择开关位置

图 1－11　测量交流电压量程选择开关位置

测量交流电压的方法与测量直流电压相似，所不同的是选择挡位为交流电压挡，且表笔不需要分正负端。

2. 电流与电阻的测量

电流与电阻测量的量程选择开关位置如图 1－12、图 1－13 所示。

图 1－12　测量直流电流量程选择开关位置

图 1－13　测量电阻量程选择开关位置

三、项目基本知识拓展

知识点　试电笔简介

常用的试电笔由金属探头、电阻、氖管、透明绝缘套、弹簧、挂钩等组成，结构如图 1－6 所示。如果把试电笔笔尖与被测物体接触，笔尾金属体与人手接触就形成了一个回路。所以氖管发光则证明被测物体带电，氖管不发光则证明被测物体不带电。

【项目学习评价】

思考练习题

1. 试电笔能检测任何设备的带电情况吗？
2. 说出用万用表测电阻、测交直流电压、测交直流电流的注意事项。

自我评价、小组互评及教师评价

评价方面	项目评价内容	分值	自我评价	小组评价	教师评价	得分
实操技能	1. 按要求连接电路 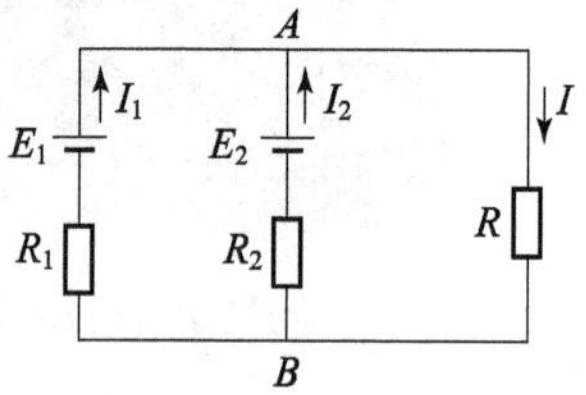	20				
	2. 测量直流电压，用指针式、数字式万用表分别测量网络中任意两点间的直流电压，将测量数据填入自己设计的表格中，并比较两仪表差值	20				
	3. 测量直流电流，将指针式、数字式万用表分别串入各支路，分别测量各支路的直流电流，将测量数据填入自己设计的表格中，并比较两仪表差值	20				
	4. 测量电阻，用指针式、数字式万用表欧姆挡测量，并正确选择欧姆挡的倍率。先测量单个电阻的阻值，然后再测量网络中任意两点间的电阻值。将测量数据填入自己设计的表格中，并比较两仪表差值	20				
	5. 测量交流电压，用指针式、数字式万用表分别测量网络中任意两点间的交流电压，将测量数据填入自己设计的表格中，并比较两仪表差值	20				
学习态度	1. 严肃认真的学习态度					
	2. 严谨、细致的工作作风					

个人学习总结

成功与收获	
改进与不足	
学习体会	

项目二

城市轨道交通车辆机电设备运行与维护

- 任务一　车辆电器结构认识
- 任务二　接触器与继电器
- 任务三　主型电器
- 任务四　互感器与传感器
- 任务五　其他电器

【项目情境创设】

城市轨道交通具有安全、快捷、准时、舒适、运量大、无污染、占地少等鲜明的特点，是城市公共交通的一个重要组成部分，城市轨道交通按照不同的标准有不同的分类方法，下面列举一些基本上得到认同的轨道交通形式。

(1) 地铁。

地下铁道交通（简称地铁）是一种在城市修建的快速、大运量的轨道交通，通常以电力牵引，其单向高峰小时客运能力可达 3 万 ~7 万人次，它的线路通常设在地下隧道内，也有的在城市中心以外地区从地下转到地面或高架桥上。目前世界上一些著名的特大城市，如纽约、伦敦、巴黎、莫斯科、东京、北京、上海等，均已形成一定的城市轨道交通规模和网络，且以地铁为主干，延伸到城市的各个方向。

(2) 轻轨。

城市轻轨铁路（简称轻轨）泛指高峰小时单向客运量在 1 万 ~3 万人次的中等运量的轨道交通系统，轻轨一般是在老式的地面有轨电车的基础上发展起来的，在一些国家和城市已经成为城市公共交通的主流。

（3）市郊铁路。

市郊铁路是指将城市市区与郊区尤其是远郊区联系起来的长距离城市轨道交通系统。它主要为短途、通勤的旅客提供运输服务，单向运送能力达每小时6万~8万人次。现在其概念范围也在不断扩大，包括了城际间直达的高速铁路，俗称“快轨”，贯通于长春、吉林两市的城际高铁正以其快捷、运量大等特点服务于市民。

（4）独轨。

独轨铁路简称独轨，是指车辆在一根铁道上运行的一种轨道交通形式。线路多架于空中，可充分利用城市空间，适宜于在大城市的繁华中心区建设，具有交通和旅游观光的双重作用，其运量一般每小时单向最大客运量1.2万人次。

不管哪种形式的城市轨道交通，与城市公共交通客车相比其最大的优点都是运量大。为了应对急剧攀升的客流，城区地铁新线扩容双管齐下，加大列车编组的同时，更换大块头的A型列车。同样6节编组的情况下，A型车比B型车长22 m，宽0.2 m，载客量达2 580人，能多运700人，运力提升三分之一，采用8节编组的A型车，每列车能比现有6节编组普通列车多运1 500多人。长春轻轨二期工程采用由长春客车厂生产的B型车（按载客量分为A、B、C三种型号），每四节编成一列。该车长19 m，最大车宽2.8 m，车高3.8 m。定员为每列车950人，最多可达到1 300人，相当于20量公交大巴的肚量。城市轨道交通为市民的出行提供了极大的方便，同时也承载着众多人的生命安全，车辆要在既安全又简便的操纵下获得不同工况下的良好运行性能，就需要一系列不同性能、不同作用、不同型号的电器设备可靠地工作。电气部件的工作贯穿于车辆的整个操纵过程。轨道交通车辆上的电器设备很多，主要有断路器、继电器、接触器、各种开关、受电弓、集电靴、速度传感器、温度传感器、互感器等，我们首先从总体上认识车辆电器结构，然后对车辆上常用电器的作用、性能、使用与维护进行深入的探讨，重在了解这些电器在轨道客车上的具体应用、安装位置、故障现象及性能使用维护，使学生对轨道客车的电气控制系统有一个初步的认识和了解。

【项目学习目标】

学习目标		学习方式	学时
技能目标	1. 了解电器主要由触头系统、灭弧系统、传动装置等几大部分组成，知道各部分的功用、工作原理，对电器具有一定的使用与维护能力； 2. 了解电磁接触器、电控接触器、真空接触器的结构、组成、分类、基本参数、工作原理及其在轨道客车上的日常使用、保养、维修等相关知识； 3. 了解电磁式继电器的工作原理、结构、组成、分类、基本参数及其在轨道客车上的日常使用、保养、维修等相关知识	讲授、演示、学生自学、实操练习	25

续表

学习目标		学习方式	学时
技能目标	4. 掌握受电弓基本结构、组成、工作原理及其在轨道客车上的应用特点及性能保证，会叙述受电弓的工作原理及升、降弓过程，掌握TSG1型单臂受电弓的检测、维护、调整方法和步骤； 5. 掌握电流互感器和电压互感器的结构、工作原理及其在轨道客车上的检测作用； 6. 了解几种常用传感器的测量转换原理，掌握温度传感器、速度传感器在轨道客车上的具体应用； 7. 了解空气断路器、真空断路器的结构、工作原理、功用与职能以及维修与保养； 8. 了解TKS14B型主司机控制器的基本结构，了解辅助司机控制器的功用，对司机控制器有一个感性认识； 9. 了解熔断器、几种常用开关、蓄电池、避雷器的功用和常用结构形式、工作原理以及维修与保养	讲授、演示、学生自学、实操练习	25
知识目标	1. 了解温升、发热温度极限、电动力与电动稳定性； 2. 了解触头的主要参数、接触电阻及材料； 3. 了解电磁能向机械能的转换、移相原理； 4. 了解接触器、继电器的选用； 5. 了解直接影响受电弓受流质量的因素、受电弓的调整（弓角、升降弓的时间调整、静态接触压力的调整）； 6. 了解传感器的应用领域； 7. 了解变压器工作原理及结构； 8. 了解过载与短路的区别； 9. 了解双金属片； 10. 了解油断路器； 11. 了解机械联锁与电气联锁	讲授、演示	5

【项目基本功】

一、项目基本技能

任务一　车辆电器结构的认识

工农业生产和日常生活中经常使用一些电器，我们仔细观察就会发现，刚刚使用过的电器温度会升高，比如长时间使用的电脑、运行中的数控车床电机等。这是什么原因呢？这是因为电流通过电气元件时，会产生热量，这些热量一部分通过传导、对流等方式散到周围介质中去，另一部分则使电器的温度升高。温度过高，会使电器的导电性、导磁性、绝缘性等性能下降，缩短电器的使用寿命。那么，电器是如何发热的，又怎样防止电器的温度过高呢？

（一）电器的发热及冷却

1. 电器的定义

由于电能与其他形式的能相比具有输送安全、经济，生产、使用方便，极易转换和便于调整、控制等优点，因此在生产、生活及一切科学技术应用领域中获得了广泛的应用，极大地促进了生产的发展、科学技术的进步，空前地改善了人类的生存环境，电是社会现代化的基石。然而，电能从产生、输送到应用，是一个复杂的过程，同时也需要一系列控制、调整、保护装置的作用才能很好地完成。城市轨道交通车辆一般是从接触网或第三轨受取电能，由牵引电机将电能转变为机械能从而驱动车辆运行。车辆要在既安全又简便的操纵下获得不同工况下的良好运行性能，就需要一系列不同性能、不同作用、不同型号的电器设备可靠地工作。电气部件的工作贯穿于车辆的整个操纵过程。例如，对电路实行通、断控制，对电动机实行启动、制动、正转和反转控制，对用电设备进行过载、短路、过压等故障的保护，在电路中传递、转换、放大电或非电的信号，自动检测电气设备的电压、电流、频率等信号，以及控制车门开、关等，都需要用不同的电器来完成。

所以，电器泛指所有用电的器具，从专业角度上来讲，主要指用于对电路进行接通、分断，对电路参数进行变换，以实现对电路或用电设备的控制、调节、切换、检测和保护等作用的电工装置、设备和元件。

2. 电器的分类

电器的用途广泛，产品种类繁多，功能多种多样，原理、结构各异，所以有多种不同的分类方法。

按用途分类：

（1）控制电器：用于各种控制电路和控制系统的电器，如接触器、继电器、电动机起动器等。

（2）主令电器：用于自动控制系统中发送动作指令的电器，如按钮、行程开关、万能转换开关等。

（3）保护电器：用于保护电路及用电设备的电器，使其免受不正常的高电压、大电流的损害，如熔断器、热继电器、各种保护继电器、避雷器等。

（4）执行电器：用于完成某种动作或传动功能的电器，如电磁铁、电磁离合器等。

（5）配电电器：用于电能的输送和分配的电器，如高压断路器、隔离开关、刀开关、自动空气开关等。

（6）调节电器：用于自动调节电路和设备，使设备电气参数保持给定值，如温度调节器、电压调节器等。

（7）仪用变流和变压器：用于将高电压及大电流变为低电压、小电流，以供仪表测量或继电器保护电路之用，如电流互感器、电压互感器等。

（8）受流器：用于接收电网电能，以作为机车电源，如受电弓、集电靴等。

（9）成套电器：有一定数量的电器按一定的电路要求组合的整体电器屏柜，如高压柜、控制屏、信号屏等。

按动作原理分类：

（1）手动电器：用手或依靠机械力进行操作的电器，如手动开关、控制按钮、行程开关、司机控制器等主令电器。

（2）自动电器：借助于电磁力或某个物理量的变化自动进行操作的电器，如接触器、各种类型的继电器、电磁阀等。

按工作原理分类：

（1）电磁式电器依据电磁感应原理来工作，如接触器、各种类型的电磁式继电器等。

（2）非电量控制电器依靠外力或某种非电物理量的变化而动作，如刀开关、行程开关、按钮、速度继电器、温度继电器等。

按接入电路的电压分类：

按其工作电压的高低，以交流 1 200 V、直流 1 500 V 为界，可划分为高压电器和低压电器两大类。

按电器执行功能分类：

（1）有触点电器：通断电路的执行功能由触头来实现的电器，如各种继电器、接触器等。

（2）无触点电器：通断电路的执行功能是根据开关元件输出信号的高低电平来实现的电器，如各种电子式继电器等。

3. 车辆电器的分类

按电器所接入的电路分类：

（1）主电路电器：接在动力回路中的电器，如受电弓、断路器、高压连接器、避雷器、互感器等。

（2）辅助电路电器：使用在辅助电路中的电器，如辅助机组、空气压缩机回路、通风机、照明电路中的各种电器等。

（3）控制电路电器：用于控制和操纵主、辅电路的电器，如各种低压电器、电空阀、自动开关、司机控制器等。

按电器的用途分类：

（1）控制电器：用于各种控制电路和控制系统的电器，如接触器、继电器、司机控制器、按钮开关等。

（2）保护电器：用于保护电路及用电设备的电器，使其免受不正常的高电压、大电流的损害，如熔断器、热继电器、各种保护继电器、避雷器等。

（3）检测电器：用于与其他设备配套，检测各电路电压、电流、车辆运行速度等的电器，如互感器、传感器等。

（4）受流器：用于在接触网或第三轨受取电能的电器，以作为机车电源，如受电弓、集电靴等。

4. 车辆电器的工作特点

轨道交通车辆电器由于工作条件和环境与一般的工业企业用电器截然不同。其工作特点有以下几点：

（1）连续而强烈的机械振动和断续的机械冲击。

列车运行中轮对与钢轨接触，轨枕变形会使机车产生振动，列车在行驶弯道、启动、制动时震动会加剧，车辆上的旋转设备也会引起振动，这些振动和冲击会在电器内部产生惯性力，从而破坏电器内部各力之间的分布，如果不加考虑，则会引起电器的误动作。

（2）工作环境恶劣。

a. 周围空气污染相当严重。车辆运行过程中，空气形成涡流，易将大气中的粉尘及其他污染物带入电器内部，同时雨雪还会侵蚀安装在车辆顶部和下部的电器，从而降低电器的绝缘能力，严重时还会影响其正常工作。

b. 轨道车辆电器工作环境的温度变化范围大，工作时车内温度很高，车底及车顶冬天温度很低。要求电器允许的温度范围是 -40 ~ 40 ℃，而且在 -40 ℃时能存放。因此，车辆电器所用的材料（尤其是绝缘材料）必须适应这种情况。

c. 轨道车辆的电器要在相对湿度 90% 的条件下可靠地工作。

（3）轨道车辆正常运行时操作频繁。

由于列车常有启动、制动及调速的操纵，操作频率相当高，对电器的机械磨损和电磨损必须给予重视。

（4）电器的安装受车辆空间尺寸的限制。

安装车辆电器的实际空间尺寸是有一定限度的，因此，对电器的安装方式、外形尺寸以及大小等都必须严格考虑，使其在有限的空间内安装紧凑，便于维修。

尽管车辆电器的工作条件十分恶劣，但必须要保证它具有足够的可靠性，因为任何一个电器的损坏或误动作，都有可能导致列车阻塞，运输中断，甚至可能危及乘客的生命。

对车辆电器的总体要求是：动作准确可靠，质轻体小，有足够的电气寿命和机械寿命，经济耐用，有较高的操作频率且能耗小、便于维修等。

（二）电器的发热与电动力

1. 概述

电器都有载流系统，在工作过程中会产生各种损耗，大部分会转变为热能，其中一部分散发到周围介质中去，另一部分加热电器的零部件，使其温度升高。即电气运行中，不可避免地伴随着热效应和电动力效应。

电器的零部件主要由导电材料、导磁材料和绝缘材料等组成。电器的温度超过某一极限值以后，会使导电材料的机械强度明显下降，有触点电器的触头表面氧化加剧，氧化膜引起接触电阻增加，工作可靠性降低，甚至使触头熔焊不能正常工作。

电器的温度过高、发热持续时间过长会使导磁材料的机械强度下降，导磁性能变坏，超过一定温度甚至可能失去导磁性。

电器的温度过高、发热持续时间过长会使其绝缘材料迅速老化，使用寿命缩短，绝缘温度受到破坏，甚至会使介质损耗增加，发热更厉害，造成恶性循环，导致其介电强度下降，严重时还会引起击穿而损坏。

2. 电器的发热

电器在工作过程中，电流通过导体会产生电阻损耗，铁磁体在交变磁场作用下会产生磁滞和涡流损耗，绝缘体在交变磁场作用下会产生介质损耗，触头通断一定电流和电压的电路时会产生高温电弧（电弧电阻损耗）等。上述损耗会转变为热能，使电器发热，温度升高。常见的损耗有电阻损耗、磁滞与涡流损耗和高压电器的介质损耗。

（1）直流电流通过导体的电阻损耗。

按焦耳定律来进行计算，计算公式如下：

$$W = I^2Rt$$

式中：W——电阻损耗（W）；

I——通过导体的电流（A）；

R——导体电阻（Ω）；

t——导体通过电流的时间（s）。

（2）交流电流通过导体的电阻损耗。

集肤效应：当高频交变电流通过导线时，电流密度在导线横截面上的分布是不均匀的，导体中心部分的电流密度小，导体表面部分的电流密度大，电流将集中在导体表面流通，且随着电流变化频率的升高电流越来越集中于导体的表面附近，导体内部的电流却越来越小的现象称为集肤效应，也叫趋肤效应。频率越高，集肤效应也越显著。

邻近效应：当高频电流在两导体中彼此反向流动或在一个往复导体中流动时，电流会集中于导体邻近侧流动的一种特殊的物理现象，即导体内电流密度因受邻近导体中电流的影响而分布不均匀的现象。

集肤效应和邻近效应使电流分布不均匀，导体有效截面积减小，有效电阻增大，电阻损耗增加。

（3）磁滞、涡流损耗。

铁磁材料在交变磁场中反复磁化由磁滞现象引起的能量损耗叫作磁滞损耗。磁滞指铁磁材料的磁性状态变化时，磁化强度滞后于磁场强度，它的磁通密度 B 与磁场强度 H 之间呈现磁滞回线关系。经一次循环，每单位体积铁芯中的磁滞损耗等于磁滞回线的面积。这部分能量转化为热能，使设备升温。导体在非均匀磁场中移动或处在随时间变化的磁场中时，导体内的感生电流导致的能量损耗叫作涡流损耗。涡流损耗的大小与磁场的变化方式、导体的运动、导体的几何形状、导体的磁导率和电导率等因素有关。磁滞与涡流损耗可以导致铁制零件发热。

（4）电介质损耗。

在低压电器中，电压 U 较低，电介质中的电场强度很小，可以忽略不计。在高压电器中，电压 U 较高，电介质中的电场强度很大，必须考虑电介质损耗及其产生的热量，以免引起过热从而使绝缘材料老化加快，甚至引起热击穿而损坏器件。

3. 载流导体的电动力与电动稳定性

（1）电动力。

载流导体处在磁场中会受到力的作用，载流导体相互间也会受到力的作用，这种力称为电动力。一方面，电动力有可利用的一面，比如电动机就是利用它将电能转换为机械能；另一方面，对大容量输配电设备来说，短路电流所产生的巨大电动力对电气设备具有很大的危害性。在电器中，载流导体间、线圈匝间、动静触头间、电弧与铁磁体间等都有电动力的作用。在正常电流下电动力不至于使电器损坏，但动、静触头间的电动斥力过大会使接触压力减小，接触电阻增大造成触头的熔化或熔焊，影响触头的正常工作。有时在强大短路电流所形成的电动力下，载流部分可能因为电动力而振动，或者因电动力所产生的应力大于其材料允许应力而变形，甚至使绝缘部件（如绝缘子）或载流部件损坏；电气设备的电磁绕组，受到巨大的电动力作用，可能使绕组变形或损坏；巨大的电动力可能使开关电器的触头瞬间解除接触压力，甚至发生斥开现象，导致设备故障。利用电动力的作用改善和提高电器性能的例子也是很多的。例如，接触器的磁吹灭弧、快速自动开关的速断机构等。

（2）电器的电动稳定性。

电器的热稳定性是指在一定时间内能承受短路电流（或所规定的等值电流）的热作用而不发生热损坏的能力。例如，不会因发热而产生不允许的机械变形、触头处不会熔焊等。

电器的电动稳定性就是指当大电流通过电器时，在其产生的电动力作用下，电器有关部件不产生损坏或永久变形的性能。也可以说电器有关部分在电动力作用下不产生损坏或永久变形所能通过的最大电流的能力。例如，不会因发热而产生不允许的机械变形、触头处不会熔焊等。它以可能的最大冲击电流的峰值表示，也有的以它与额定电流的比值表示。

（3）触头电动力。

触头闭合通过电流时，在触头间有电动力存在。这是因为触头表面不管加工怎样平整，从微观上看仍然是凹凸不平的。由于接触面积远小于触头表面积，电流线在接触点处产生收缩，由此而引起触头间的电动斥力。当电流很大时，该电动力可将触头拉开或使触头间接触压力减小，接触电阻增加，从而使触头表面温度升高。

触头处在闭合位置能承受短路电流所产生的电动力而不至于损坏的能力，称为触头的电动稳定性。

（三）电器的散热与冷却

电器工作时，只要电器的温度高于周围介质及接触零部件的温度，就会向周围介质散热。所以，发热和散热同时存在于电器的工作过程中，在使用电器时，既要减少损耗和发热，又要加强散热，使电器产生的热量与散失的热量相平衡，即达到热稳定状态，以保持电器的温度不变。

电器的散热方式有热传导、对流和热辐射。

1. 热传导

热传导是介质内无宏观运动时的传热现象，热量从系统的一部分传到另一部分或由一个系统传到另一系统的现象。热传导现象的实质是通过具有一定内部能量的物质基本质点间的直接相互作用，使能量从一个质点传递到另一个相邻质点，是热从物体温度较高的一部分沿着物体传到温度较低的部分的传热方式。热传导是固体中热传递的主要方式。在气体或液体中，热传导过程往往和对流同时发生。各种物质的热传导性能不同，一般金属都是热的良导体，玻璃、木材、棉毛制品、羽毛、毛皮以及液体和气体都是热的不良导体，石棉的热传导性能极差，常作为绝热材料。

2. 对流

靠气体或液体的流动来传热的方式叫作对流。热量的转移和流体本身的转移结合在一起，是液体或气体中较热部分和较冷部分之间通过循环流动使温度趋于均匀的过程。对流是液体和气体中热传递的主要方式，气体的对流现象比液体明显。对流可分自然对流和强迫对流两种。自然对流往往自然发生，是由于温度不均匀而引起的。强迫对流是由于外界的影响对流体搅拌而形成的。加大液体或气体的流动速度，能加快对流传热。轨道交通车辆上的电机、电气设备因受到工作条件和安装空间的限制，较多采用强迫对流，以加强散热，缩小体积。

3. 热辐射

高温物体的热量以电磁波的形式直接向外发射热的现象叫作热辐射。热辐射是物体因自身的温度而具有向外发射能量的本领、热辐射虽然也是热传递的一种方式，但它和热传导、对流不同。它能不依靠媒质把热量直接从一个系统传给另一系统。热辐射以电磁辐射的形式发出能量，温度越高，辐射越强。辐射的波长分布情况也随温度而变，如温度较低时，主要以不可见的红外光进行辐射，在 500 ℃以至更高的温度时，则顺次发射可见光以至紫外辐射。热辐射是远距离传热的主要方式，如太阳的热量就是以热辐射的形式，经过宇宙空间再传给地球的。

（四）触头系统

这是一个用接触器控制 CA6140 机床主轴电机启动、停止的电路（图 2－1），该电路具有接地、过热和短路保护，可实现远距离控制，其运行和停止由按钮开关来执行操作。举例如下：近一段时间车间在加工阶梯轴，启动、停止频繁操作，且任务多，抢工时。忙碌工作中的小王偶然间嗅到一股塑料的焦煳味，小王赶紧按下了停止按钮，但小王却发现电机并没有停转，于是小王赶紧拉下闸刀开关，切断电源。依经验，小王断定是电气部分出现了问题。小王打开床头电气控制箱，发现接触器的塑壳温度很高，焦煳味是这里发出来的，结合按下停止按钮不断电，小王认为是接触器的触头不能断开，发生熔焊而导致不能断电，于是小王更换了接触器，问题迎刃而解，小王又高兴地投入工作中。

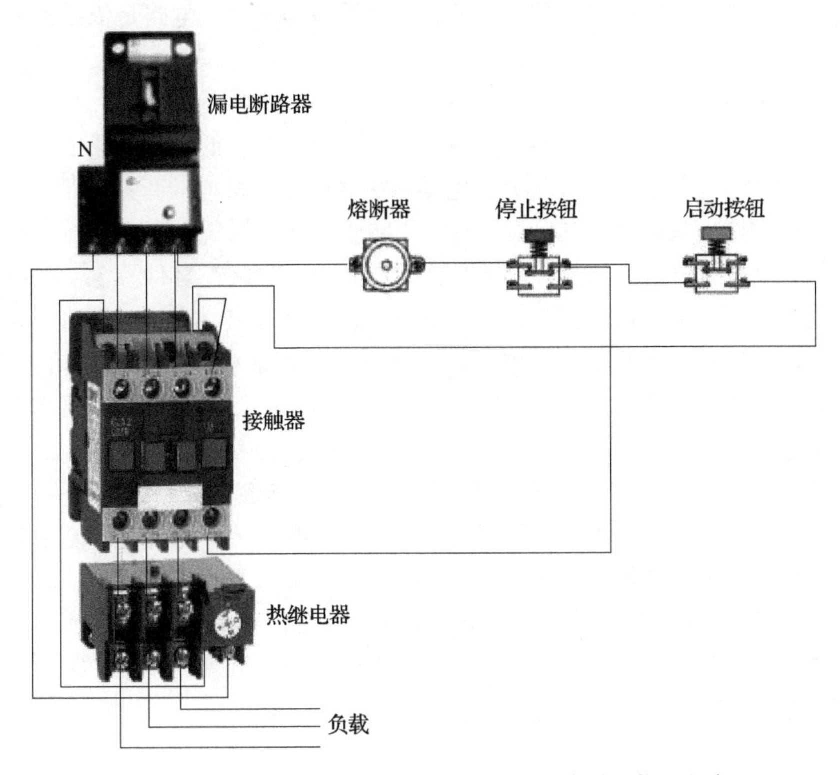

图 2-1　接触器控制 CA6140 机床主轴电机启动、停止电路

触头是电器的执行元件，又是电器中最薄弱的环节，其工作的优劣直接影响到电器的使用性能，在一定程度上，触头的使用寿命决定电器的使用寿命，这里我们共同学习触头的相关知识。

1. 电接触

电接触定义：两个或几个导体通过机械方式接触，从而可以使电流通过的状态，称为电接触。

2. 电接触的分类

（1）固定接触：两接触元件在工作时间内固定接触在一起，不做相对运动，也不相互分离。指两个或几个导体的连接处用螺钉、螺纹或铆钉等紧固件压紧的机械方法固定的电接触。

（2）滚动和滑动接触两接触元件能做相对滚动和滑动，但不相互分离。例如，断路器的滚轮触头、受电弓与接触网线的接触等。

（3）可分接触：两接触元件可随时分离或闭合。这种可分接触元件通常称为触头或触点。一切利用触头实现电路的接通和断开的电器中都可见到这种接触类型。可分触头是高压开关设备中实现电路断开和闭合的主要执行元件，又是电器中最薄弱的环节，其工作的优劣直接影响到电器的使用性能。

3. 触头的定义

触头是有触点电器的执行元件，直接接通和断开电路的零件。触头主要由动静两部分成对出现，固定不动的叫静触点，可以活动的叫动触点。电路是依靠动触点的动作来实现接通和断开的。

4. 触头的工作特点

电触头是广泛应用于继电器、接触器、负荷开关、中低压断路器以及家用电器、汽车电器（喇叭、车灯、点火）等开关电器的主导电接触材料。开关电器广泛运用于分断闭合电路中的电压或电流，其可靠性直接影响整个电力系统的可靠运行，而电触头又是开关电器的重要部件之一。触头产品是这些产品的“心脏”部件。

轨道交通车辆在运行过程中，特别是机车在行驶弯道、启动、加速、制动时会引起较大的振动和冲击，从而引起电器的振动和冲击，可能引起紧固件松动或触头误动作，造成电器误动作。触头的工作频率比较高，长时间工作后，触头本身温度上升，触头表面氧化加剧，接触电阻增加，电阻损耗增加，又使触头表面温升增加，如此形成恶性循环，最终使触头由于温度过高发生熔焊，动、静触点融化成一体而失去分断电路的作用，严重的可造成事故。由于空气中的粉尘、水分及油污等污染物会使触头表面发生锈蚀，从而使接触电阻增加，损耗增加，进而导致触头极易损坏。另外，触头在分、断电路时会伴随着电弧燃烧现象的发生，电弧燃烧的高温，会烧伤触头表面，出现凸凹不平的毛刺，最后又易产生熔焊现象，使触头不能分断失去触头的作用。因而，触头是电器中最薄弱的环节，其工作的优劣直接影响到电器的性能。

5. 触头的分类

（1）按工作情况分为有载开闭和无载开闭两种。有载开闭触头在开、闭过程中，允许触头有电流流过，无载开闭触头在开、闭过程中，不允许触头有电流流过，只有在触头闭合后才允许触头中通过电流，如隔离开关等。

（2）按开断触头数目可分为单断点式和双断点式触头。

（3）按触头正常工作位置可分为常开触头和常闭触头。

（4）按结构形式可分为指形触头和桥式触头。

（5）按触头的接触形式可分为点接触、线接触和面接触。

（6）按在电路中的作用，可分为主触头和辅助触头。主触头用于接通或断开主电路；辅助触头用于接通或断开辅助电路和控制电路。由于辅助触头常起到电气联锁的作用，所以又称为联锁触头。联锁触头又分为常开联锁触头和常闭联锁触头。在线圈不带电的情况下，触头是断开的称为常开触头，反之，在线圈不带电的情况下，触头是闭合的称为常闭触头。

6. 触头的接触形式

触头接触形式分为点接触、线接触和面接触三种，如图 2－2 所示。触头对电路电流的接通，是通过其接触面来实现的，所以接触面形式对触头的工作性能起着重要的作用。在设计电器时对触头接触面形式应有合理的选择。

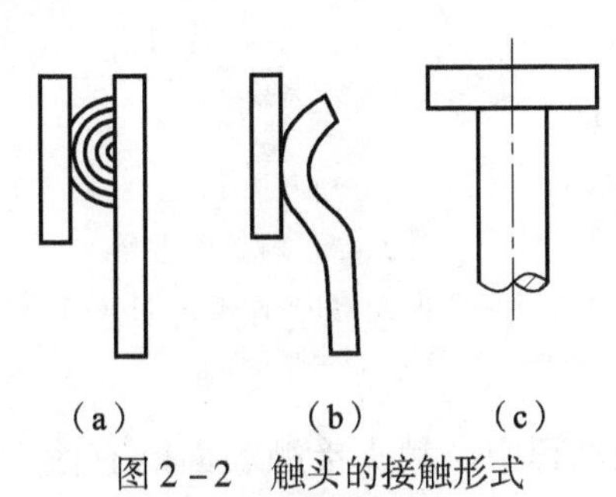

(a)　(b)　(c)

图2－2　触头的接触形式

(a) 点接触；(b) 线接触；(c) 面接触

(1) 点接触。

点接触是指在一个很小的区域内若干个点接触的触头。如点与点（球面与球面）的接触或点与面（球面对平面）的接触。用于20 A以下的场合，如继电器的触头、接触器和自动开关的联锁触头等。由于接触面积较小，保证其可靠工作所需的接触压力也相对较小。一般用于控制电路。

(2) 线接触。

线接触是指两个导体沿着线或较狭窄的面积接触的触头。如圆柱面对圆柱面或圆柱面对平面的接触。其接触压力适中，适合于电流在几十安培到几百安培的中等容量电器，如接触器、自动开关及高压开关电器的触头。

(3) 面接触。

面接触是指两个导体平面对平面的接触，接触面积和接触压力均较大，多用于大电流的电器，如大容量的接触器和断路器的主触头，适合于电流较大的场合。

7. 触头的主要参数

触头的参数主要有开距 s、超程 r、研距、触头初压力 F_0 和终压力 F_z 等。

(1) 触头的开距 s。

触头的开距是指触头完全断开的动、静触点之间的最短距离，如图2－3（a）所示。开距是触头的一个主要参数。在保证可靠灭弧的前提下，开距应尽量小，以减小工作间隙，电磁铁尺寸和行程长度也应尽量小，以利于减小触头的振动，而且要使触头间具有一定的绝缘能力，经得起过电压的冲击。它不仅影响触头与灭弧系统的尺寸，而且影响到电磁传动机构的尺寸。

(2) 触头的超程 r。

触头的超程是指触头对完全闭合后，如果将静触点移出，动触点在触头弹簧的作用下继续前移的距离 r，如图2－3（b）所示。触头超程是用来保证触头有一定的压力并在触头允许磨损的范围内仍能可靠地接触。一般触头在磨损1/3到1/2厚度之前应能工作，因此在设计制造上必须要有一定的超程。

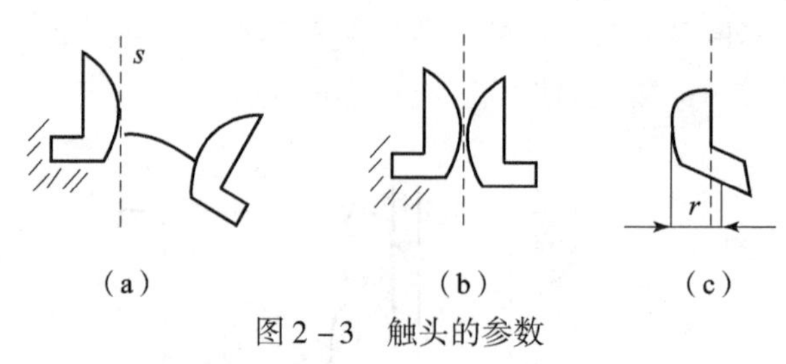

图 2-3　触头的参数

(a) 完全断开状态；(b) 刚接触时；(c) 闭合状态

(3) 触头的研距。

动触点和静触点接触过程中，触头接触表面既有滚动，又有滑动，这种滚动和滑动称为触头的研磨过程。由研磨所产生的距离称为研距。为了保证触头工作时有良好的电接触，一般线接触触头开闭过程的起止点不重合，且有一定距离。研距是触头开闭过程中动静触头间滚动量与滑动量之和。如图 2-4 所示，为了保证触头工作时有良好的电接触，一般线接触触头动、静触点开始接触时，其接触线在 a 点处，在触头闭合过程中，接触线逐渐移动，最后停在 b 点处接触，以导通工作电流。由于在动触头上 ab 和静触头上 $a'b'$ 长度不一样，因此，在动触点和静触点接触过程中，不仅有相对滚动，而且有相对滑动存在，这种滚动和滑动的整个接触过程称为触头的研磨过程。由研磨所产生的距离称为研距。研距是触头开闭过程中动静触头间滚动量与滑动量之和。

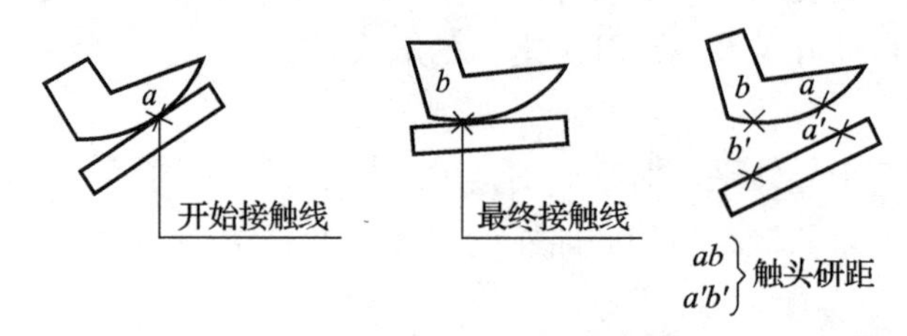

图 2-4　触头的研磨过程及研距

研磨过程中，触头表面有滑动，可以擦除触头表面的氧化层及脏物，减小接触电阻，使触头有良好的电接触。触头表面有滚动可以使触头在闭合时的撞击处与最后闭合位置的工作点之间，以及开断电路时产生电弧处与闭合位置的工作点分开，保证正常工作的接触线不受机械撞击与电弧的破坏作用，保证触头接触良好。

(4) 触头的压力。

触头压力是指两触点闭合后，其接触处所具有的互压力。触头压力主要是由触头弹簧产生的，有初压力和终压力之分。

初压力：触头弹簧有一预压缩，使得动触头刚与静触头接触时就有一互压力 F_0，称为触头初压力，它是由调节触头弹簧预压缩量来保证的。初压力可以防止触头刚开始接触时的碰撞振动及电动斥力使两触头弹开，从而降低触头闭合过程的振动和弹跳。

终压力：动、静触头闭合终了时，触头间的接触压力称为终压力 F_z。它是由触头弹簧最终压缩量来决定的。它使触头闭合时的实际接触面积增加，使闭合状态时的接触电阻小而稳定。

触头的开距、超程、初压力和终压力都是必须进行检测的重要参数。在电器的使用和维修中常用这些参数来反映触头的工作情况及检修电器的工作状态。

8. 触头的工作情况

触头有四种工作情况：

（1）触头处于闭合状态。

触头处于闭合状态时的主要任务是保证能通过规定的电流，且触头温升不超过允许值，主要问题是触头的发热及热和电动稳定性，触头的发热是由接触电阻引起的，故应设法减小接触电阻。

（2）触头的闭合过程。

从动、静触头刚开始接触到触头完全闭合，由于会发生振动，使它不是一次接触就能闭合，而是有一个过程，这个过程称为触头闭合过程。由于触头在闭合过程中会因碰撞而产生机械振动，因此这个过程的主要问题是减小机械振动，从而减小触头的磨损，避免触头熔焊。

（3）触头处于断开状态。

触头处于断开状态时，必须有足够的开距，以保证可靠地熄灭电弧和开断电路。

（4）触头的开断过程。

触头开断过程是触头最繁重的工作过程。由于在触头开断电路时，一般会在触头间产生电弧，因此这个过程的主要问题是熄灭电弧，减小由电弧而产生的触头电磨损。

9. 触头的接触电阻

两个实行电连接的导体，其导电能力显然比相同尺寸的完整导体要差。

图2－5（a）所示为一段完整的导体，通以电流 I，用电压表测量出其 AB 长度上的电压降为 U，则 AB 段导体的电阻为

$$R=\frac{U}{I}$$

如果将此导体截断，仍通以原来的电流，测得 AB 两点之间的电压降为 U_C（图2－5（b）），U_C 比 U 大得多，AB 点之间的电阻为

$$R_C=\frac{U_C}{I}$$

R_C 除含有该段导体材料的电阻 R 外，还有附加电阻 R_j，即

$$R_C=R+R_j \tag{2-1}$$

附加电阻为收缩电阻与表面膜电阻之和，是由接触层之间直接产生的电阻，故称附加电阻 R_j 为接触电阻。动、静触点接触时同样也存在接触电阻。

（1）收缩电阻。

接触处的表面无论经过多么细致的加工处理，从微观角度分析，其表面总是凸凹不平的，它们不是整个面积接触，而是只有若干小的突起部分相接触，如图2－6所示，

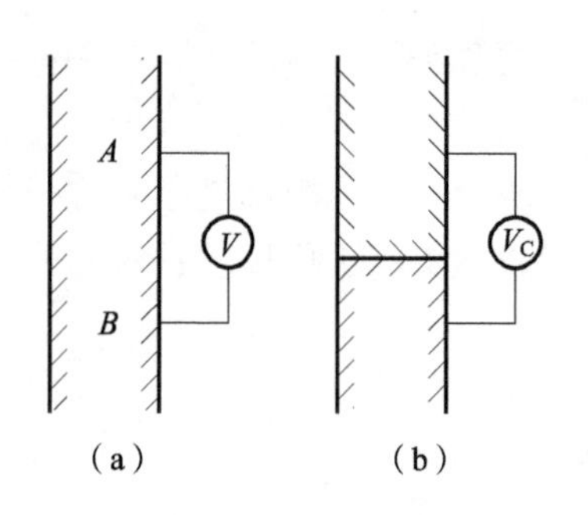

（a）　（b）

图 2－5　触头接触电阻

实际接触面积比视在接触面积小得多。当电流通过实际接触面积时，电流只从接触点上通过，在这些接触点附近，迫使电流线发生收缩。有效接触面积（即实际接触面积）小于视在接触面积，由此产生的附加电阻称为收缩电阻。

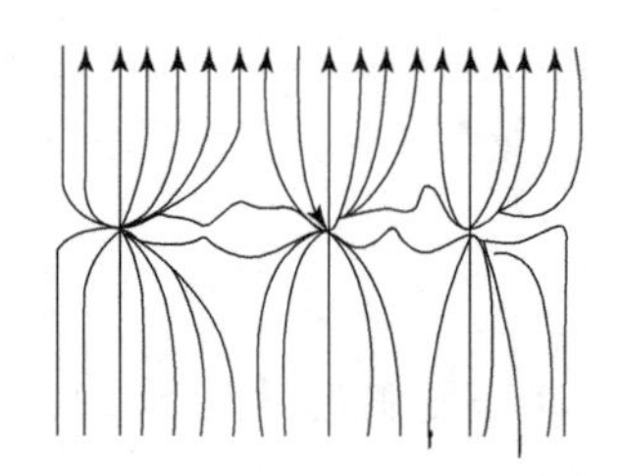

图 2－6　触头接触处放大图

（2）表面膜电阻。

由于触头表面暴露在空气中，加之电弧的高温等多种原因，在触头的接触表面上覆盖着一层导电性很差的薄膜，如金属的氧化物、硫化物等，其导电性很差，也可能是落在接触表面上的灰尘、污物或夹在接触面间的油膜、水膜等，由此而形成的附加电阻，称为表面膜电阻。

10. 影响接触电阻的因素

一般希望得到低值而稳定的接触电阻，以保证电接触的可靠工作。影响接触电阻的因素有接触压力、触头材料、触头温度、触头表面情况、接触表面的电化学腐蚀等。

（1）接触压力的影响。

接触压力对接触电阻的影响最大，当接触压力很小时，接触压力微小的变化都会使接触电阻值产生很大的波动。加大压力可使接触电阻减小。这是因为在压力作用下，两表面接触处产生弹性变形，压力增大，变形增加，有效接触面积也增加，收缩电阻减小。而当压力达到一定值后，收缩电阻几乎不变，这是因为材料的弹性变形是有一定限度的，因而接触面积的增加也是有限的，故接触电阻不可能完全消除。

（2）触头材料的影响。

触头材料对接触电阻的影响主要取决于触头材料的电阻系数、材料的抗压强度、材料的化学性能等。触头材料的电阻系数越低，接触电阻就越小。

材料的抗压强度越小，在同样接触压力下得到的实际接触面积就越大，接触电阻就越小。采用抗压强度小的材料可以使接触电阻降低，但由于触头本身需要一定的机械强度，因此常在接触连接处，用较软的金属覆盖在硬金属上，以获得较好的性能，如铜触头搪锡等。

材料越易氧化，就越容易在表面形成氧化膜，如不设法清除，接触电阻就会显著增大。例如，铝在常温下几秒钟内就会氧化，其氧化膜导电性很差，故铝一般只用作固定连接，而且常采用表面覆盖银、锡等方法以减小接触电阻。小容量触头常采用点接触的双断点桥式触头，其结构难以实现研磨过程来消除氧化膜，所以触头材料采用银或银基合金。因为银被氧化后的导电能力和纯银相差不多，所以银或镀银的触头工作很稳定。

（3）触头温度的影响。

触头的接触电阻与它本身的金属电阻一样，也受温度的影响，随着触头温度的升高，接触电阻一般会有所增加。一方面，接触点温度升高后，金属的电阻率会有所增加，另一方面是由于接触处温度升高后，材料硬度有所降低，使有效接触面积增大。前者使收缩电阻增大，后者使收缩电阻减小，两者作用互补，接触电阻几乎不变。但是，当触头电流长期超过规定值时，温度升高，引起接触面氧化，接触电阻急剧上升，发热加剧，形成恶性循环。为保证接触电阻稳定，必须限制电接触的长期允许工作温度。

（4）触头表面情况的影响。

（a）触头表面加工方法的影响。

表面粗糙度对接触电阻有一定的影响。接触表面可以粗加工，也可以精加工。至于采用哪种方式加工更好，要根据负荷大小、接触形式和用途而定。

对于大、中负荷的电器，触头电流较大，触头表面，不要求精加工，最好用锉刀加工，重要的是平整。两个平整而较粗糙的平面接触在一起，接触点数目较多且稳定，并能有效地清除氧化膜。相反，精加工的表面，当装配稍有歪斜时，接触点的数目就显著减少。

对于某些小功率电器，触头电流小到毫安以下，为了保证 R_j 小而稳定，要求触头表面粗糙度越低越好。粗糙度低的触头不易受污染，也不易生成膜电阻。为了达到这样低的粗糙度，往往采用机械、电或化学抛光等工艺。

（b）触头表面氧化膜的影响。

暴露在空气中的接触面（除铂和金外）都将产生氧化作用，为了减小接触面的氧化，可以将触头表面搪锡或镀银，以获得较稳定的接触电阻。

（c）触头表面清洁状况的影响。

当触头的压力较小时，触头表面的清洁度对接触电阻影响较大，随着压力的增加，这种影响逐渐减小。

（5）触头表面的电化学腐蚀。

单纯由化学作用引起的腐蚀称为化学腐蚀，化学腐蚀会在金属表面上生成相应的氧化物、硫化物等。为减少接触面的氧化，可以对触头表面进行搪锡或镀银等处理，以获得较稳定的接触电阻。

采用不同的金属作触头对时，由于两金属接触处有电位差，当湿度大时，在触头对的接触处会发生电解作用，引起触头的电化学腐蚀，使接触电阻增加。

常用金属材料的电化顺序是金（Au）、铂（Pt）、银（Ag）、铜（Cu）、氢（H）、锡（Sn）、镍（Ni）、镉（Cd）、铁（Fe）、铬（Cr）、锌（Zn）、铝（Al）。规定氢的电化电位为0，在它后面的金属具有不同的负电位（如Al的电化电位为－1.34 V），在它前面的金属具有不同的正电位（如Ag的电化电位为＋0.8 V）。选取触头对时，应取电化顺序中位置靠近的金属，以减小化学电势。例如，不宜采用铝－铜、钢－铜做触头对。

11. 减小接触电阻的方法

当电流通过闭合触头时，如果接触电阻过大，就会产生过大的附加损耗，使触头本身及周围的物体温度升高，加速绝缘材料的老化，使之寿命减少。触头的过度发热还会使触头表面加速氧化，而多数金属（除银外）氧化后产生高阻的氧化膜，使电阻增加。这样造成恶性循环。

为了避免触头超过允许温升，一方面要尽量减小接触电阻；另一方面应具有足够的触头散热面积。

根据接触电阻的形成原因，减小接触电阻一般可采用下列方法：

（1）增加接触点数目。选择适当的接触形式，用适当的方法加工接触表面，并在接触处加一定的压力，均可使接触点数目增加。

（2）选择合适的材料。采用本身电阻系数小，且不易氧化或氧化膜电阻较小的材料作为接触导体，或作为接触面的覆盖层。

（3）触头在开闭过程中应具有研磨过程，以擦去氧化膜。

（4）经常对触头清扫，使触头表面无油污、尘埃，保持干燥。

12. 触头振动的原因

触头从开始接触到完全闭合，是一个完整的过程。触头在闭合过程中，触头间的碰撞、触头间的电动斥力和衔铁与铁芯的碰撞都可能引起触头的机械振动。

当触头闭合时，电器传动机构的力直接作用在动触头支架上，使得质量为 m 的动触头以速度 v_1 向静触头运动，在动、静触头相撞时动触头具有一定的动能，如图2－7（a）所示。触头发生碰撞后，触头表面将产生弹性变形，此时，一部分能量消耗在碰撞过程中（因为触头不是绝对弹性体），而大部分能量转变为触头表面材料的变形势能。当触头表面达到最大变形 x_{SD} 时（图2－7（b）），变形势能达到最大，而动触头的动能降为零，于是动触头停止运动。紧接着触头的弹性变形开始恢复，将势能释放，由于静触头固定不动，动触头应会受到反力作用，以初速度 v_2 弹回（图2－7（b）），甚至离开静触头，并把触头弹簧压缩，将动能储存在弹簧中，在触头弹簧的作用下，动触头反跳的速度逐渐减小。与此同时，传动机构继续推动触头支架将弹簧进一步压缩。当动触头反跳的速度降为零时，反跳距离达到最大值 x_m（图2－7（c））。随后，动触头在弹簧张力的作用下又开始向静触头运动，触头间发生第二次碰撞和反跳。

由于触头第一次碰撞和反跳都要消耗掉一部分能量，同时，在碰撞和反跳的过程中，传动机构使触头弹簧进一步压缩，因而动触头的振动时间和振幅一次比一次要小，直至振动停止，触头完全闭合（图2－7（d））。

对于电磁传动的电器来讲，在触头闭合过程中，衔铁以一定的速度向静铁芯运动，当衔铁吸合时，同样会因碰撞而产生振动，以致触头又发生第二次振动。

在触头振动过程中（图2－7），如果$x_m \leqslant x_{SD}$，则碰撞后触点不会分离，这样的振动不会产生电弧，对触头无害，因而称之为无害振动。反之，若$x_m > x_{SD}$，则碰撞后动静触头分离，此时触头分断的电流比较大，电磨损也较大，在触头间隙中会出现金属桥，造成触头磨损或熔焊，甚至产生电弧，严重影响触头寿命，故称之为有害振动。两个触点在闭合时发生碰撞产生振动是不可避免的，所谓消除触头闭合过程中的振动，是指消除触头的有害振动。

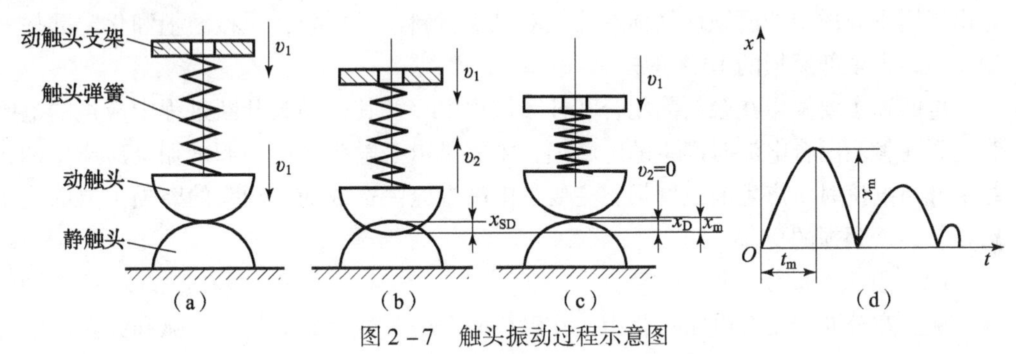

图2－7　触头振动过程示意图

(a) 触头碰撞开始瞬间；(b) 触头碰撞后瞬间；(c) 触头振动变化过程；(d) 振幅变化

x_{SD}—塑性和弹性变形量；x_D—弹性变形量；x_m—最大振幅

另外，在触头带电接通时，由于实际接触的只有几个点，在接触点处便产生电流线的密集或弯曲，如图2－8所示。畸变的电流线和通过反向电流的平行导体一样，相互作用产生斥力，使触头趋于分离，该电动力称为收缩电动力。收缩电动力也能引起触头间的振动，特别是在闭合大的工作电流或短路电流时，电动斥力的作用更为显著。

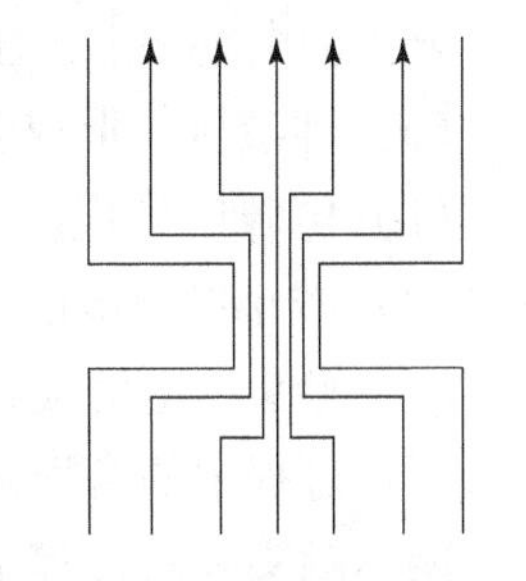

图2－8　接触点电流线密集情况示意图

13. *减小振动的方法*

为了提高触头的使用寿命，必须减小触头的振动。减小触头振动有如下几种方法：

（1）使触头具有一定的初压力。增大初压力可减小触头反跳时的振幅和振动时间。但初压力增大是有限的，如果初压力超过了传动机构的作用力（如电磁机构的吸力），则不仅触头反跳的距离增加，而且触头也不能可靠地闭合，反而造成触头磨损增加。

（2）降低动触头的闭合速度，以减小碰撞动能。由实验可知，减小触头闭合瞬间的速度可减小触头振动的振幅。这要求吸力特性和反力特性良好配合。需要指出的是，当触头回路电压高于300 V时，若闭合速度过小，则在动、静触头靠近时，触头间隙会击穿形成电弧，反而会引起电磨损的增加。

（3）减小动触头的质量，以减小碰撞动能，从而减小触头的振幅。但是，在减小触头质量时，必须考虑触头的机械强度、散热面积等问题。

（4）对于电磁式电器，是要减小衔铁和静铁芯碰撞时引起的磁系统的振动，以减小触头的二次振动，其方法是吸力特性与反力特性有良好的配合及铁芯具有缓冲装置。

14. 触头的磨损

（1）触头磨损的原因。

触头在多次接通和断开有载电路后，它的接触表面将逐渐产生磨耗和损坏，这种现象称为触头的磨损。触头磨损达到1/3到1/2的程度时，其工作性能便不能保证，此时，触头的寿命即告终结。继电器和接触器等电器的电气寿命主要取决于触头的寿命。

触头磨损包括机械磨损、化学磨损和电磨损。机械磨损是在触头闭合和打开时研磨和机械碰撞所造成的，它使得触头接触面产生压皱、裂痕或塑性变形和磨损。化学磨损是由于周围介质中的腐蚀性气体或蒸气对触头材料浸蚀所致，机械磨损和化学磨损一般很小，约占全部磨损的10%左右。

电磨损主要发生在触头的闭合和开断过程中，尤其以触头开断过程中产生的电磨损为主。在触头闭合电流时产生的电磨损，主要是由于触头碰撞引起的振动所产生的，在触头开断电流时所产生的电磨损，主要是由高温电弧造成的。触头的磨损主要取决于电磨损，约占磨损的90%。

（2）触头电磨损的形式。

触头在分断与闭合电路过程中，在触头间隙中产生金属液桥、电弧和火花放电等各种现象，引起触头材料的金属转移、喷溅和汽化，使触头材料损耗和变形，这种现象称为触头的电磨损。电磨损直接影响电器的使用寿命。

触头的电磨损形式主要有两种：

（a）即液桥的形成和触头表面的金属转移；

（b）电弧的烧损。

（3）减小触头电磨损的方法。

减小触头的电磨损，提高触头的寿命，一般可从减小触头开断过程中的磨损和减小触头闭合过程中的磨损两方面着手。

减小触头开断过程中的磨损，即减小触头在开断时的电弧，其方法如下：

（a）合理选择灭弧系统的参数，如磁吹的磁感应强度 B。B 值过小，吹弧电动力小，电弧在触头上停留时间较长，触头的电磨损增加；B 值过大，吹弧电动力过大，会把触头间熔化的金属液桥吹走，电磨损也增加，因此，有一个最佳的 B 值，在该值下电磨损最小。

（b）对于交流电器（如交流接触器）宜采用去离子栅灭弧系统，利用交流电流通过自然零点时不再重燃而熄弧，减小触头的电磨损。

（c）采用熄灭火花的电路，以减小触头的电磨损。这种方法就是在弱电流触头电路中，在触头上并联电阻、电容，以熄灭触头上的火花。这种火花熄灭电路对开断小功率直流电路很有效。

（d）正确选用触头材料。例如，钨、钼的熔点和汽化点高，因此，钨、钼及其合金具有良好的抗磨损特性，银、铜的熔点与汽化点低，其抗磨损性较差。

触头闭合时的磨损主要是由触头在闭合过程中的振动所引起的，因此，为了减小触头的电磨损，必须减小触头的机械振动。

15. 触头的性能要求

各种电器的任务和工作条件不同，对电接触材料的性能要求也不尽相同。一般对触头材料的性能要求有以下几点：

（1）尽可能高的导电和导热性能。要求材料本身的电阻系数小，导热系数大。电阻率小，触头处于闭合状态时的接触电阻小，相应的热损耗就小。导热系数大，可以加强触头和导体的散热，使电接触的表面温度降低，氧化物不易形成，从而使接触电阻小且在长期工作中能保持稳定，分断时触头间不易形成金属液桥。散热条件良好可以降低生弧条件，使金属不易熔化和汽化，降低触头的电磨损。

（2）良好的机械性能：材料要有适当的强度和硬度，摩擦系数要小，耐磨性好。好的机械强度可使电接触坚固耐用，在机械力和电动力的作用下不至于变形，材料的弹性和塑性也应适中，弹性大的触头闭合过程中振动较为严重，同时难于加工。塑性大的材料易引起严重变形和机械磨损。摩擦系数小，可减小机械磨损。

（3）良好的化学性能。电接触材料要具有很好的化学稳定性，在常温下不易氧化，或者氧化物的电阻尽量小，耐腐蚀。

此外，材料还要尽可能可加工性能好，价格便宜，经济适用。但实际上是不可能同时满足以上各项要求的，而只能根据触头的工作条件及负荷的大小，满足其主要的性能要求。

16. 触头的材料

触头材料分为三大类，即纯金属、合金和金属陶冶材料。

（1）纯金属材料。

（a）银：银是高质量的触头材料，具有高的导电和导热性能。银在常温下不易氧化，其氧化膜能导电，在高温下易分解还原成金属银。银触头能自动清除氧化物，接触电阻低且稳定，允许温度较高。银的缺点是熔点低，硬度小，不耐磨。由于银的价格高，一般仅用于继电器和小功率接触器的触头或用于接触零件的电镀覆盖层。

（b）铜：铜是广泛使用的触头材料，导电和导热性能仅次于银。铜的硬度较大，熔点较高，易加工，价格低。铜的缺点是易氧化，其氧化膜的导电性很差，当长时间处于较高的环境温度下，氧化膜不断加厚，使接触电阻成倍增长，甚至会使电流通路中断。因此，铜不适用于作非频繁操作电器的触头材料，对于频繁操作的接触器，电流大于150 A时，氧化膜在电弧高温作用下分解，可采用铜触头，并做成单断点指式触头，在触头分、合过程中有研磨过程，以清除氧化铜薄膜。

（c）铂：铂是贵金属，化学性能稳定，接触电阻也相当稳定。铂的缺点是导电和导热性能差，硬度低，价格昂贵，资源缺乏，因此，不采用纯铂作为触头材料，一般用铂的合金作小功率继电器的触头。

（d）钨：钨的熔点高，硬度大，耐电弧，钨触头在工作过程中几乎不会产生熔焊，但是，钨的导电性能较差，接触电阻大，易氧化，特别是与塑料等有机化合物蒸气作用（如在封闭塑料外壳内的钨触头），生成透明的绝缘表面膜，而且此膜不易清除，加工困难，因此，除少数特殊场合（如火花放电间隙的电极）外，一般不采用纯钨做触头材料，而与其他高导电材料制成陶冶材料。

（2）合金材料。

由于纯金属本身性能的差异，将它们以不同的成分相配合，构成合金或金属陶冶材料，使触头的工作性能得以改进。

（a）银铜合金：适当提高银铜合金的含铜量，可提高其硬度和耐磨性能。但是，含铜量不宜过高，否则，会和铜一样易于氧化，接触电阻不稳定。银铜合金熔点低，一般不用作触头材料，主要用作焊接触头的银焊料。

（b）银钨和钯铜：银钨和钯铜都有较高的硬度，比较耐磨，抗熔焊。有时用于小功率电器及精密仪器仪表中。

（c）钯铱合金：钯铱合金使用较广泛，铱有效地提高了合金的硬度、强度及抗腐蚀能力。

（3）金属陶冶材料。

金属陶冶材料是由两种或两种以上的彼此不相熔合的金属组成的机械混合物，其中一种金属有很高的导电性（如银、铜等），作为材料中的填料，称为导电相，另一种金属有很高的熔点和硬度（如钨、镍、钼、氧化镉等），在电弧的高温作用下不易变形和熔化，称为耐熔相，这类金属在触头材料中起着骨架的作用。这样，就保持了两种材料的优点，克服了各自的缺点，是比较理想的触头材料。

常用的金属陶冶材料有以下几种：

（a）银－氧化镉：银的导电性能和导热性能好，氧化镉在银中不仅起到增加强度和硬度的作用，还能在高温电弧的作用下，分解为氧气和镉蒸气，能驱使电弧支点迅速移动，有利于吹灭电弧，故称银－氧化镉触头具有一定的自灭弧能力。此外，它的可塑性好，易于加工。因此，它是一种较为理想的触头材料。

（b）银－氧化铜：与银－氧化镉相比，耐磨损，抗熔焊性能好，无毒，在高温下触头硬度更大，使用寿命长，价格便宜。

（c）银－钨：具有银的良好的导电性，同时，又具有钨的高熔点、高硬度、耐电弧腐蚀、抗熔焊、金属转移小等特性，常用作电器的弧触头材料。银－钨的缺点是接触电阻不稳定，随着开闭次数的增加，接触电阻增大，其原因在于分断过程中，触头表面产生三氧化钨、钨酸银等电阻率高的薄膜。

（d）银－石墨：导电性好，接触电阻低，抗熔焊，耐弧能力强，在短路电流作用下也不会熔焊，其缺点是电磨损大。

上述陶冶材料通常是利用粉末冶金法、化学沉淀法及内氧化法等制成。

（五）电弧的形成与熄灭

注意观察受电弓与供电网线接触时的现象，会有强烈的电火花产生，这就是电弧现象。电弧是由于电场过强，气体发生电崩溃而持续形成等离子体，使得电流通过通常状态下的绝缘介质（如空气）的现象。观看图 2－9，请说明所示电弧现象是否都是有害的。电弧有可利用的一方面，1808 年汉弗里 · 戴维利用此现象发明第一盏“电灯”。电弧产生的高热可以熔化或是气化所有的金属，工业上利用电弧来焊接、熔化或是切割金属，如等离子切割机、放电加工机、炼钢厂的电弧炉。电影院用的电影放映机也是利用电弧原理的设备。非控制下产生的电弧会对输电系统、配电系统以及电子设备造成损害，如受电弓拉弧，第三轨与集电靴之间的电弧等会对接触轨和供电网造成危害，必须尽量避免电弧的产生。本项目我们一起来研究电弧的形成与熄灭及一些常用的灭弧装置。

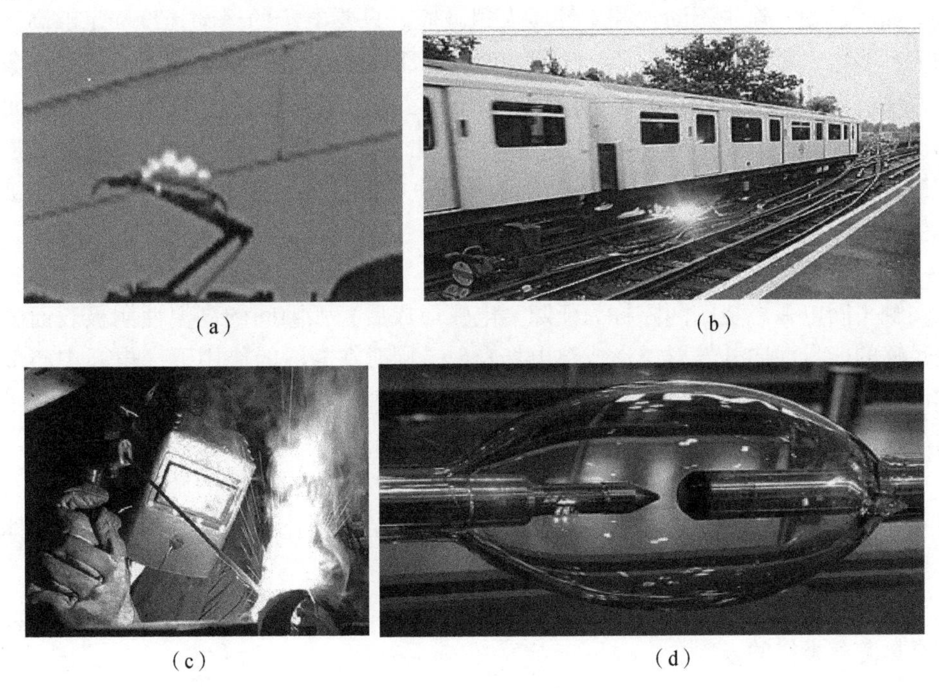

图2-9　电弧现象

(a) 受电弓拉弧现象；(b) 第三轨拉弧现象；(c) 利用电弧原理的电焊；(d) 利用电弧原理的电弧灯

1. 电弧

电弧是在气体中的一股强烈电子流，属于气体放电的一种现象，是电流通过某些绝缘介质（如空气）所产生的瞬间火花。

2. 电弧的产生

当用开关电器断开电流时，如果电路电压不低于10～20 V，电流不小于80～100 mA，电器的触头间便会产生电弧。当触头开断时，触头间隙中有电弧燃烧，电路仍然处于导通状态。说明触头间隙的气体由绝缘状态变成了导电状态。气体呈导电状态的原因是原来的中性气体分解为电子和离子，即气体被游离，这个过程称为气体的游离过程。游离出来的电子和离子在电场的作用下朝对应的电极运动，便形成电流，从而造成触头虽已断开，但电路中仍有电流通过的现象。电弧熄灭后，触头间隙的气体恢复了介质强度，又呈现绝缘状态。电弧的产生有以下四个过程。

(1) 强电场发射。

电弧的形成是触头间中性质子（分子和原子）被游离的过程。开关触头分离时，触头间距离很小，电场强度 E 很高（$E = U/d$）。当电场强度超过 3×10^6 V/m 时，阴极表面的电子就会被电场力拉出而形成触头空间的自由电子。这种游离方式称为强电场发射。在高电场发射中，并不需要热功的参与，所以高电场发射又称冷发射。触头表面温度低和阴极表面的电场强度小时，电子发射的数量会减少。

（2）碰撞游离。

从阴极表面发射出来的自由电子和触头间原有的少数电子，在电场力的作用下向阳极做加速运动，途中不断地和中性质点相碰撞。只要电子的运动速度 v 足够高，电子的动能足够大，就可能从中性质子中打出电子，形成自由电子和正离子，这种现象称为碰撞游离。新形成的自由电子也向阳极做加速运动，同样地会与中性质点碰撞而发生游离。即处于激发状态的气体分子经过多次碰撞，发生累计游离，累计碰撞游离连续进行的结果是触头间充满了电子和正离子，具有很大的电导；在外加电压下，介质被击穿而产生电弧，电路再次被导通。

（3）热游离。

触头间电弧燃烧的间隙称为弧隙。电弧形成后，弧隙间的高温使阴极表面的电子获得足够的能量而向外发射，形成热电场发射。同时在高温的作用下（电弧中心部分维持的温度可达 10 000 ℃以上），气体中性质点的不规则热运动速度增加。当具有足够动能的中性质点相互碰撞时，将被游离而形成电子和正离子，这种现象称为热游离。

中性粒子热游离的程度与温度的高低、气压的大小、物质的游离能大小有关。在高温状况下，金属材料容易发生气化，金属蒸气的游离能比气体的小得多。当气体中混有金属蒸气时，游离更加迅速。

随着触头分开的距离增大，触头间的电场强度 E 逐渐减小，这时电弧的燃烧主要是依靠热游离维持的。

（4）热发射。

触头开断过程中，接触面积越来越小，接触电阻越来越大，触头表面的温度会急剧升高，金属内的自由电子由于热运动而克服正离子的吸引力从阴极表面发射出来，这种主要由热作用所引起的发射称为热发射。温度越低，电子的逸出功越大，热发射电流密度越小；反之，热发射电流密度越大。电子克服原子核束缚，从材料表面逸出所需的最小能量，称为逸出功。

由上可见，电弧的产生，第一是由于热的作用，发生热发射和热游离；第二是由于电场的作用，发生冷发射和碰撞游离，在气隙间出现大量电子流，使气体由绝缘体变成导体。应该注意的是，在整个过程中几种物理作用并不是截然分开的，而是交叉进行或同时存在的。电弧燃烧期间，起主要作用的是热游离。因而，使电弧迅速冷却是熄灭电弧的主要方法。从能量的角度来说，电弧燃烧时要从电源不断向电弧内部输入能量，而这个能量又不断转变为电弧的热量通过传导、对流及辐射三种方式散失。

在开关电器的触头间，发生游离过程的同时，还发生着使带电质点减少的去游离过程。

3. 电弧的特点

导电性强、能量集中、温度高、亮度大、重量轻、易变性等。电弧的产生，会伴随着高达数千度甚至上万度的高温及强烈的光辐射。这对电器的危害极大，它使触头开断后电路仍有电流，电弧的高温使触头金属熔化，甚至使整个电器烧毁、爆炸发生火灾。

电弧放电是两个电极在一定电压下由气态带电粒子，如电子或离子，维持导电的现象。当电源提供较大功率的电能时，若极间电压不高（几十伏），两极间气体或金属蒸气中可持续通过较强的电流（几安至几十安），并发出强烈的光辉，产生高温，这就是电弧放电。电弧是一种常见的热等离子体。

电弧放电可分为 3 个区域：阴极区、弧柱和阳极区，如图 2－10 所示。其导电的机理是：阴极依靠场致电子发射和热电子发射效应发射电子；弧柱依靠其中粒子热运动相互碰撞产生自由电子及正离子，呈现导电性，这种电离过程称为热电离；阳极起收集电子等作用，对电弧过程影响常较小。在弧柱中，与热电离作用相反，电子与正离子会因复合而成为中性粒子或扩散到弧柱外，这一现象称为去电离。在稳定电弧放电中，电离速度与去电离速度相同，形成电离平衡。能量的产生是电弧的焦耳热，能量的发散则通过辐射、对流和传导三种途径。改变散热条件可使电弧参数改变，并影响放电的稳定性。

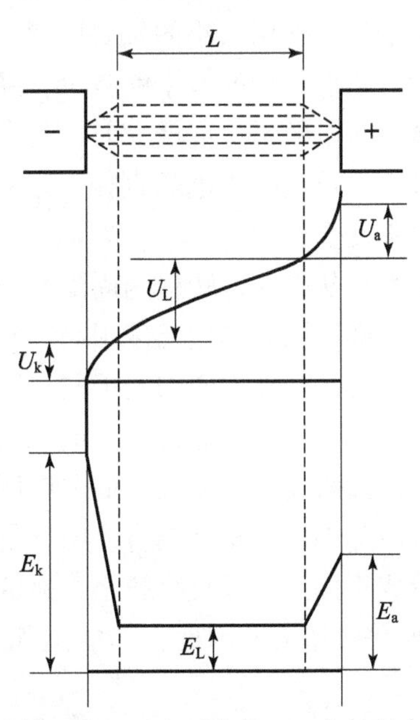

图 2－10　电弧的三个区及电弧电位 U、电场强度 E 的分布曲线

电弧通常可分为长弧和短弧两类。一般把弧长小于或等于弧径的电弧称为短弧，而把弧长大大地超过弧径的电弧称为长弧。长弧中弧柱起重要作用，电弧压降的大小也主要由弧柱压降来决定；短弧长度在几毫米以下，阴极区起主要作用，电弧压降主要反应的是极前压降，电弧电压几乎不随电流的变化而变化。

4. 电弧的用途

电弧放电可用于焊接、冶炼、照明、喷涂等。这些场合主要是利用电弧的高温、高能量密度、易控制等特点。在这些应用中，都需使电弧稳定放电。目前的电子产品，如等离子电视、等离子显示器的显示原理也是依赖电弧放电。电弧可作为强光源如弧光灯，紫外线源如太阳灯或强热源如电弧炉，电弧具有热效应。

5. 电弧熄灭的物理过程

当电弧稳定燃烧时是处在热动平衡状态，此时不可能有电子和离子的积累。这说明电弧中气体存在游离现象的同时还存在一个相反的过程，我们称之为消游离。消游离就是正、负带电粒子中和而变成中性粒子的过程。消游离的方式分两类：复合和扩散。

复合：带异性电荷的粒子相遇后相互作用中和而变成中性粒子的过程称为复合。复合按其作用的地点不同可分为：

（1）表面复合：带正、负电荷的粒子附在金属或绝缘材料表面上，相互吸引而中和电荷，变成中性粒子。

（2）空间复合：带正、负电荷的粒子在放电间隙中相互吸引而中和电荷，变成中性粒子。自由电子与正离子相遇，相互吸引中和电荷而变成中性粒子，称为直接复合。由于自由电子的运动速度比正离子大得多，所以直接复合的概率很小。往往自由电子黏合在中性粒子上，再与正离子相遇而复合，中和电荷形成两个中性粒子。这种过程称间接复合。因为正、负离子的运动速度相当，间接复合的概率大，约为直接复合的上千倍。带电粒子运动速度是直接影响复合作用大小的重要因素，复合速度也受温度的影响，温度升高，离子运动速度加大，它们复合的概率就减少，降低温度、减小电场强度可使粒子运动速度减小，易于复合；带电粒子浓度增大时，复合机会增多，复合作用也可以加强，在电弧电流不变的条件下，设法缩小电弧直径，则粒子浓度可增大；此外，加入大量的新鲜气体分子，也可增强复合作用。

扩散：电弧表面的带电粒子从电弧区转移到周围介质中去的现象称为扩散。电弧是一个电子和离子高度密集的空间，同时其中温度很高。它和气体分子一样，有均匀地分布在容积中的倾向，这样电子便从弧隙中向四周扩散，扩散出来的电子（或离子）因冷却互相结合而成为中性分子，这种过程的进行不在电弧的内部，而在电弧的表面空间进行。扩散的方向一般从高温、高浓度区向低温、低浓度区。扩散使电弧中的带电粒子减少。扩散出来的带电粒子因冷却很容易相互结合，中和电荷而形成中性粒子。扩散速度与电弧内外浓度差、温度差成正比。电弧直径越小，弧区中带电粒子浓度越大；电弧与周围介质温差越大，扩散速度均越大。因此，加速电弧的冷却是提高扩散作用的有效方法。

由此可见，电弧中存在着游离和消游离两方面的作用。当游离作用占优势时电弧就会产生和扩大；当消游离作用占优势时，电弧就趋于熄灭；当游离作用和消游离作用处于均衡状态时，则弧隙中保持一定数量的电子流而处于稳定燃烧状态。要使电弧熄灭，就必须增加消游离作用，而抑制游离作用。

6. 直流电弧的伏安特性

直流电弧是指产生电弧的电路电源为直流。当直流电弧稳定燃烧时，电路仍是导通的，因而电弧中有电弧电流，电弧两端有电弧压降。电弧的伏安特性就是指电弧电压与电弧电流之间的关系曲线，它实质上是反映电弧内的物理过程，是电弧重要特性之一。由于影响电弧伏安特性的因素很多，通常可用实验方法求得。如图 2－11 所示，是由实验方法获得的电弧伏安特性曲线及实验电路。

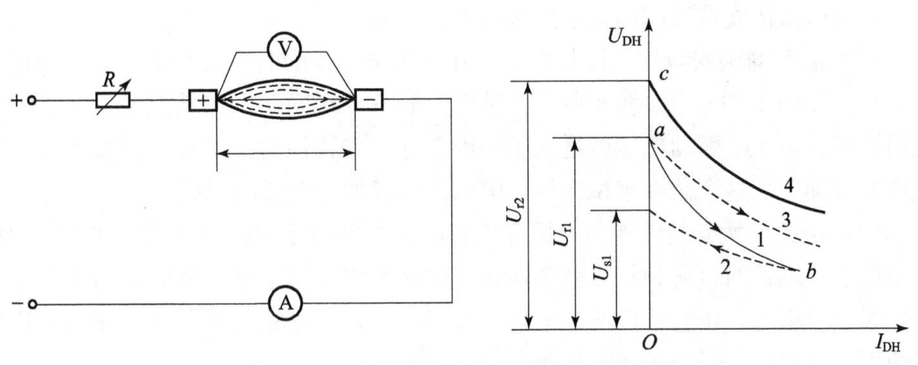

图2－11　电弧的伏安特性曲线及实验电路

如图2－11中电路图所示，在两个铜极之间的空气中有一稳定燃烧的电弧。我们通过调节可变电阻R的值非常缓慢地调节回路电流，在这个过程中分别测量电弧电流I_{DH}和电弧两端电压U_{DH}，可绘出其伏安特性，如图2－11中曲线1。此伏安特性称为直流电弧的静伏安特性（简称静特性）。静特性是指在电弧稳定燃烧条件下，电弧不受热惯性影响时，电弧电流与电弧压降的关系。从曲线1可见，触头在开断直流电路时所产生的电弧，相当于在电路中串入一个非线性电阻，当电弧电流增加时，电弧电压减小。这和我们熟知的普通电路的情况相反。在普通电路中，当电流增加时，电阻上的电压也增加，这是因为电路中的电阻值不变的缘故。但在弧隙中，电弧电阻是随着电弧电流而变化的。随着电流的增大，电弧内的游离作用越来越激烈，离子浓度越来越大，导电性越好，其对外所呈现的电阻值越小，从而维持电弧稳定燃烧所需的电压也相应减小；反之，当电弧电流减少时，维持电弧稳定燃烧所需的电压相应增大。

若调节可变电阻R来调节回路电流，让回路电流以较高速度增加或减少，则可得曲线3和2。这时所得的伏安特性称直流电弧的动伏安特性（简称动特性）。动特性是指在电弧不稳定燃烧条件下，电弧电流变化快，其热惯性对电弧有影响时，电弧电流与电弧压降的关系。根据电流变化速度不一样，动特性曲线有许多条。从图2－11中可得出，伏安特性曲线1、2、3并不重合，而且电流增加过程的伏安特性3位于静伏安特性1之上方，电流减小过程的伏安特性2位于静伏安特性1的下方。其原因是当回路电流以一定速度变化时，电弧内部有保持原来热状态（游离和消游离状态）的热惯性作用，致使电弧内部状态的变化总是滞后于回路电流的变化。当回路电流变化速度越大时，这种热惯性作用就越明显。电弧的电阻也就不同于相应点应有的电阻值，电弧的压降同样就和相应点的压降不同。

在图2－11中，静特性曲线1与纵轴交点的电压值称为燃弧电压，用U_{r1}表示。所谓燃弧电压，就是产生电弧所必需的最低电压，电压低于此值，就不足以点燃电弧。伏安特性曲线2与纵轴交点的电压值称为熄弧电压，用U_{s1}表示。所谓熄弧电压，就是指熄灭电弧的最高电压，电压高于此值，电弧将不能熄灭。熄弧电压实际上总是略低于维持电弧燃烧所需的最低电压。其原因是燃弧前弧隙中介质强度高，即游离程度小，要形成电弧就必须具有较高的电压。燃弧电压应比维持电弧所需的最低电压要高。

7. 影响电弧伏安特性的因素

影响电弧伏安特性的因素主要有以下两方面：

（1）电弧的伏安特性与弧长有关。在其他条件相同时，弧长 L 越长，静伏安特性越向上移，如图 2－11 中曲线 4 所示。其原因如下：在同一电流情况下，电弧拉长后的总电阻增加，因而电弧的电压就增大了。由于静伏安特性向上平移，燃弧电压和熄弧电压也都要增加。从这个角度来说，拉长电弧，可以加速电弧的熄灭。

（2）电弧的伏安特性还与周围介质温度、本身的冷却条件有关。在良好的冷却和通风条件下，电弧的负荷和扩散就会加强，使消游离作用加强，弧隙间的带电离子浓度降低，弧电阻增加，伏安特性曲线上移。所以，在弧长一定的条件下，冷却条件好，电弧易熄灭。

8. 直流电弧的熄灭

直流电弧最常见的熄弧方法是采用机械力使电弧拉长。在开关触头断开时，加速触头分离，将电弧迅速拉长，从而降低开关触头之间的电场强度，或者说电弧不足以维持电弧的燃烧，而使电弧熄灭。再利用磁吹、气吹或电动力等方法带动绝缘介质的气流来拉长电弧，使电弧迅速扩散，加强冷却，从而达到灭弧的目的。

9. 交流电弧的伏安特性

交流电弧与直流电弧有所不同，交流电流的瞬时值随时间变化，交流电弧的温度、直径及电弧电压都会随时间的变化而变化，由于交流电弧自身具有不断变化的值，它的伏安特性都是动特性。由于弧柱的受热升温和散热降温都有一个过程，比电流的变化要慢，所以电弧温度的变化总是滞后于电流的变化，这种现象称为电弧的热惯性。

交流电弧每周期内有两次过零点，电流经过零点时，弧隙的输入能量等于零，电弧温度下降，电弧自然熄灭。而后随着电压和电流的变化，电弧重新燃烧。因此，交流电弧的燃烧，实际上就是电弧的点燃、熄灭周而复始的过程。这个特点也反映在它的伏安特性中。

图 2－12 为交流电弧在一周内的伏安特性。图中箭头方向表示了电流的变化和方向。从 O 点开始，因电弧还未产生，所以随着电压的增加只有小量的由阴极发射产生的电流。到 A 点时电弧点燃，随着电流的增大，电弧电阻减小，电弧压降也下降，直到 B 点，此时弧电流达到峰值。到达 B 点后随着电流的减小，弧电阻增加，电弧压降上升。变化到 C 点时，电弧电流趋近于零，电压达到熄弧电压，电弧熄灭。当电流过零点后，在第三象限重复上述规律。由于热惯性的作用，电弧电阻的变化总是滞后于电流的变化。交流电弧电流通过零点时，由于电源停止供给电弧能量，热游离迅速下降，为电弧的最终熄灭创造了最有利的条件，此时只要采取一定的消游离措施，使少量的剩余离子复合，就能防止电弧在下半周重燃，使电弧最终熄灭。因此，交流电弧比直流电弧容易熄灭。我们通常把利用电弧电流自然过零的特点进行的熄弧称为零点熄弧原理。

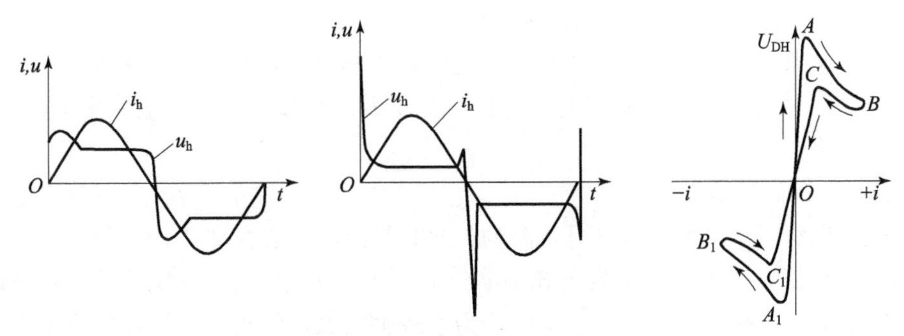

图 2－12　交流电弧的伏安特性

10. 交流电弧过零后的物理过程

交流电弧由于弧电流过零时，电源停止供给能量，电弧自然熄灭。但是交流电弧过零自然熄灭后，还会重新燃烧。交流电弧电流过零期间，同时存在两个对立的基本过程，一是弧隙介质强度恢复过程，一是弧隙电压的恢复过程。

（1）弧隙介质强度恢复过程。

能够承受外加电压而不致使弧隙击穿的电压称为弧隙介质强度。交流电弧过零熄灭后，由于弧电流值下降至零，弧隙温度迅速下降，促进了消游离作用，使弧隙由原来的导电状态转变为绝缘介质状态，此过程称为介质强度恢复过程。这是促使电弧熄灭的因素。这个过程的快慢与许多因素有关，如温度、散热情况、空间位置等。在靠近两极的区域，由于金属材料的传热性好，所以此区域的温度要比弧柱区的温度低，故此处的介质强度恢复要比弧柱区快。介质强度恢复快慢主要取决于灭弧装置的结构和灭弧介质的性质。

近阴极效应对介质强度恢复过程也是一个影响因素。所谓近阴极效应就是在交流电弧电流过零后弧隙几乎立即出现一定的介质强度的现象。近阴极效应所产生的起始介质强度与电极材料、温度，特别是所通过的电流有关。近阴极效应是交流短弧熄弧的主要因素，是低压交流电器的主要熄弧方法。

（2）弧隙电压的恢复过程。

在交流电路中，电流过零电弧熄灭后，触头两端电压从熄弧电压恢复到电源电压的过程称电压恢复过程。我们把恢复过程中的电压称为恢复电压。弧隙电压的恢复过程与触头结构、负荷性质及线路的参数有关。

11. 交流电弧熄灭的条件

交流电弧过零后，弧隙间介质强度的恢复和电压的恢复是两个对立的过程。因为介质强度恢复过程主要是弧隙内部带电粒子不断减少的过程，而电压恢复过程则相反，它使弧隙中的气体产生新的游离而使带电粒子不断增加。那么可以简单地确定交流电弧熄灭的条件为：交流电弧电流过零后，如果弧隙介质强度恢复的速度超过了弧隙电压恢复的速度，则电弧熄灭。反之，电弧重燃。

在交流电弧熄灭过程中有两方面的因素要加以考虑：

（1）交流电弧电流过零是最有利的灭弧时机，这时输入弧隙的功率趋近于零，如电弧散失的功率大于此时由电源输入的功率，电弧就会熄灭。

（2）对交流电弧的电路参数而言，电源电压越高，恢复电压峰值也越高，熄弧越困难。电弧熄灭前电路的电流越大，电弧功率越大，熄弧越困难。电路中电感比例越大，熄弧越困难。

12. 灭弧的基本方法

电弧燃烧时，电弧的温度是很高的，此时热游离起着主要作用，因而拉长电弧、降低温度、将长弧变为短弧、将电弧放置于特殊介质中、增大电弧周围气体介质的压力等，都成为加速熄灭电弧的主要手段。为了减少电弧对触头的烧损和限制电弧扩展的空间，通常要采用的装置称为灭弧装置。一个灭弧装置可以采用某一种方法进行熄弧，但在大多数情况下，则是综合采用几种方法，将这些方法加以综合应用，以增加灭弧效果。例如，拉长和冷却电弧往往是一起运用的。

（1）拉长灭弧法。

电弧拉长以后，电弧电压就增大，改变了电弧的伏安特性。在直流电弧中，其静伏安特性上移，电弧可以熄灭。在交流电弧中，由于燃弧电压的提高，电弧重燃困难。

（2）多断点灭弧。

在电路中通常采用多断口灭弧。如双断点桥式触头，有两个断口就相当于两对电极，需要两倍的恢复电压电弧才能重燃，所以有利于灭弧。

（3）磁吹灭弧。

当需要开断较大电流时，为了有较大的电动力来拉长电弧，专门设置了一个产生磁场的吹弧线圈，这种利用磁场力使电弧运动拉长而熄灭的方法称为磁吹灭弧。

（4）灭弧罩。

灭弧罩是用来拉长和冷却电弧，让电弧与固体介质相接触，降低电弧温度，并将电弧限制在一定范围内燃烧，增加消游离因素，从而加速电弧熄灭的比较常用的装置。一般安装在分断大电流的电器触头上。

（5）油冷灭弧装置。

油冷灭弧是将电弧置于液体介质（一般为变压器油）中，电弧将油汽化、分解而形成油气。油气中主要成分是氢，在油中以气泡的形式包围电弧。氢气具有很高的导热系数，这就使电弧的热量容易散发。另外，由于存在温度差，所以气泡产生运动，又进一步加强了电弧的冷却。

（6）气吹灭弧装置。

气吹灭弧是利用压缩空气来熄灭电弧的。压缩空气作用于电弧，可以很好地冷却电弧、提高电弧区的压力、很快带走残余的游离气体，所以有较高的灭弧性能。

（7）横向金属栅片灭弧。

横向金属栅片又称去离子栅，它利用的是短弧灭弧原理。用磁性材料的金属片置于电弧中，将电弧分成若干短弧，利用交流电弧的近阴极效应和直流电弧的近极压降来达到熄灭电弧的目的。

（8）真空灭弧装置。

真空灭弧是使触头电弧的产生和熄灭在真空中进行，它是依据零点熄弧原理，以真空为熄弧介质工作的。真空的特点是耐压强度高，介质强度恢复速度快、绝缘能力和分断电流的能力强。

（六）电器的传动装置

电器泛指所有用电的器具，从专业角度上来讲，主要是指用于对电路进行接通、分断，对电路参数进行变换，以实现对电路或用电设备的控制、调节、切换、检测和保护等作用的电工装置、设备和元件。电器通常由三大部分组成，即感测部分、执行部分和灭弧机构。触头机构和灭弧系统在前面的学习中我们已经有了一定了解和认识，今天我们一起学习电器的传动装置。在车辆电器中主要应用电磁传动装置和电空传动装置，薄膜传动也有一定应用。电磁传动装置实际上就是一个电磁铁，是电器的感测部分，它接收外界的信号，并通过转换、放大、判断，做出相应的反应，使电器的执行机构动作，并输出相应的指令，实现控制目的。是一种通过电磁铁把电磁能转变成机械能来驱使电器触头动作的机构，完成接通和分断电路的任务，是电磁式电器的重要组成部分之一。

1. 电磁传动装置的组成及工作原理

电磁铁的形式有很多，比如螺管式、直动式、E形、U形等，但它们的基本组成和工作原理却是相同的。拍合式电磁铁的结构原理如图2－13所示。电磁铁主要由吸引线圈、铁芯、弹簧、空气隙和衔铁等几部分组成。铁芯和衔铁一般用软磁材料制成。衔铁又称为动铁芯，当线圈通电后，铁芯和衔铁被磁化，成为极性相反的两块磁铁，它们之间产生电磁吸力。当吸力大于弹簧的反作用力时，衔铁开始向着铁芯方向运动。当线圈中的电流小于某一定值或中断供电时，电磁吸力小于弹簧的反作用力，衔铁将在弹簧反作用力的作用下返回原来的释放位置。

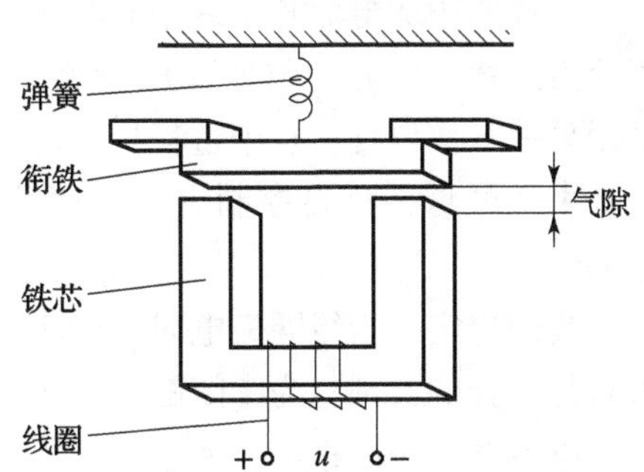

图2－13　拍合式电磁铁的结构原理

如图2－14所示为直流接触器和继电器常用的拍合式电磁铁，它由线圈、极靴、铁芯、磁轭和衔铁等组成。线圈套装在铁芯上，极靴与衔铁之间的空气隙称为工作气隙，磁轭与衔铁之间的气隙称为棱角气隙。极靴用来增大气隙磁导，并可以压住线圈。非磁性垫片用来减少剩磁通，以防线圈断电后衔铁被剩磁吸力吸住而不能释放。由于非磁性材料的磁导率和空气的磁导率很接近，故可认为是一个空气隙，称非工作气隙。

其工作原理是：在线圈未通电时，衔铁在反力弹簧的作用下，处于打开位置，衔铁与极靴之间保持一个较大的气隙。当线圈接通电源后，线圈中产生磁势 IW，在磁系统和工作气隙所构成的回路中产生磁通 Φ，其流向用右手螺线管法则确定。根据磁力线流入端为S极，流出端为N极的规定，在工作气隙两端的极靴和衔铁相对的端面上产生异性磁极。由于异性磁极相吸，于是在铁芯和衔铁间产生电磁吸力。当电磁吸力产生的转矩大于反力弹簧反作用力产生的转矩时，衔铁被吸向铁芯，直到与极靴接触为止，并带动触头动作。这个过程称为衔铁的吸合过程，衔铁与极靴接触的位置称为衔铁闭合位置。此时，衔铁与极靴之间仍有一个很小的气隙。

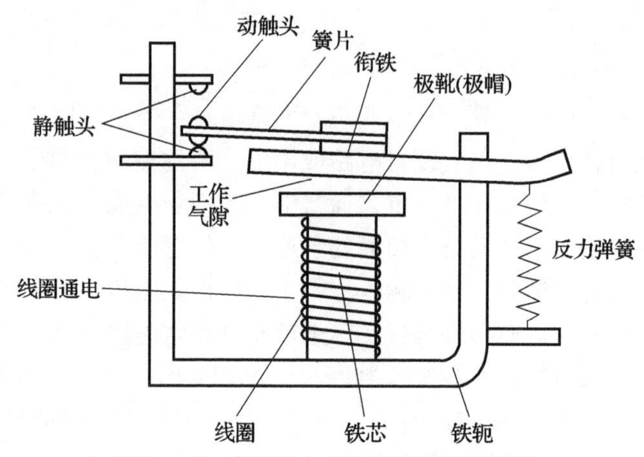

图 2－14 直流拍合式电磁铁的结构原理

当线圈中的电流减小或中断时，铁芯中的磁通变小，吸力也随之减小，如果吸力小于反力弹簧的反力（归算后），衔铁在反力弹簧的作用下返回至打开位置，并带动触头处于另一工作位置，这个过程称为衔铁释放过程。

由此可见，只要控制电磁铁吸引线圈电流（或电压）就能通过触头来控制其他电器。

我们规定：当线圈失电时，触头若是打开的，称为常开触头（也称动合触头）；触头若是闭合的，则称为常闭触头（也称动断触头）。

电磁铁的用途很广，如在接触器中，利用电磁铁带动触头运动，只要控制电磁铁线圈电流的通断，就能使电磁铁完成某一工作任务，实现自动控制及远距离操纵的目的。在许多继电器中利用电磁铁作感受元件，它可以反映出电路中电压、电流、功率等参数的变化，对电路及电气设备进行保护和控制。

2. 电磁铁（电磁传动装置）的分类

电磁铁的结构形式很多，比如螺管式、直动式、E 形、U 形等，图 2－15 所示是几种常见电磁铁的结构形式。

电磁铁可以按线圈电流种类、连接方式、衔铁运动方式和磁系统形状等分类。

（1）按吸引线圈通电电流的性质，可分为直流电磁铁和交流电磁铁。

直流电磁铁线圈通的是直流电流，当电流达到稳定以后，磁通是恒定的，磁通不随时间而变化，在铁芯中没有涡流和磁滞损耗，铁芯可用整块钢或工程纯铁制造。为了便于制造，铁芯和极靴一般做成圆形，线圈也做成圆形，形状细高，与铁芯配合较紧密。

交流电磁铁的吸引线圈通的是交流电流，导磁体中磁通 Φ 是交变的，在铁芯中有涡流和磁滞损耗，铁芯一般用硅钢片叠制而成。为了便于制造，把铁芯制成方形，线圈往往也制成方形，且为“矮胖型”，线圈与铁芯间的间隙较大，以利于线圈散热。

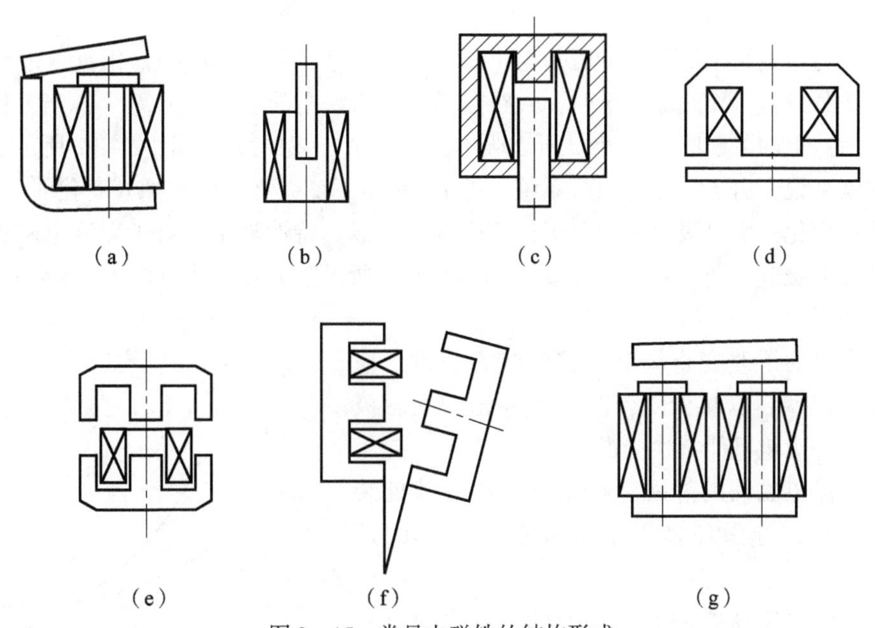

图 2－15　常见电磁铁的结构形式

(a) 拍合式；(b) 螺管式；(c) 装甲螺管式；(d) 盘式；
(e) 双 E 直动式；(f) 双 E 转动式；(g) 单 U 直动式

(2) 按吸引线圈与电路的连接方式，可分为并联电磁铁和串联电磁铁。

串联电磁铁的线圈与负载串联，反映的是电流量，其线圈称为串联线圈或电流线圈。其阻抗要求小，故其匝数少且导线粗，应用较少，如图 2－16 (a) 所示。

并联电磁铁的线圈与电源并联，输入电量是电压，其线圈称为并联线圈或电压线圈。其阻抗要求大，电流小，故线圈匝数多且线径细，这种电磁铁应用较为广泛，如图 2－16 (b) 所示。

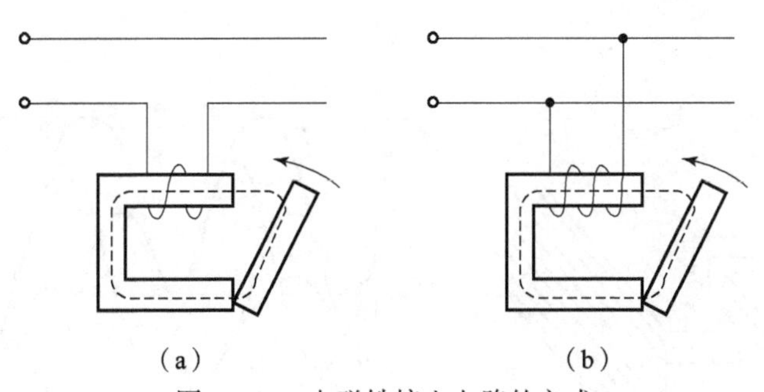

图 2－16　电磁铁接入电路的方式

(a) 串联电磁铁；(b) 并联电磁铁

(3) 按衔铁的运动方式，可分为直动式和转动式电磁铁两大类。图 2－15 中 (a) 和 (f) 为转动式，其余均为直动式。

(4) 按磁系统的结构形状，可分为 U 形、E 形和螺管式。图 2－15 中 (a) 和 (g) 为 U 形，(b) 和 (c) 为螺管式，(d)、(e) 和 (f) 均为 E 形。

3. 电磁铁的吸力特性

吸力特性是指电磁铁的吸力与工作气隙的关系，即 $F=f(\delta)$。根据电磁铁的吸力计算公式分析：工作气隙 δ 小时，磁路磁阻小，衔铁上的电磁吸力 F 大；当工作气隙 δ 大时，衔铁上的电磁吸力 F 小。所以吸力特性近似于双曲线，如图 2－17 所示。对于直流电磁铁来说，由于其为恒磁势系统，即 IW 基本不变，当工作气隙 δ 变化时，磁阻变化，磁通也变化，所以吸力也随着工作气隙变化，故其特性陡峭。对于交流电磁铁来说，由于其为恒磁链系统，其磁通有效值基本不变，所以吸力随工作气隙变化较小，故其特性相对平坦。

有时为了改变直流电磁铁的吸力特性，使其较平坦些，以减少闭合时机械冲击，在磁极端上加一极靴可使特性变得平坦。

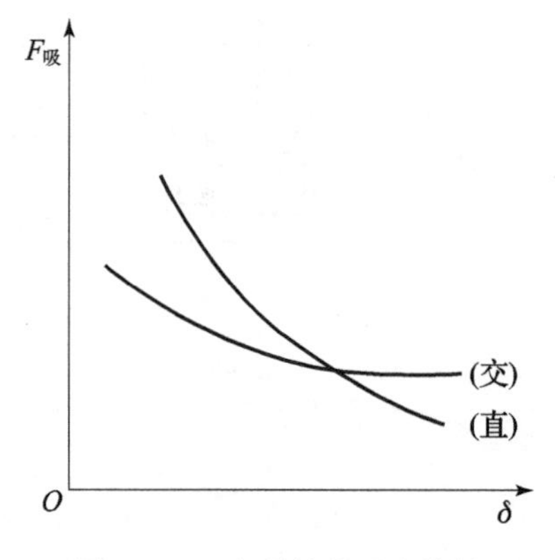

图 2－17 电磁铁的吸力特性

交流电磁铁的静铁芯在靠近工作气隙处装有分磁环，分磁环是用紫铜或黄铜制成的短路环。

交流电磁铁的磁通是交变的，当磁通过零时，电磁铁的吸力为零，吸合后的衔铁在反力弹簧的作用下被拉开。磁通过零后吸力又增加，当吸力大于弹簧反力时，衔铁又吸合。如此反复动作，使衔铁产生强烈振动和噪声，严重时会使铁芯松散。因此交流电磁铁铁芯端面上都装有铜质短路环。短路环包围铁芯断面2/3左右的面积，如图 2－18 所示。短路环把铁芯中的磁通分成两部分，即不穿过短路环的磁通 Φ_1 和穿过短路环的磁通 Φ_2，且 Φ_2 滞后于 Φ_1，使合成吸力始终大于反作用力，从而消除了振动和噪声。

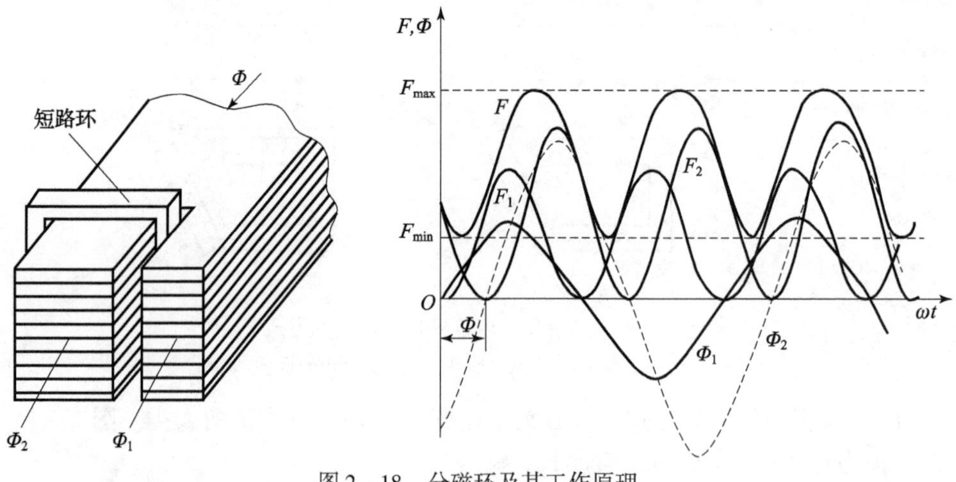

图 2－18 分磁环及其工作原理

4. 电磁铁的反力特性

反力特性是归算到工作气隙中心的所有反力 F_f 与工作气隙 δ 的关系，即 $F_f=f(\delta)$。

可能有的反力有反力弹簧力（主要）、触头弹簧力、摩擦阻力、重力等。图 2－19 为直流接触器的反力特性示意图，斜线 1 为常开触头弹簧力，它只存在于动静触头刚接触到完全闭合的这个过程中。曲线 2 为反力弹簧力，它随工作气隙减少而增大，在触头由开断状态向闭合状态变化时，始终存在，为一斜直线；曲线 1 和曲线 2 合成的结果，即为反力特性，这里没有考虑其他反力。

5. 电磁铁的吸力特性与反力特性的配合

对于一个电磁铁，如果吸力特性与反力特性配合不好，将影响其工作可靠性、寿命、参数等。对于不同性能的电磁铁，其配合有些差别，但总的要求是：吸合时，吸力大于反力，释放时，反力大于吸力（或等于）。当特性配合不好时，可改变吸力特性：调整工作气隙、线圈电流、电压等；也可以改变反力特性，如反力弹簧等。

由电磁传动装置的吸力特性可知，电磁吸力随气隙的增加而下降，因此在需要长行程、大传动力的场合，用电磁传动装置就不适宜了。而电空传动装置却能在较大行程下，保持足够大的传动力。此外，与电磁传动装置相比，采用电空传动时，有色金属的消耗及动作时的控制电源功率都可大为减少。

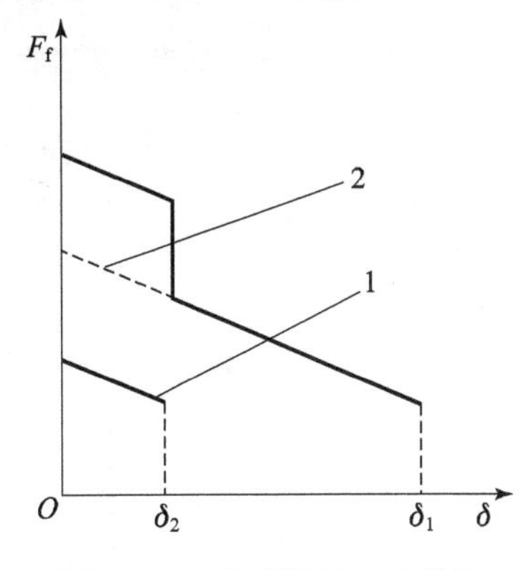

图 2－19　电磁铁的反力特性

电空传动装置主要由电空阀和压缩空气驱动装置两部分组成。是一种以电磁阀（电空阀）控制的压缩空气作为动力，驱使触头按规定动作的执行机构。

6. 压缩空气驱动装置

压缩空气驱动装置按其结构形式可分为气缸式传动装置和薄膜式传动装置两种。

（1）气缸式传动装置。

气缸式传动装置主要由气缸、活塞和电空阀等组成。它又可分为单活塞和双活塞两种形式。

单活塞压缩空气驱动装置的原理结构如图 2－20 所示。气缸内压缩空气的进入和排出是由电空阀控制的。

（2）薄膜式传动装置。

薄膜式传动装置的原理结构如图 2－21 所示，实际结构如图 2－22 所示。

薄膜式传动装置的工作原理是：当电空阀有电时，压缩空气进入气孔，压迫薄膜，克服弹簧张力，使活塞杆右移，带动触头动作；反之，当电空阀失电时，气缸内的压缩空气排出，触头在弹簧的作用下恢复原位。

7. 电空阀

电空阀是借电磁吸力来控制压缩空气管路的导通或关断，从而达到远距离控制气动器械的目的。电空阀由电磁机构和气阀两部分组成。电磁机构由铁芯、线圈、衔铁、接线座、磁轭等组成，电磁吸力作用于气阀部分。气阀部分由阀座、上阀门、下阀门、阀杆、弹簧等组成。下阀门控制传动气缸与压缩空气气源之间的通路，上阀门控制传动气缸与大气之间的通路。电空阀按作用原理可分为开式和闭式两种。

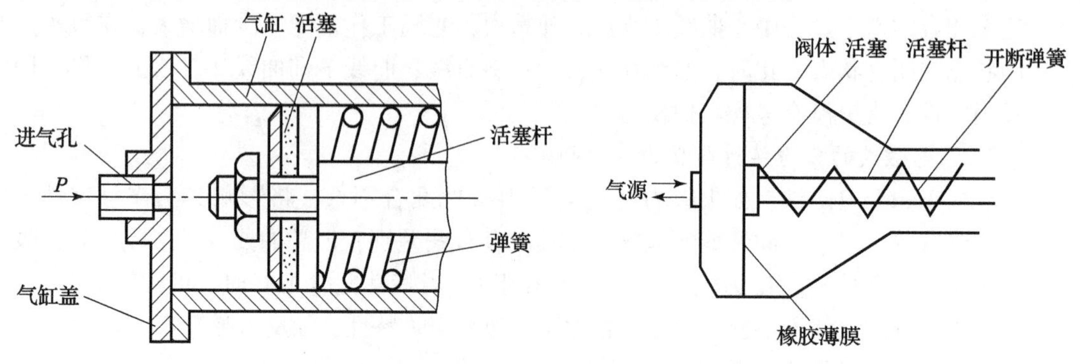

图 2－20 气缸式传动装置的原理结构

图 2－21 薄膜式传动装置原理结构

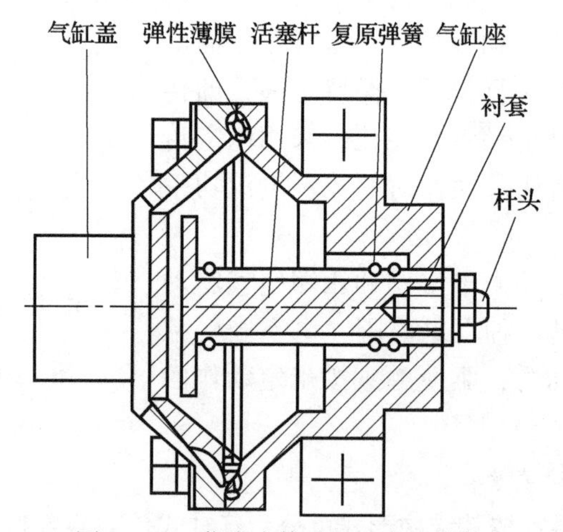

图 2－22 薄膜式传动装置实际结构

（1）闭式电空阀。

闭式电空阀是线圈无电时，压缩空气气源与传动气缸通路被阻断的阀，其原理结构如图 2－23 所示。

当线圈有电时，衔铁吸合，阀杆动作，使上阀门关闭，下阀门打开，关断了传动气缸和大气的通路，打开了气源和传动气缸的通路，压缩空气从气源经电空阀进入传动气缸，推动气动器械动作。当线圈失电时，衔铁在反力弹簧作用下打开，带动阀杆上移，使下阀门关闭，上阀门打开，关断了气源和传动气缸的通路，打开了传动气缸与大气的通路，传动气缸的压缩空气经电空阀排向大气，气动器械恢复原状。闭式电空阀在电力机车上应用较多。

（2）开式电空阀。

开式电空阀是线圈无电时，压缩空气气源与传动气缸相通，大气和传动气缸关闭的阀，其原理结构如图 2－24 所示。

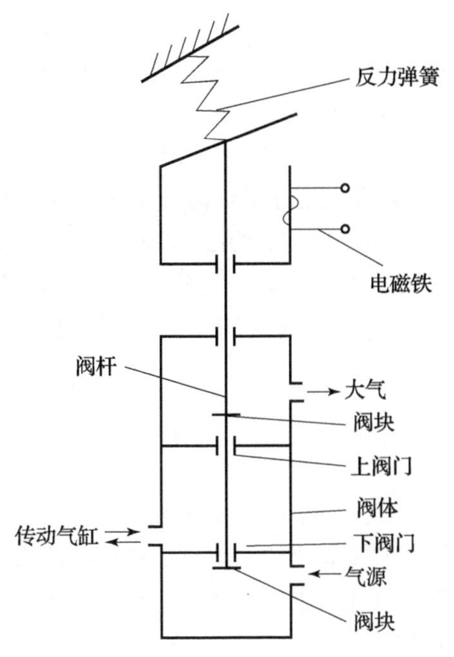

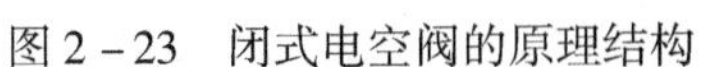
图2－23　闭式电空阀的原理结构

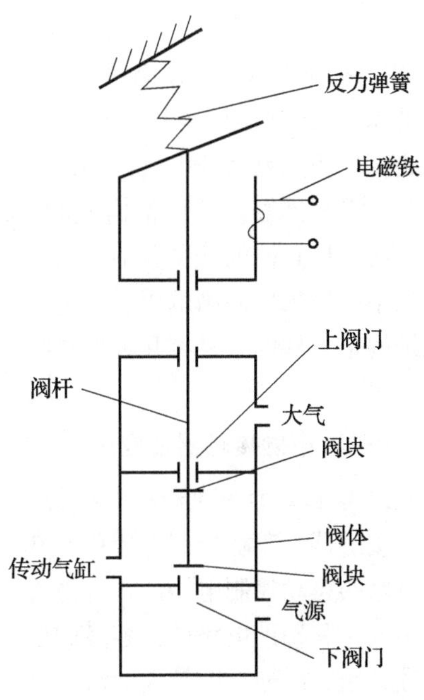

图2－24　开式电空阀的原理结构

当线圈有电时，衔铁吸合，阀杆动作，使下阀门关闭，上阀门打开，关断了传动气缸和气源的通路，打开了大气和传动气缸的通路，传动气缸的压缩空气经电空阀排向大气。压缩空气从气源经电空阀进入传动气缸，推动气动器械动作。当线圈失电时，衔铁在反力弹簧作用下打开，带动阀杆上移，使下阀门打开，上阀门关闭，关断了大气和传动气缸的通路，打开了传动气缸与压缩空气气源的通路，压缩空气从气源经电空阀进入传动气缸，推动气动器械动作。

电空阀是电空传动装置中的重要元件之一，在使用中要注意经常检查和维护。当电空阀在运行中发生故障时，应分清是气路还是磁路的原因。气阀方面的故障经常表现为漏气，其原因可能是由于油污、灰尘、沙子等引起气路密封性下降，从而导致漏气现象发生。磁路方面的故障常常表现为衔铁不吸合，动作不灵活卡制，线圈吸合电压不稳定，从而导致振动噪声大。

任务二　接触器与继电器的认识

城市轨道交通具有安全、快捷、准时、舒适、运量大、无污染、占地少等鲜明的特点，是城市公共交通的一个重要组成部分，随着城市的不断发展，赢得了城市管理者和市民的青睐，逐渐成为城市最主要的交通工具。目前我国城市的轨道交通类型主要是地铁和轻轨，无论是地铁还是轻轨，供电的制式主要有750 V第三轨受电和1 500 V架空线受电弓受电。车辆获取的电能经过牵引电机转换成机械能，供车辆运行使用。车辆启动、运行、调速、制动等都需要对电机进行一系列的控制，请同学们识读以下几个电机的控制电路，说明其工作原理与过程，找出其共同点，指出都用了哪些设备，这些设备的名称是什么，有何功用。

如图 2 – 25 所示，(a)、(b) 和 (c) 为简单的电机控制线路接线图。按下合闸按钮 SF，接触器 KM 的线圈得电，其常开触点闭合，接通电机回路，电机实现点动、直接启动和正反转控制。(d) 和 (e) 是电机控制的实物接线图。观察这些图可以发现，无论是简单还是复杂的电机控制线路，都是由断路器、熔断器、按钮开关、继电器、行程开关、接触器等电气设备构成的，其共同的特点都是经过接触器的主触点接通电机回路，而把接触器的线圈接在控制回路中，这样既可以实现远距离控制，又可以用低电压、小电流来控制高电压、大电流，从而保证设备和人身安全。那么，接触器和继电器的结构是怎样的？又有几种形式呢？在轨道交通车辆上有哪些应用？这是本任务要学习的问题。

(一) 电磁接触器及应用

1. 接触器的用途和基本特点

接触器是工业控制中应用非常广泛的一种电器。用来接通或切断带有负载的较大电流电路的自动控制电器。在电力机车上用于频繁地接通或切断正常工作情况的带有负载的主电路和辅助电路或大容量的控制电路。与其他开关电器相比，它有以下特点：动作次数频繁，能通、断较大电流，可以实现一定距离的控制。

2. 接触器的组成

接触器的结构种类很多，一般由以下几部分组成：

(1) 电磁系统。

包括驱使触头闭合的装置和开断触头的弹簧机构以及缓冲装置。用来可靠地驱使触头按规定要求动作，以实现接触器的职能。

(2) 触头系统。

分主触头和联锁触头两部分。

主触头由动、静主触点和触头弹簧等组成。它是接触器的执行部分，用于直接实现电路的通、断。主触头接通和分断的是主电路，额定电流比较大，通常为数安到数百安，甚至可能高达数千安。

(3) 灭弧系统。

灭弧系统一般与主触头配合使用，主要用于熄灭触头开断电路时产生的电弧，减少电弧对触头的破坏作用，切断电路并保证触头可靠地工作。根据电流的性质、灭弧方法和原理，可以制成各种灭弧装置。小容量的接触器，可采用桥式双断点触头灭弧、电动力灭弧；大容量的接触器，可采用删片灭弧和灭弧罩灭弧。

(4) 支架和固定装置。

属于非工作部分，用于合理地安装和布置电器各部件，使接触器构成一个整体。支架和固定装置应有足够的机械强度，并能对内部部件起到保护作用，保证接触器达到一定的寿命。

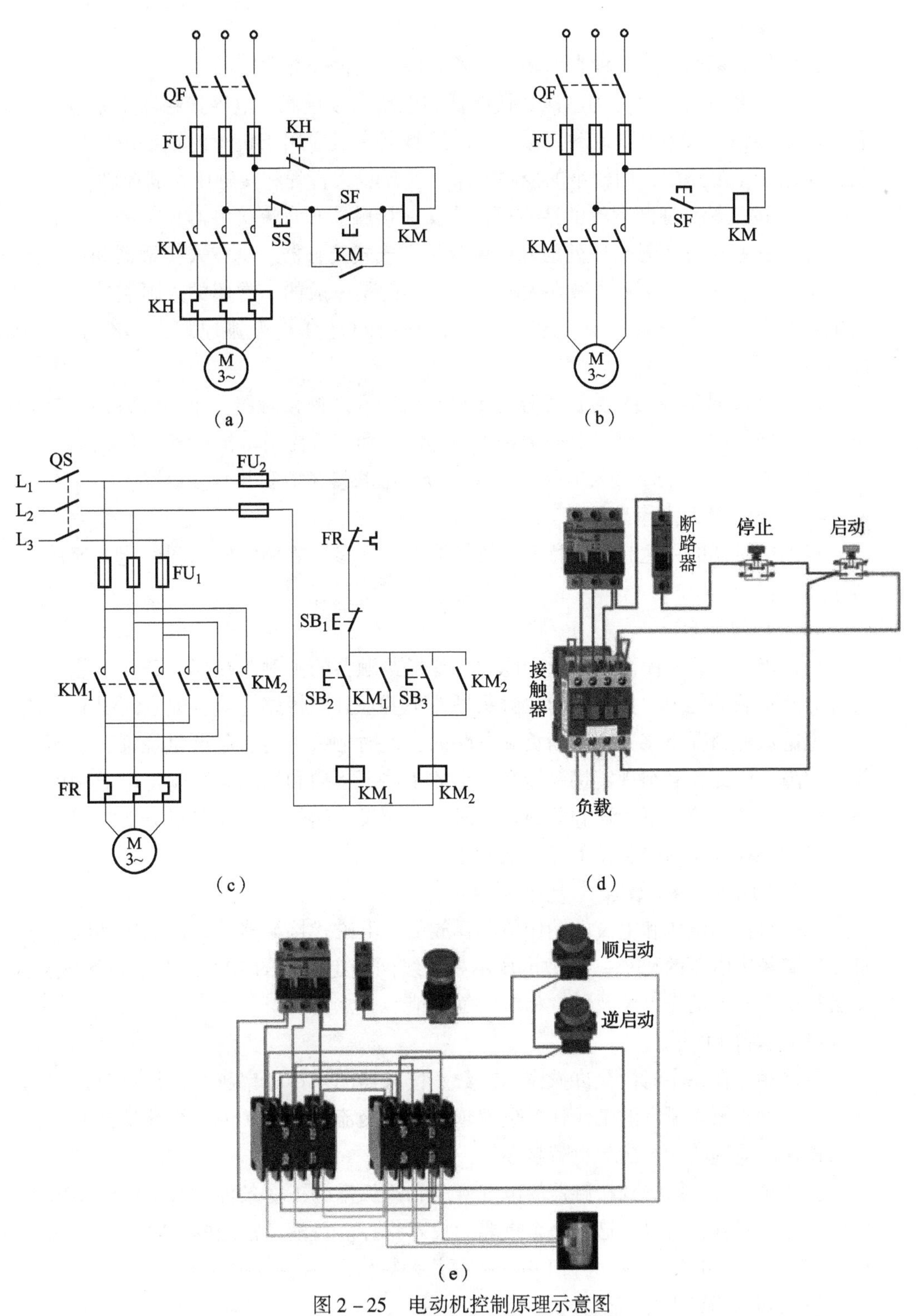

图 2－25　电动机控制原理示意图

(a) 电动机的点动控制；(b) 电动机的直接启动；(c) 带互锁的电机正反转控制；

(d)，(e) 电动机控制的实物接线图

3. 接触器的分类

接触器的用途很广，种类繁多，一般有以下几种分类方法：

（1）按传动方式可分为电磁式接触器和电空式接触器。电磁接触器采用电磁传动装置，电空接触器采用电空传动装置。电磁接触器一般应用于机车的辅助电路中，电空接触器应用于主电路中，用较小的控制功率，实现较大行程和接触压力的控制。

（2）按主触头通断电流的性质可分为交流接触器和直流接触器。

（3）按接触器主触头所处的介质可分为空气式接触器、真空式接触器和油浸式接触器。空气式接触器的主触头敞在大气中，采用的是一般的、常用的灭弧装置。而真空式接触器的主触头却密封在真空装置中，它利用的是真空灭弧原理，具有很高的切换能力。

（4）按接触器主触头数目可分为单极接触器和多极接触器。单极接触器只有一对主触头，多极接触器有两对以上的主触头，它们分别用于控制单相和多相电路。

（5）按接触器线圈接入电路的方式可分为串联接触器和并联接触器。

4. 接触器的基本参数

根据接触器的用途和工作特点，接触器的基本参数除额定电压和额定电流以外还有以下几个：

（1）切换能力。

切换能力又称开闭能力、通断能力，是指接触器的主触头在规定条件下能可靠地接通和分断负载的能力。接触器的主触头虽然不要求开断短路电流，但它还是有可能在大于额定电流的情况下接通或切断负载电路的，此时触头可能引起严重烧损，甚至发生熔焊等故障。因此，必须规定接触器在一定的条件下接通和切断高于额定电流和电压的具体指标，在此电流值下接通和分断负载时，不应发生熔焊、飞弧和过分磨损等现象。保证接触器能在较恶劣的条件下可靠地工作。

（2）动作值和释放值。

指接触器的电压和电流的动作值和释放值。电磁式接触器的动作电压即吸合电压不低于线圈额定电压的85%，释放电压不高于线圈额定电压的70%。对电空接触器而言，主要指电空阀的动作电压及气缸相应的气压值。

（3）操作频率。

指接触器在每小时内允许操作的次数。接触器的操作频率越高，每小时开闭的次数就越多，触头及灭弧室的工作任务也就越重，对交流接触器来说，线圈受到的冲击电流及衔铁铁芯受到的冲击次数也就越多。

操作频率直接影响到接触器的电气寿命和灭弧室的工作条件，对于交流接触器还影响到线圈的温升，所以，这是一个重要的技术指标。目前，常用的接触器操作频率有每小时150次、300次、600次和1 200次等几种规格。

（4）机械寿命和电气寿命。

机械寿命指的是接触器在无负载操作下无零部件损坏的极限动作次数。电气寿命指的是接触器在规定的操作条件下，且无零部件损坏的极限动作次数。由于接触器的操作频率较高，为了保证一定的使用年限，应有较长的机械寿命和电气寿命。目前，接触器的机械寿命一般可达数百万次以至一千万次以上，而电气寿命则按不同的使用类别和不同的机械寿命级别有一定的百分比，一般为机械寿命的1/5左右。

（5）动作时间、释放时间。

动作时间（又称闭合时间）是指从电磁铁吸引线圈通电瞬时起到衔铁完全吸合所需要的时间，释放时间（又称开断时间）是指从电磁铁吸引线圈断电瞬时起到衔铁完全打开所需要的时间。为了能准确可靠地对有关电路进行控制，对接触器的动作时间也有一定的要求，如直流接触器的闭合时间一般为0.04～0.11 s，开断时间为0.07～0.12 s，交流接触器的闭合时间一般为0.05～0.1 s，而开断时间为0.1～0.4 s。

接触器除应满足以上基本参数的要求外，电磁接触器还应满足在85%额定控制电压下能保证接触器正常工作，并适当考虑工作制的要求。

5. 直流接触器

直流接触器主要用于远距离接通和分断直流电路以及频繁地启动、停止、反转和反接制动直流电动机，也用于频繁地接通和断开起重电磁铁、电磁阀、离合器的电磁线圈等。直流接触器有立体布置和平面布置两种结构，有的产品是在交流接触器的基础上派生的。因此，直流接触器的结构和工作原理与交流接触器的基本相同，主要由电磁机构、触点系统和灭弧装置三大部分组成。

（1）电磁机构。直流接触器电磁机构由铁芯、线圈和衔铁等组成，多采用绕棱角转动的拍合式结构。

由于线圈中通的是直流电，正常工作时，铁芯中不会产生涡流，铁芯不发热，没有铁损耗，因此铁芯可用整块铸铁或铸钢制成。直流接触器线圈匝数较多，为了使线圈散热良好，通常将线圈绕制成长而薄的圆筒状。由于铁芯中磁通恒定，因此铁芯极面上也不需要短路环。为了保证衔铁可靠地释放，常需在铁芯与衔铁之间垫有非磁性垫片，以减小剩磁的影响。

（2）触点系统。直流接触器有主触点和辅助触点。主触点接通或断开的电流较大，采用双断点桥式结构或单断点转动式结构，辅助触点的通断电流较小，常采用点接触的双断点桥式触点。

（3）灭弧装置。由于直流电弧不像交流电弧有自然过零点，直流接触器的主触点在分断较大电流（直流电路）时，灭弧更困难，往往会产生强烈的电弧，容易烧伤触点和延时断电。为了迅速灭弧，直流接触器一般采用磁吹式灭弧装置，并装有隔板及陶土灭弧罩。对小容量的直流接触器也有采用永久磁铁产生磁吹力的，对中大容量的接触器则常用纵缝灭弧加磁吹灭弧法。

工作原理：其工作原理类同电磁铁的工作原理。当吸引线圈未通电时，衔铁在反力弹簧的作用下打开，常开触头断开，常闭触头闭合；当吸引线圈得电时，铁芯与衔铁之间产生的电磁吸力将衔铁吸合，使常开触头闭合，常闭触头打开。

6. 交流接触器

交流接触器广泛用作电路的开断和控制电路。它利用主触头来开闭电路，用辅助触头来执行控制指令。主触头一般只有动合接点，而辅助触头常有两对具有动合和动断功能的触头，小型的接触器也经常作为中间继电器配合主电路使用。

交流接触器主要由四部分组成：

（1）电磁系统：包括吸引线圈、动铁芯和静铁芯，是接触器的重要组成部分，依靠它带动触点的闭合与断开。

（2）触头系统：触头是接触器的执行部分，包括主触头和辅助触头。主触头的作用是接通和分断主回路，控制较大的电流，而辅助触头是在控制回路中，以满足各种控制方式的要求。触头系统一般包括三组主触头和一至两组常开、常闭辅助触头。它和动铁芯是连在一起互相联动的。

（3）灭弧装置：灭弧装置用来保证触头断开电路时，产生的电弧可靠地熄灭，减少电弧对触头的损伤。为了迅速熄灭断开时的电弧，一般容量较大的交流接触器都设有灭弧装置，一般采用半封式纵缝陶土灭弧罩，并配有强磁吹弧回路。

（4）其他部分：有绝缘外壳及附件、各种弹簧、传动机构、短路环、接线柱等。

工作原理：当电磁线圈通过控制回路接通控制电压（一般为额定电压）时，静铁芯产生电磁吸力，电磁力克服弹簧的反作用力将衔铁吸向静铁芯，由于触头系统是与动铁芯联动的，因此动铁芯带动三条动触片同时运行，带动主触头闭合，接通电路，辅助接点随之动作。当接触器电磁线圈不通电时，吸力消失，弹簧的反作用力和衔铁芯的自重使主触头保持断开位置，切断电源。交流接触器的触头，由银钨合金制成，具有良好的导电性和耐高温烧蚀性。

7. 接触器的型号意义

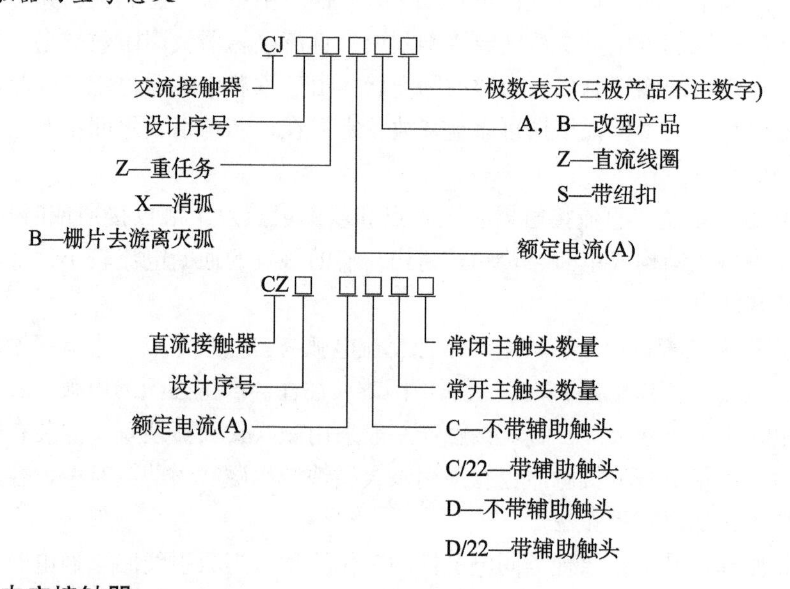

（二）电空接触器

电空传动的电器具有体积小、重量轻、传动力大等优点，在电力机车上广泛采用电空式接触器，用来通、断带有负载的主电路和大容量的控制回路。其主要特点是能实现远距离的自动控制，操作频率较高，通、断电流大，应用范围广。在轨道交通车辆中，电空接触器主要用于控制牵引电动机接入电源、短接电阻及进行磁场削弱等。图2－26为电空接触器的工作原理示意图。

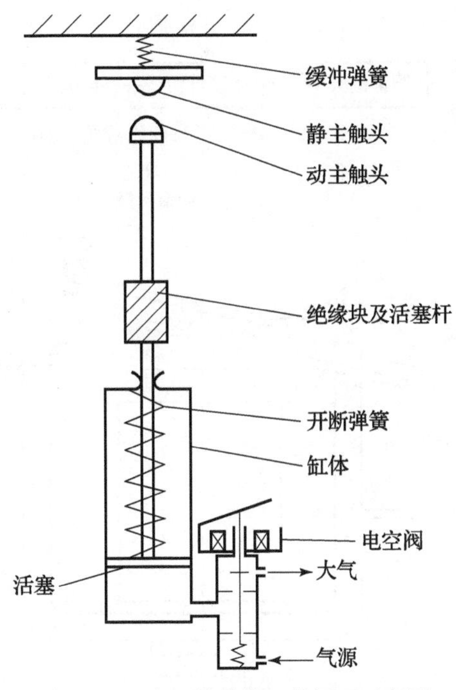

图2－26　电空接触器工作原理示意图

电空接触器一般由触头系统、灭弧系统、传动系统组成。其中触头系统由主触头和联锁触头组成；灭弧系统由磁吹线圈、导磁极板、导弧角和灭弧罩等组成；传动系统由电磁阀、传动风缸、传动杆组成。当电空阀线圈得电时，其控制的压缩空气进入传动气缸，推动活塞，压缩开断弹簧而向上运动，使动静触头闭合。当电空阀线圈失电时，其控制的压缩空气排向大气，在开断弹簧的作用下，推动活塞带动活塞杆和动触头下移，动、静触头打开，同时灭弧。在主触头动作的同时，联锁触头也相应动作。

（三）真空接触器

真空接触器利用零点熄弧原理，以真空为灭弧介质，比较适用于交流电路（若熄灭直流电弧，需采取适当的措施）。它与交流电磁接触器相比有更多的优点：体积小，重量轻，操作时噪声小，分断能力高，耐压强度高，介质恢复速度快，电气和机械寿命长等。以真空为灭弧介质的真空灭弧可在重任务条件下供重要场合使用。但也易出现电弧电流过零前熄灭的问题，出现截流，故在电感电路中产生过电压。

（四）继电器及应用

1. 继电器的定义、基本组成及工作原理

继电器是一种根据某一输入量（电物理量或非电物理量）的变化来接通或断开小电流控制电路，以实现自动控制、保护设备或转换信号的功能的自动电器。其主要用于控制电路中。

继电器一般都应由测量机构、比较机构和执行机构等部分组成，其原理组成方框图如图 2－27 所示。典型结构原理图如图 2－28 所示。

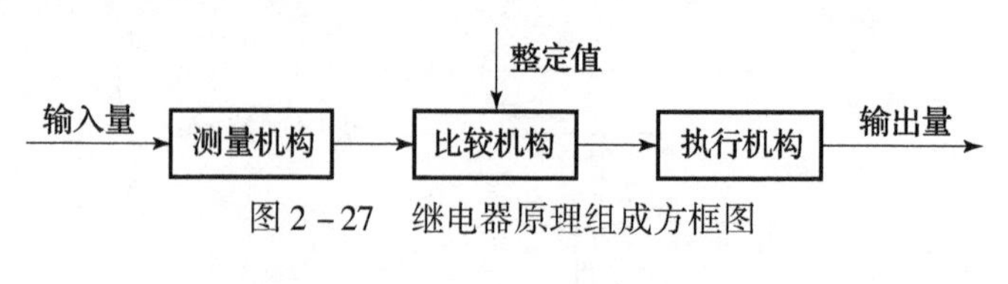

图 2－27 继电器原理组成方框图

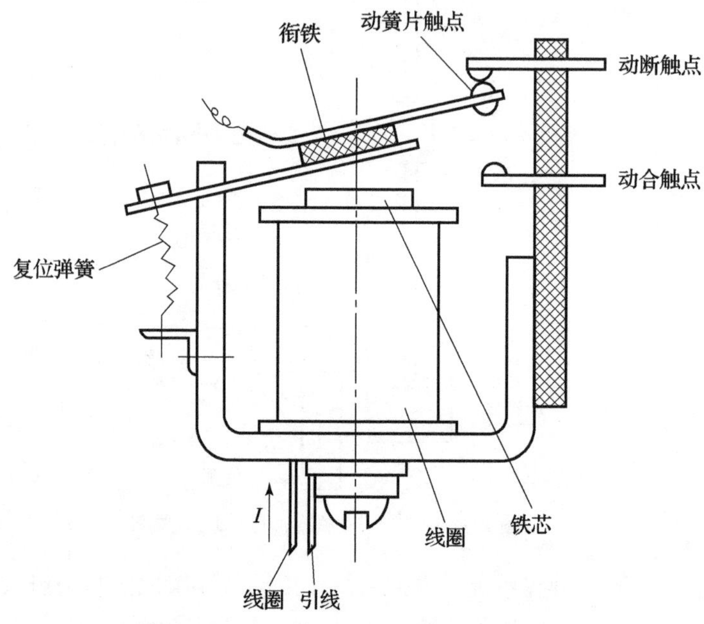

图 2－28 电磁式继电器的典型结构原理图

测量机构是反应继电器输入量的装置，用于接收输入量，并将其转换成继电器工作所必需的物理量。比如电磁型继电器，测量机构是线圈和铁芯构成的磁系统，用来测量输入电量的大小，并在衔铁上将电量的大小转换成相应的电磁吸力。

比较机构的作用是将输入量（或转换量）与其预设的整定值进行比较，根据比较结果决定执行机构是否动作，如电磁继电器的反力弹簧等。当电磁力大于反力弹簧的反力时，衔铁吸合，触头动作，继电器有输出；当电磁力小于反力弹簧的反力时，衔铁不吸合，触头不动作，继电器没有输出。一般可以在比较环节上调整（整定）继电器的动作值。

执行机构是反应继电器输出的装置，它作用于被继电器控制的相关电路中，以得到必需的输出量。执行机构根据比较的结果决定是否动作：有触点电器中触点的分、合动作，无触点电器中晶体管的饱和、截止两种状态，都能实现对电路的“通”“断”控制。输出量是根据比较结果来决定有无的。不管输入是何物理量，输出量往往是电量。

工作原理：测量机构接收输入量（电压或电流信号），并将这个信号转变为继电器工作所需的物理量（电磁吸力），通过比较机构进行比较（电磁吸力与反力弹簧的反力），当电磁吸力大于反力弹簧的反力时，继电器达到动作值而动作，促使执行机构

(触头系统）动作，常开触点闭合，常闭触点打开，继电器有电量信号输出；当电磁吸力小于反力弹簧的反力时，继电器达到释放值而返回，执行机构（触头系统）回到原始状态，常开触点断开，常闭触点闭合，继电器无输出信号。

2. 继电器的分类

继电器的用途很广，种类繁多，继电器有多种分类方法，下面仅根据继电器在轨道交通车辆上使用的情况来分类。

(1) 按用途可分为控制继电器和保护继电器。

(2) 按动作原理可分为电磁式继电器（反应电量的继电器）、机械式继电器（反应非电量的继电器）。

(3) 按执行机构的种类可分为有触点继电器和无触点继电器。有触点继电器的执行机构为触头，通过触头的闭合和分断来执行动作；无触点继电器则通过晶体管的饱和和截止来实现有触点继电器触头动作职能。

(4) 按输入电流性质可分为直流继电器和交流继电器。

(5) 按输入的物理量可分为电流继电器、电压继电器、时间继电器、中间继电器、压力继电器等。

3. 继电器的特点

在电力机车上，继电器一般不直接控制主电路或辅助电路，而是通过接触器或主、辅电路中的其他电器对主电路及辅助电路进行控制。同接触器相比较，继电器具有以下特点：

(1) 继电器触头容量小，采用点接触形式，没有灭弧装置，体积和重量也比较小，不能用来开断主电路及大容量的控制电路。

(2) 继电器的灵敏度要求极高，输入、输出量应易于调节，具有足够的整定值调整范围，在规定的使用条件下，继电器必须具有较高的可靠性和准确性。

(3) 继电器能反映多种信号（如各种电量、速度、压力等），其用途很广，外形多样化。

4. 继电器的继电特性

设继电器的输入量为 X，输出量为 Y。由继电器的工作原理可知，当继电器线圈的电压或电流达到一定值 X_1 时，衔铁吸合，使常开触点闭合，触点回路接通，使得输出端输出量由零跃变到最大值；随着输入量的继续增加，输出量均保持 Y_{max} 不变。如果将输入量逐渐减小，在减小到 X_2 之前，输出量应保持 Y_{max} 不变；当线圈电压或电流逐渐减小到一定值 X_2 时，衔铁释放，常开触点也随之断开，触点回路被切断，输出端的输出量由最大值跃变到零。随后，输入量继续减小，输出量均保持零不变。电磁继电器利用线圈中的电压或电流来控制触点回路的电压或电流，当线圈中的电信号变化到一定值时，触点回路的电信号呈现阶跃式的变化（由 0 变至最大）。继电器的输入量与输出量之间有一特定的关系，这就是继电器最基本的输入 - 输出特性，亦称继电特性，如图 2 - 29 所示。

图中，X_1 是使继电器动作所需的最小输入量；称为继电器的动作值；X_2 是使继电器释放所需的最大输入量，称为继电器的返回值。

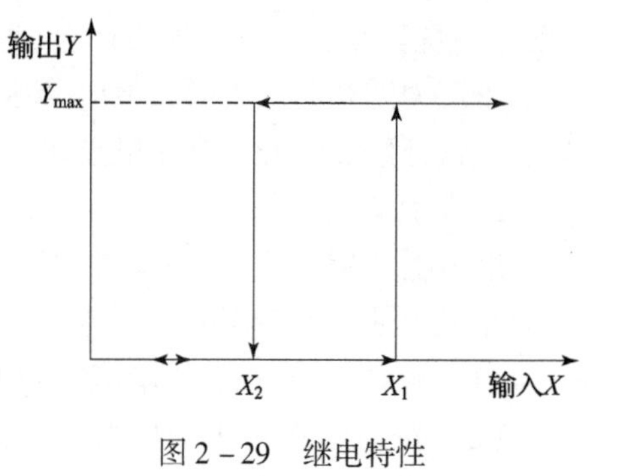

图 2-29 继电特性

5. 继电器的基本参数

（1）额定参数。

指输入量、输出量的额定值及触点的额定电压、额定电流等。

（2）动作值。

继电器吸合动作所需要的最小物理量的数值，如电流继电器的动作电流、电压继电器的动作电压等，也称为整定值。

（3）返回值。

使继电器释放所需的最大输入量数值。

（4）返回系数。

指继电器输入量的返回值 X_2 与动作值 X_1 之比，用 K_f 表示，即

$$K_f = X_2/X_1$$

返回系数是继电器的重要参数之一，一般对继电器来说，$K_f < 1$。K_f 越接近于 1，继电器动作越灵敏，但抗干扰能力就越差，所以返回系数也不完全是越高越好，对控制继电器来说，返回系数要求不高；对保护继电器来说，要求有较高的返回系数，一般要求 $0.85 < K_f < 1$。

6. 动作值的调整

继电器的动作值（或返回值）的调整，也称继电器参数的整定。对电磁继电器的整定，可通过改变反力弹簧和工作气隙来实现。对电子继电器来说，可通过改变比较环节的电位器的阻值等来实现。对时间继电器来说，动作时间和释放时间也应具有足够的调整范围。

7. 电磁式继电器

电磁式继电器的测量机构是电磁铁，执行机构是触头。它具有工作可靠、结构简单、易于制造等优点，所以在轨道交通车辆上得到了广泛的应用。

电磁式继电器可分为电流继电器、电压继电器、中间继电器、时间继电器和信号继电器等。按照电流种类的不同，电磁式继电器还可以分为直流电磁继电器和交流电磁继电器。

（1）电流继电器。

电流继电器是指当继电器线圈流过的电流达到规定值时动作的继电器，其吸引线圈与电路串联，故线圈直径较粗，匝数较少，阻抗小，分压小，一般接在主回路中，起过载或短路保护的作用。

（2）电压继电器。

电压继电器是指当继电器线圈两端电压达到规定值时动作的继电器，其吸引线圈与

电路并联，故线圈直径较细，匝数较多，主要作控制用。常用的有过电压继电器和欠电压继电器。对于过电压继电器，电压升至整定值或大于整定值时（一般为额定电压的105%～120%），继电器就动作，常开触点闭合，常闭触点断开；当电压降低到0.8倍整定值时，继电器就返回，常开触点断开，常闭触点闭合。对于低电压继电器，当电压降低到整定电压时（一般为额定电压的50%左右），继电器释放，常开触点断开，常闭触点闭合。

（3）中间继电器。

中间继电器是指用来增加控制电路数目或将信号放大的继电器，它实际上也属于电压继电器，但动作参数无须调整。

（4）时间继电器。

时间继电器是指从接收信号开始至触头动作（或使输出电路的电参数产生跳跃或改变）具有一定的延时，该延时又符合其准确度要求的继电器。

时间继电器种类繁多，按动作原理可分为电磁式时间继电器、空气阻尼式时间继电器和电子式时间继电器；按延时方式可分为通电延时型时间继电器和断电延时型时间继电器。

通电延时型时间继电器：线圈通电后，延时一定时间输出信号才发生变化，即延时一定时间后常开触头闭合，常闭触头断开；当输入信号消失后，输出信号瞬时复原。

断电延时型时间继电器：线圈通电后，瞬时产生相应的输出信号，即常开触头闭合，常闭触头断开；当输入信号消失后，延时一定时间输出信号才复原，即延时一定时间后常开触头断开，常闭触头闭合。

8. 接地继电器

接地继电器的主要作用是用作主电路接地保护，其保护原理如图2－30所示。

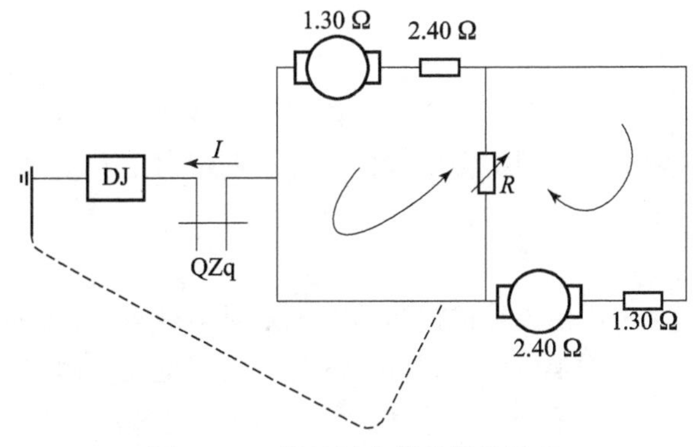

图2－30　接地继电器的保护原理

（1）制动工况下的接地保护用接地继电器。

接地继电器其结构与过电流继电器基本相同。主回路构成交叉励磁独立回路，两组电机稳定地给电阻供电。电机发出的电能消耗在电阻上，以实现制动的目的。当主回路无接地故障时，接地继电器中无电流，继电器处于无电释放状态。当机车主电路某处发生接地故障时，接地点将于接地继电器的地端构成回路，接地继电器中有电流流过。当接地继电器线圈电流达到0.2～0.3 A时，在电磁力的作用下，衔铁被吸合，主触头进行分合转换，开闭有关控制电路，使主断路器分断，切断机车总电源，从而达到保护目的。与此同时，联锁触头相应闭合，在司机台显示故障信号。

（2）牵引工况下的接地保护用差动继电器。

牵引电动机串联牵引工况下的接地保护一般使用的是差动继电器。差动继电器属于拍合式电磁机构，它有两组线圈，是利用两组电流线圈的电流差而工作的，如图2－31所示。正常工作时，两组电流线圈产生等值反向的电磁吸力，互相抵消，差动继电器不动作；牵引工况中，当主电路出现接地故障时，有接地电流产生（$I_{地}$），$I_1=I_2+I_{地}$使得两组电流线圈产生的电磁吸力不等，电磁吸力克服反力弹簧的弹力，衔铁吸合，带动触头动作，切断主回路，达到保护主电路的目的。

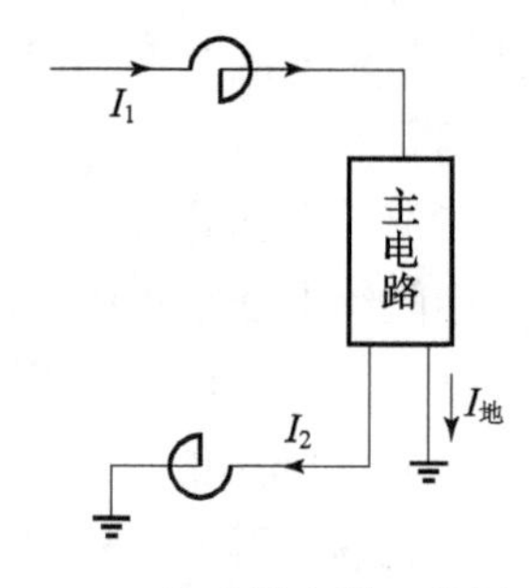

图2－31 差动继电器工作原理图

9. 机械式继电器

在电力机车上，除较多使用电磁式继电器以外，还使用机械式继电器。机械式继电器主要有风道（风速）继电器、风压继电器、油流继电器等，以下分别做简单介绍。

（1）风道（风速）继电器。

风道继电器安装在硅整流装置柜、制动电阻柜及牵引电机通风系统的风道里，用来反映通风系统的工作状态是否正常，以确保通风系统有足够的风量，保护发热设备。

（2）风压继电器。

风压继电器的作用是作为电力机车电阻制动和空气制动间的安全联锁，在电阻制动时，电制动力并非恒定，需加一点空气制动来限速。但空气制动力不能太强，以免车轮被抱死，造成滑行而擦伤车轮。

（3）油流继电器。

油流继电器是电力机车牵引变压器的附件，用来监视变压器循环系统的工作情况，当油流停止或不正常时，给司机发出警告信号。在牵引主变压器两端的循环油管内，各设置有一个油流继电器。

10. 电子式时间继电器

我国地铁车辆上采用由单片机控制的电子式时间继电器，它由集成电路或晶体管和电子元器件等构成，又称半导体时间继电器。它用微型大功率密封中间继电器作为执行元件，集成电路或晶体管和电子元器件封装于一个金属盒内，具有延时范围广、精度高、体积小、耐冲击和振动、调节方便及使用寿命长等优点。电子式时间继电器主要是利用电容的充、放电特性，通过调节电阻R和电容C来改变充、放电时间常数的大小，进而调节延时时间的长短，实现延时功能。电子式时间继电器的输出形式有触点式和无触点式两种。

任务三　主型电器的认识

(一) 受电弓

受电弓通过绝缘子安装在电动车辆的车顶上，当受电弓升起时，通过碳滑板与架空导线接触，将直流电通过车顶母线传送到电动车辆内，以供车辆用电。车辆运行时，碳滑板沿架空导线滑动并保持良好的接触。受电弓的升与降是司机通过操作受电弓控制开关控制的。受电弓一般设有机械止挡，以限制受电弓在无接触网区段上的垂直运动。

1. 受流器与受电弓

电力机车、电动车辆从接触网接触导线或导电轨受取电流的装置统称为受流器。它是电力机车或电动车辆与固定供电装置之间的连接环节，受流器性能的优劣直接影响所取电流的可靠性，也直接影响电力机车或电动车辆的工作状态。随着机车运行速度的不断提高，对受流器性能的要求也越高。我国城市轨道交通车辆大多采用受电弓和集电靴两种受流方式。当电压为 DC 1 500 V 时多采用架空接触网供电方式，由受电弓受流。当电压为 DC 750 V 时，一般采用第三轨供电，由集电靴受流。

受电弓是受流器中的一种，属于上部受流，与其他受流器相比，具有较好的受流质量。

2. 受电弓的分类

受电弓按其结构形式分为单臂型、双臂型两种形式，其外形如图 2－32 所示；从驱动形式上又分为气动型和电动型，即依靠压缩空气驱动和依靠电机驱动两种。城市轨道交通车辆一般使用的是压缩空气驱动的单臂受电弓。

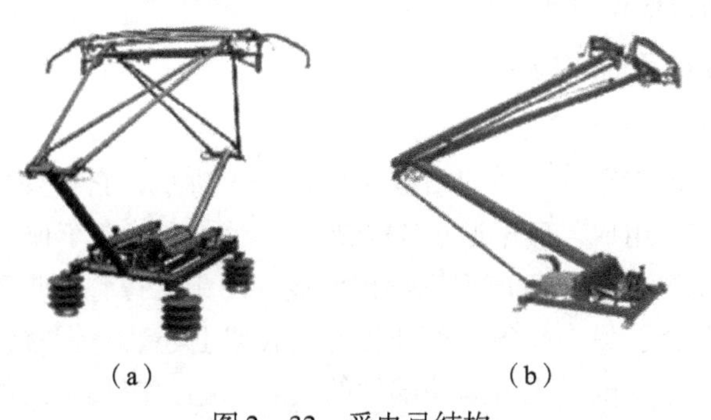

(a)　　(b)

图 2－32　受电弓结构

(a) 双臂受电弓；(b) 单臂受电弓

双臂受电弓结构对称、侧向稳定性好，但结构复杂，调整复杂。单臂受电弓结构简单，尺寸小，重量轻，调整容易，具有良好的动态特性，因而广泛用于现代高速、大负荷的干线电力机车及电动车辆上。

城市轨道交通车辆一般使用的是压缩空气驱动的单臂受电弓。受电弓通过绝缘子安装在电动车辆的车顶上，当受电弓升起时，通过碳滑板与架空导线接触，将直流电通过车顶母线传送到电动车辆内，以供车辆使用。车辆运行时，碳滑板沿架空导线滑动并保持良好的接触。为保证滑板和接触导线接触可靠，其间应有一定的接触压力。滑板和接触导线分别属于两个弹性系统——受电弓系统与接触网系统，两个弹性系统相互接触提供了滑板和接触导线之间的接触力。受电弓的升降是司机通过操作受电弓控制开关进行控制的。受电弓一般设有止挡，以限制受电弓在无接触网区段上的垂直运动。

3. 对受电弓的性能要求

受电弓是通过与固定导线的滑动接触而受流的，滑板的质量是影响受流质量的关键因素之一，优质滑板应满足以下要求：

受电弓升降弓时应不产生过分冲击，为此要求升降弓过程有先快后慢的特点，即升弓时滑板离开底架要快，贴近接触导线要慢，以防弹跳；降弓时滑板脱离接触导线要快，接近底架时要慢，以防拉弧及对底架有过分的机械冲击。

运行中要求受电弓动作轻巧、平稳、动态稳定性好。为改善受电弓的动态特性，达到良好的跟随性，减少离线和拉弧，现在很多国家都在试验开发主动控制受电弓。所谓的主动控制受电弓就是在单臂受电弓模型的滑板下加装力传感器、加速度传感器和一个响应接触线高度变化和振动的执行器，底座上安装一个用于升降弓以及适应进出站线及隧道等接触线高度变化的执行器，将测得的弓网间的接触力反馈回控制系统去驱动执行机构以调节接触压力，加速度传感器作为校正。

4. 单臂受电弓简介

国产电力机车上广泛采用弹簧式和气囊式两种类型的单臂受电弓。目前，电力机车上采用有各种型号的单臂受电弓，一类属于弹簧式的，如 SS1 型、SS3B 型电力机车采用的 TSG1 - 600/25 型，SS4 改型电力机车采用的 TSG1 - 630/25 型和 LV260 - 2 型、SS6 型、SS8 型电力机车采用的 TSG3 - 630/25 型等；另一类属于气囊式的，如 SS7F/SS9 型电力机车上采用的 DSA200 型单臂受电弓。

（二）单臂受电弓的结构

1. 压缩空气驱动的单臂受电弓

压缩空气驱动的单臂受电弓的结构如图 2 - 33 所示，它主要由底架、框架部分、滑板机构、传动气缸等组成。底架通过 4 个支持绝缘子安装在车顶上。

（1）底架：底架由方形管或型钢焊接而成，用于支撑整个框架。底架装有两组升弓弹簧，一端与梁相接，另一端与下臂杆相连。底架上还装有铜接线排与连接列车主电源的电缆。底架是整个受电弓受流运动部件的安装基座，应具有足够的机械强度并能耐受一定电压的电气性能。

（2）支持绝缘子：支持绝缘子安装在底架上，一方面用于支撑底架，另一方面可将车体与受电弓进行电气隔离。所以绝缘子要求具有良好的电气绝缘性和力学性能，一般由瓷和玻璃纤维聚酯压制而成或由瓷和绝缘塑料压制而成。

（3）下部框架：下部框架由下臂杆、推杆等组成。下臂杆由钢管制成，用于支撑受电弓上部框架和滑板机构，传递升降弓力矩，其长度决定了受电弓的工作高度。下臂杆、推杆一端通过活动接头与上部框架相连，另一端固定在底架上，其作用是：当下臂杆转动时使滑板上升或下降，并保持其运动轨迹基本为一铅垂线。

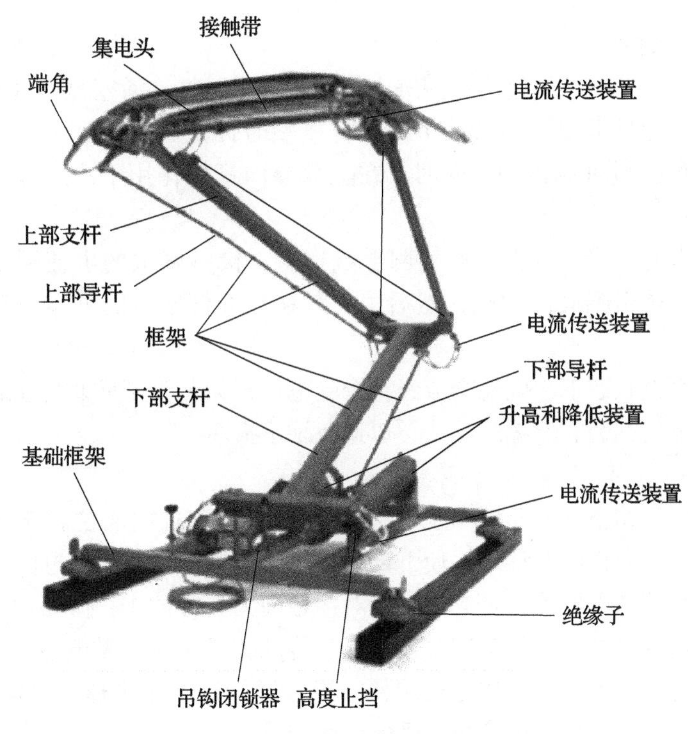

图 2－33　单臂受电弓的结构

(4) 上部框架：上部框架用于支撑滑板机构，传递向上作用力，保证受电弓工作高度。上部框架由上部支撑架和上部杆组成，其作用是使滑板在整个运动高度保持水平状态。上部支撑架包括铰链及斜支撑杆，通过斜支撑杆的作用，上部支撑架可具有很高的侧向稳定性。上部导向杆上安装了滑板，其长度可改变。

(5) 滑板机构：滑板机构是受电弓与架空导线接触受流的部分。它主要由滑板、转轴、弹簧盒、弓角等组成。滑板是通过支架装在上部框架上的。由轻金属制成的弓角可以防止在接触网分叉处架空导线进入滑板底下，避免刮弓事故的发生。弹簧盒中装有螺旋压缩弹簧，其作用是保证弓头的垂向自由度，改善受流特性。

由于滑板是直接与架空导线接触受流的部件，所以它是受电弓故障率较高的部件之一，常见的故障是磨损到限位和拉槽。采用碳质接触板，可减少接触导线的磨损，但导电性能较差，且接触板的磨损会较大；采用粉末冶金接触板，可改善导电性能，延长接触板的使用寿命。滑板的直线长度为 1 200 mm 且两端处制成弯角形，这是为了防止在接触网分叉处接触网导线进入滑板底而造成刮弓事故。为使接触板磨耗均匀，接触网导线与轨距中心线成“之”字形布置。

(6) 传动气缸：传动气缸安装在受电弓底架上，由电磁阀控制。传动气缸通过活塞杆带动与下臂杆连接的转轴来使受电弓动作。升弓和落弓速度可通过节流阀来控制。在正常情况下，受电弓由电磁阀控制，由主风缸内的压缩空气驱动升起。若主风缸内没有可用的压缩空气，或当车辆不具备压缩空气时，可用脚踏泵。

2. 受电弓的工作原理

（1）升弓过程。

升弓时，压缩空气经过节流阀进入传动气缸后，气缸活塞克服气缸内复位弹簧的压力向左移动，通过下部导向杆使下部撑杆以顺时针方向向上运动。由于升弓弹簧的作用，下部撑杆做顺时针转动。同时，在上部导向杆的作用下，上部撑杆逆时针转动而升起。

受电弓升起后，集电头与接触网导线接触，接触网上的电流通过集电头、上部撑杆、下部撑杆被引到底部架框，然后由安装在底部框架上的列车电源电缆引入电动车辆内。

由于在受电状态下，电流会流经整个受电弓框架，为了防止电流流入轴承，在受电弓所有的铰链处都装有软编织导线，以避免轴承损坏。

（2）降弓过程。

降弓时，压缩空气从传动气缸经节流阀排出，气缸内复位弹簧伸张将活塞推向右方，带动下部导向杆向右移动，使下部撑杆作逆时针方向转动而迫使上部撑杆落下。

对受电弓的基本要求是：升弓时，对接触网无有害冲击；降弓时，对受电弓底架无有害冲击。这些要求均由传动装置来保证。传动装置还应使受电弓在升、降过程开始时动作迅速，升降快到位时动作比较缓慢。降弓开始时动作迅速，可使受电弓很快断弧；运动快结束时动作缓慢，可防止对受电弓底架有过大的机械冲击。升弓时，运动快结束时动作缓慢，可防止受电弓对接触网的冲击。

（三）集电靴

1. 集电靴

集电靴受流装置主要应用于第三轨供电方式的线路，集电靴又名受流器、三轨受流器，集电靴安装在列车转向架构架两侧靠车辆外侧中部的位置。为列车从刚性供电轨（第三轨）进行动态取流（采集电流），满足列车电力需求的一套动态受流设备。通过对城轨列车的运行姿态、钢铝复合供电轨排布方式与特点、动态受流的技术要求、电气绝缘要求、动态受流的摩擦副匹配要求等系统性的研究，科学合理地选取摆动杆件的运动范围、受流摩擦副的接触正压力、受流滑靴的材料，科学合理地设计受流组件的结构以及绝缘结构，满足列车动态受流的工况要求，减少集电靴的维护需求，实现列车的动态稳定与可靠受流，为列车的稳定运行提供电源保障。它在使用时放下，不用时收起，犹如飞机起落架。所有动车转向架构架均装有两套受流器，而拖车仅一台转向架装有两套受流器。每个受流器的安装托架用四个螺栓固定在转向架构架的侧梁下面。集电靴取电如图 2－34 所示。

2. 接触轨

接触轨是沿轨道线路敷设的与轨道平行的附加导电轨，所以又称第三轨。第三轨一般安装在线路行车方向的左侧。接触轨材料一般采用低碳钢或钢铝复合材料。

图 2-34 集电靴取电

3. 受流方式

电动客车转向架构架伸出的集电靴通过与第三轨接触而获取电能。根据集电靴受流位置的不同，可分为上部受流、下部受流、侧部受流三种形式。

任务四 互感器与传感器的认识

(一) 互感器

1. 概述

在电力系统中，高电压和大电流是不能直接测量的，一般只能借助于电压互感器或电流互感器，把高电压、大电流变换成低电压、小电流，再供给测量仪表及继电器的线圈使用。这样，就可以使测量仪表与高压电路绝缘，保证工作人员的人身安全，扩大仪表量程。从结构和原理上讲，互感器是一种特殊变压器，电压互感器和电流互感器都是根据变压器的原理制成的，如图 2-35 所示。电流互感器匝数少的原绕组与待测电路串联，匝数多的二次绕组与电流表相连；电压互感器匝数很多的原绕组与待测电路并联，匝数少的二次绕组并联仪表、继电器的电压线圈。当铁芯未饱和时，互感器的电流比和电压比可以用式 (2-2)、式 (2-3) 来计算：

$$K_I=\frac{I_1}{I_2}\approx\frac{W_2}{W_1}\quad(\text{一般电流互感器的 } I_2=5\text{ A})\tag{2-2}$$

$$K_U=\frac{U_1}{U_2}\approx\frac{W_1}{W_2}\quad(\text{一般电压互感器的 } U_2=100\text{ V})\tag{2-3}$$

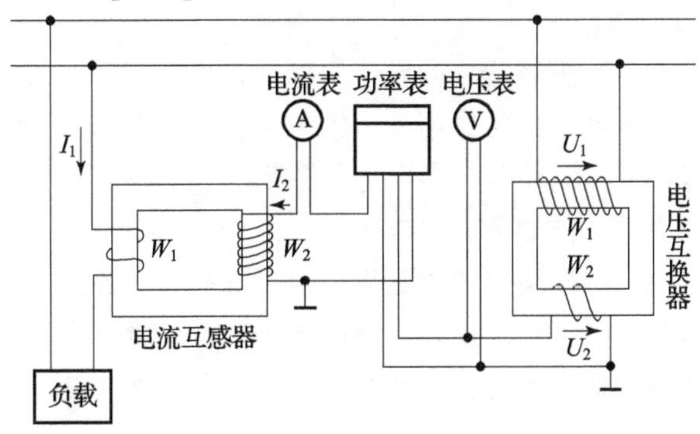

图 2-35 互感器作用原理示意图

由此可见，我们只需要一只考虑放大 K_I 或 K_U 倍值刻度的电流表或电压表同一个专用的电流互感器或电压互感器配套使用，即可直接读出大电流或高电压值，即

$$I_1 = K_I I_2 \tag{2-4}$$

$$U_1 = K_U U_2 \tag{2-5}$$

互感器虽与变压器相似，但从两者的用途来看，变压器除了用来变压和有时变相外，主要用于传输电能，而互感器则是把原边电路的电压、电流准确地反映给副边电路。

互感器的主要功能是安全绝缘。采用互感器作为一次侧电路和二次侧电路之间的中间元件，既可以避免一次侧的高电压、大电流直接引入仪表、继电保护设备等二次设备，又可以避免二次电路的故障影响到一次侧电路，提高了一次、二次电路的可靠性和安全性，保障设备及人身安全。另外，使用互感器还可以扩大仪表和继电器的使用范围。

2. 电流互感器简介

结构与特点：电流互感器的作用是将大电流变换成小电流，供给测量仪表及继电器的线圈使用。其一次侧绕组（原边绕组）的匝数只有一匝或几匝，串联在被测电路中；二次侧绕组（副边绕组）的匝数较多，它与电流表、其他仪表或继电器的电流线圈相串联，形成一个闭合回路。电流互感器的原理结构如图 2－36 所示。

其主要特点如下：

（1）电流互感器的原绕组同主电路串联，通过原边的电流就是主电路的负载电流 I_1，与副边电流 I_2 无关；而电力变压器的原边电流却是随副边电流的改变而改变的。

（2）由于串接在电流互感器副边的测量仪表或继电器电流线圈的阻抗都很小，所以，电流互感器的正常工作状态接近于短路状态，这也是同变压器不同的。

（3）电流互感器原边额定电流 I_{1e} 与副边额定电流 I_{2e}（一般均为 5 A）之比称为互感器的额定电流比，即

$$K_e = \frac{I_{1e}}{I_{2e}} \approx \frac{W_2}{W_1} \tag{2-6}$$

式中：K_e——额定电流比，注明在铭牌上；

W_1，W_2——原、副边绕组匝数。

3. 电压互感器简介

结构与特点：电压互感器是一种专门用作变换电压的特种变压器，是利用电磁感应原理工作的。电压互感器的主要作用是：给测量仪器、仪表或继电保护、控制装置提供信息；使测量、保护和控制装置与高电压相隔离。

电压互感器的原理结构如图 2－37 所示。电压互感器一次绕组的匝数很多，一次绕组并联在一次电路中；二次绕组的匝数很少，并联仪表、继电器的电压线圈。电压互感器相当于降压变压器。由于二次仪表、继电器的电压线圈阻抗很大，所以，电压互感器工作时二次回路接近于空载状态，二次绕组的电压一般为 100 V。

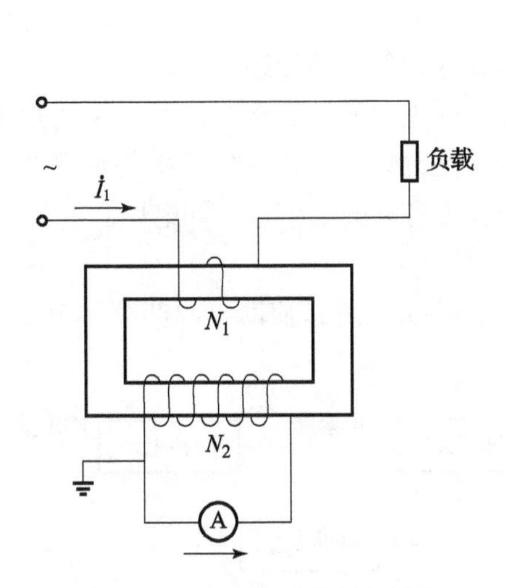

图 2-36　电流互感器原理结构　　图 2-37　电压互感器原理结构

其主要特点如下：

（1）高压电压互感器一次侧绕组要与被测负荷并联，其二次侧所有测量仪表的电压线圈要与二次侧绕组并联。使用中，若不接仪表时，应使二次侧绕组处于开路状态，要绝对避免二次侧短路。因此，在电压互感器二次电路中接有保护用自动开关。

（2）电压互感器在使用中，二次侧绕组的一端和外壳要可靠接地，以防一次侧绕组放电或击穿时，高电压进入二次侧测量电路，危及仪表和人身安全。

（3）电压互感器原边额定电压 U_1 与副边额定电压 U_2（一般均为 100 V）之比称为互感器的额定电压比，即

$$K_U = \frac{U_1}{U_2} \approx \frac{W_1}{W_2} \tag{2-7}$$

式中：K_U——额定电压比，注明在铭牌上；

W_1，W_2——原、副边绕组匝数。

（二）传感器

1. 传感器

传感器是一种检测装置，能感受到被测量的信息，并能将检测感受到的信息，按一定规律变换成为电信号或其他所需形式的信息输出，以满足信息的传输、处理、存储、显示、记录和控制等要求。在现代工业生产尤其是自动化生产过程中，要用各种传感器来监视和控制生产过程中的各个参数，它是实现自动检测和自动控制的首要环节，它获取的信息可以为各种物理量、化学量和生物量，转换后的信息也可以有多种形式。目前的传感器大多为电信号，因此，从狭义上讲，传感器也可定义为把外界的输入信号转换成电信号的装置。传感器作为测量元件在城市轨道交通车辆上得到了广泛的应用。例如，进行电流过载检测；在电机控制驱动中，作为电流反馈元件，构成电流反馈回路；进行速度检测、压力检测以及温度测量等。总之，传感器早已渗透到诸如工业生产、宇宙开发、海洋探测、环境保护、资源调查、医学诊断、生物工程，甚至文物保护等极其

之泛的领域。可以毫不夸张地说，从茫茫的太空，到浩瀚的海洋，以至各种复杂的工程系统，几乎每一个现代化项目，都离不开各种各样的传感器。

国家标准对传感器下的定义是：能感受规定的被测量并按照一定的规律转换成可用信号的器件或装置。它感受的被测量可以是物理量、化学量和生物量等非电信号，转换后的信息输出量多为处理、转换、计量较为容易的电信号，如电压、电流和频率等。

2. 传感器的组成

传感器一般由敏感元件、转换元件、转换电路和辅助电源四个部分组成，如图 2-38 所示为其原理框图。

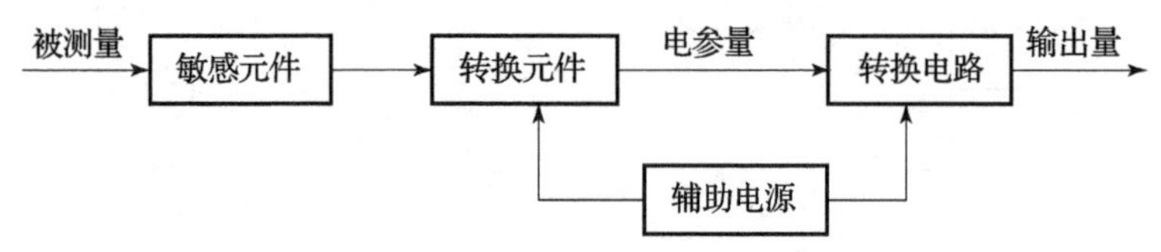

图 2-38　传感器的原理框图

敏感元件是传感器中直接感受被测量的元件，即被测量通过传感器的敏感元件转换成一个与之有确定关系的且易于转换的非电量，这一非电量通过转换元件转换成电参量。比如，电阻应变式传感器的作用是将应变片所感受到的机械变形量转换成电阻的变化量输出，再由转换电路转换成电压信号，根据输出电压信号的大小来测量机械变形量。

传感器中的转换元件是将敏感元件输出的中间非电量转换成电参量输出。例如，电容式位移传感器，将输入的位移量转换成电容量输出，电容器即是转换元件。

转换电路的作用是将转换元件输出的电参量转换成易于处理的电信号，如电压、电流和频率等。电桥电路是应用较多的转换电路，它可以把电阻、电感、电容等电参量转换成电压信号输出，经过放大后即可推动记录、显示仪表工作。

辅助电源的功能是给转换元件和转换电路提供电能。有些传感器上没有辅助电源，它应用于需要电源才能工作的转换元件和转换电路。

3. 温度传感器简介

温度传感器是指能够把温度量转换成电阻或电势的传感器，最常用的是热电阻传感器、热电偶和一体化温度传感器，其外形如图 2-39 所示。热电阻传感器是利用导体的电阻随温度变化的特性，对温度和与温度有关的参数进行检测的装置。热电偶是一种感温元件，是一种仪表。它直接测量温度，并把温度信号转换成热电动势信号，通过电气仪表（二次仪表）转换成被测介质的温度。一体化温度变送器一般由测温探头（热电偶或热电阻传感器）和两线制固体电子单元组成。采用固体模块形式将测温探头直接安装在接线盒内，从而形成一体化的传感器。一体化温度传感器一般分为热电阻和热电偶两种类型。温度传感器在许多领域都得到了广泛的应用。

图 2-39　温度传感器外形

（1）热电阻传感器。

热电阻测温是基于金属导体的电阻值随温度的增加而增加这一特性来测量温度及与温度有关的参数。在温度检测精度要求比较高的场合，这种传感器比较适用。大多数热电阻在温度升高 1 ℃时电阻值将增加 0.4% ~0.6%。热电阻大都由纯金属材料制成，目前应用较为广泛的热电阻材料为铂、铜、镍等，它们具有电阻温度系数大、线性好、性能稳定、使用温度范围宽、加工容易等特点。用于测量 -200 ~ +500 ℃范围内的温度。

热电阻传感器中的热电阻大都采用纯金属材料铂、铜、镍等制成，通常将铂、铜、镍丝绕在陶瓷或云母基板上，或是采用电镀的方法，将某种金属涂敷在陶瓷材料基板上形成薄膜。其电阻率随温度的升高而增大，致使电阻值随温度升高而增大。温度降低时，电阻值减小，从而达到测温的目的。其外形结构如图 2 -40 所示。

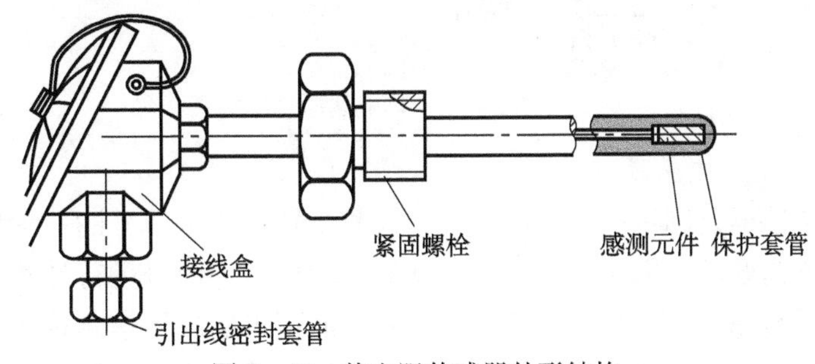

图 2 -40　热电阻传感器外形结构

热电阻传感器的主要优点：

①测量精度高；热电阻传感器之所以有较高的测量精度，主要是一些材料的电阻温度特性稳定，复现性好。此外，与热电偶相比，它没有参比端误差问题。

②有较大的测量范围，尤其在低温方面。

③易于使用在自动测量和远距离测量中。

（2）热电偶传感器。

热电偶是温度测量仪表中常用的测温元件，热电偶测温的基本原理是两种不同成分的材质导体两端接合成回路时，当两接合点热电偶温度不同时，就会在回路内产生热电流。此时两端之间就存在电动势——热电动势，两种不同成分的均质导体为热电极，温度较高的一端为工作端，温度较低的一端为自由端，自由端通常处于某个恒定的温度下。如果热电偶的工作端与自由端存有温差时，显示仪表将会指示出热电偶产生的热电势所对应的温度值。热电偶的电动势将随着测量端温度升高而增长，它的大小只与热电偶材料和两端的温度有关，与热电极的长度、直径无关。各种热电偶的外形不相同，但是它们的基本结构大致相同，通常由热电极、绝缘套保护管和接线盒等主要部分组成，通常和显示仪表、记录仪表、电子调节器配套使用。其工作原理与结构如图 2 -41 和图 2 -42 所示。

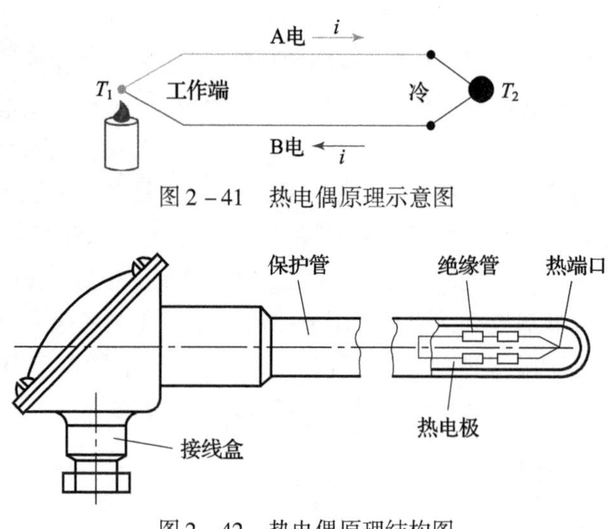

图 2-41　热电偶原理示意图

图 2-42　热电偶原理结构图

4. *磁电式速度传感器*

磁电式传感器是利用电磁感应原理将被测量转换成电信号的一种传感器，可用于检测速度。它不需要辅助电源，只需对传感器的输出脉冲信号进行计数，即可实现转速的测量。磁电式转速传感器是以电磁感应为基本原理来实现转速测量的，属于非接触式转速测量仪表。磁电式转速传感器是由铁芯、磁钢、感应线圈等部件组成的，测量对象转动时，转速传感器的线圈会产生磁力线，齿轮转动会切割磁力线，磁路由于磁阻变化，在感应线圈内产生电动势。磁电式转速传感器的感应电势产生的电压大小，和被测对象转速有关，被测物体的转速越快输出的电压也就越大，也就是说输出电压和转速成正比。但是在被测物体的转速超过磁电式转速传感器的测量范围时，磁路损耗会过大，使得输出电势饱和甚至锐减。

在城市轨道交通车辆上，每个牵引电动机带一个速度传感器，安装在牵引电动机轴端，以供控制系统进行信号的选取、传输和转换，其原理如图 2-43 所示，是一种非接触式传感器。磁电式传感器的外壳、永久磁铁和感应线圈固定不动，齿轮则安装在车轴端部随车轴一起转动，传感器安装于轴箱盖上。当车轮转动时，齿轮随着一起旋转，齿顶和齿谷交替通过传感器，切割磁力线，即在传感器的输出线圈上感应出相应的电信号脉冲，且产生电信号脉冲的频率与车辆运行的速度成正比。

另外，当齿轮与软铁磁轭之间的气隙距离因转动而变化时，气隙磁阻和穿过气隙的主磁通变化，在线圈中有感应电动势产生。其频率是

$$f = Nn/60 \tag{2-8}$$

式中：f——频率，Hz；

n——转速，r/min；

N——齿数。

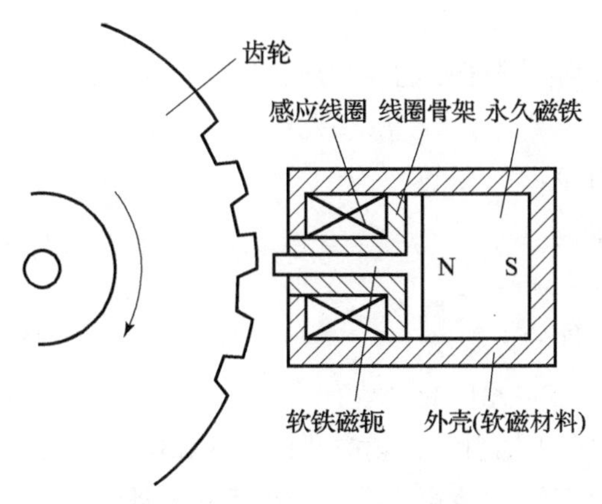

图 2－43　速度传感器原理图

脉冲信号经整形和放大后输出整齐的矩形波信号，经过定时计数器，把频率转换成转速。这种传感器结构简单，工作可靠。在编组车辆的控制车上每根轴装有一只单通道式传感器，为空气制动的滑动保护系统提供速度信号。在动车上，每根轴装有一只双通道式传感器，分别为牵引与控制系统的空转与滑动保护系统及空气制动的滑动保护系统提供速度信号。

磁电式转速传感器的工作方式决定了它有很强的抗干扰性，能够在烟雾、油气、水汽等环境中工作。磁电式转速传感器输出的信号强，测量范围广，齿轮、曲轴、轮辐等部件及表面有缝隙的转动体都可测量。

磁电式转速传感器的工作维护成本较低，运行过程无须供电，完全是靠磁电感应来实现测量，同时磁电式转速传感器的运转也不需要机械动作，无须润滑。磁电式转速传感器的结构紧凑、体积小巧、安装使用方便，可以和各种二次仪表搭配使用。

5. 霍尔传感器

霍尔传感器是根据霍尔效应制作的一种磁场传感器。霍尔效应是磁电效应的一种，它利用霍尔效应来实现磁—电的转换，用磁场作为被检测信息的载体，通过被测磁场，将许多非电、非磁的物理量如力、力矩、压力、应力、位置、位移、速度、加速度、角速度、转速以及工作状态发生变化的时间等，转变成电量来进行检测和控制。霍尔传感器具有对磁场敏感、结构简单、体积小、无触点、频率响应宽、可靠性高、易于微型化、集成电路化、输出电压变化大和使用寿命长等优点，因此，在测量、自动化、计算机和信息技术等领域得到广泛的应用。

(1) 霍尔效应。

在金属或半导体薄片两端通以控制电流 I，并在薄片的垂直方向施加磁感应强度为 B 的匀强磁场，则在垂直于电流和磁场的方向上，将产生电势差为 U_H 的霍尔电压，这种物理现象称为霍尔效应，所产生的电动势称为霍尔电动势，这种金属或半导体薄片称为霍尔元件。

(2) 工作原理。

霍尔元件的工作原理如图 2－44 所示。霍尔元件是一个金属或半导体薄片，若在其相对两侧通以控制电流 I，而在薄片垂直方向加以磁场，则在半导体另外两侧便会产生一个大小与电流和磁感应强度 B 的乘积成正比的电压，即

$$U_H = IBR_H/d = K_H IB \tag{2-9}$$

式中：U_H——霍尔电压；

R_H——霍尔系数；

d——霍尔元件厚度；

K_H——霍尔元件的灵敏度。

K_H 与霍尔系数和霍尔元件的尺寸有关。

一般霍尔元件均有 4 根引线，其中两根为外加电压输入，提供电流，另两根引线输出霍尔电动势 U_H。当控制电流恒定时，输出霍尔电动势 U_H 与磁场有良好的线性关系。

（3）基本结构。

霍尔元件由霍尔片、4 根引线和壳体组成，其外形结构如图 2－45 所示。霍尔片是一块矩形金属或半导体单晶薄片，在它的长度方向两端面上焊有两根引线（1 和 1′），用来加激励电压或控制电流，称为激励电极；另两侧端面的中点对称焊有两根引线（2 和 2′），为霍尔引出线，称为霍尔电极。霍尔元件的壳体由非导磁金属、陶瓷或环氧树脂封装而成。

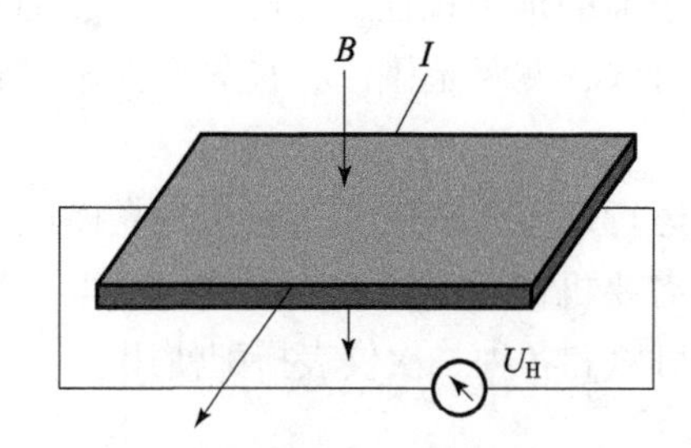

图 2－44　霍尔元件的工作原理

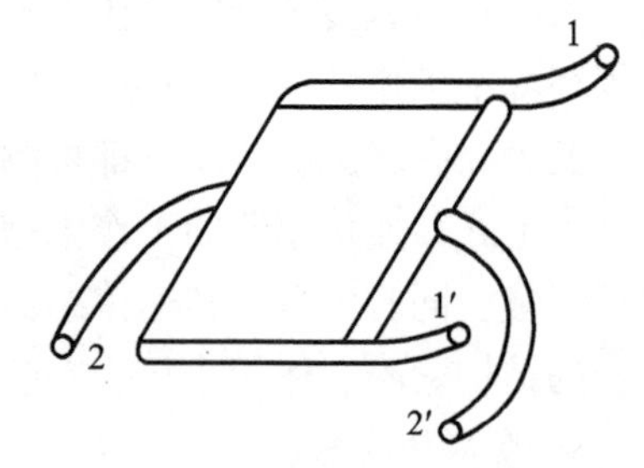

图 2－45　霍尔元件的外形结构

霍尔元件常采用锗、硅、砷化镓、砷化铟及锑化铟等半导体制作。用锑化铟半导体制成的霍尔元件灵敏度最高，但受温度的影响较大。用锗半导体制成的霍尔元件，虽然灵敏度较低，但它的温度特性及线性度较好。目前使用锑化铟霍尔元件的场合较多。

霍尔元件具有许多优点，它们的结构牢固，体积小，重量轻，寿命长，安装方便，功耗小，频率高（可达 1 MHz），耐震动，不怕灰尘、油污、水汽及盐雾等的污染或腐蚀。

任务五　其他电器的认识

低压断路器又称自动空气开关，是一种应用极其广泛的保护电器，广泛应用于供电支路的过载、过流和短路保护。高压断路器，在城市轨道交通行业中习惯称为主断路器。高压断路器连接于受电弓及变压器原边绕组之间，安装在机车车顶中部，它是电力机车电源的总开关和总保护。

(一) 低压断路器

断路器是指能够关合、承载和开断正常回路条件下的电流，并能关合、在规定的时间内承载和开断异常回路条件（包括短路条件）下的电流的开关装置。断路器可用来分配电能，不频繁地启动异步电机，对电源线路及电机等实行保护，当它们发生严重的过载或者短路及欠压等故障时能自动切断电路，其功能相当于熔断器式开关与欠热继电器等的组合。而且在分断故障电流后一般不需要变更零部件。目前，已获得了广泛的应用。

1. 自动空气开关的定义和特点

低压断路器也称为自动空气断路器或自动开关，是一种结构较为复杂，动作性能较为完善的配电保护电器。可用来接通和分断负载电路，也可用来控制不频繁起动的电机。它功能相当于闸刀开关、过电流继电器、失压继电器、热继电器及漏电保护器等电器部分或全部的功能总和，是低压配电网中一种重要的保护电器。

与其他开关电器相比较，自动开关具有以下特点：

(1) 能开断较大的短路电流，分断能力较强；

(2) 具有对电路过载、短路的双重保护功能；

(3) 允许操作频率低；

(4) 动作值可调，动作后一般不需要更换零部件。

2. 自动开关的基本结构

自动开关的外形如图 2－46 所示，根据各类自动开关的共同功能，它们在结构上主要由触头系统、灭弧系统、操作机构、自由脱扣机构和各种脱扣器组成。

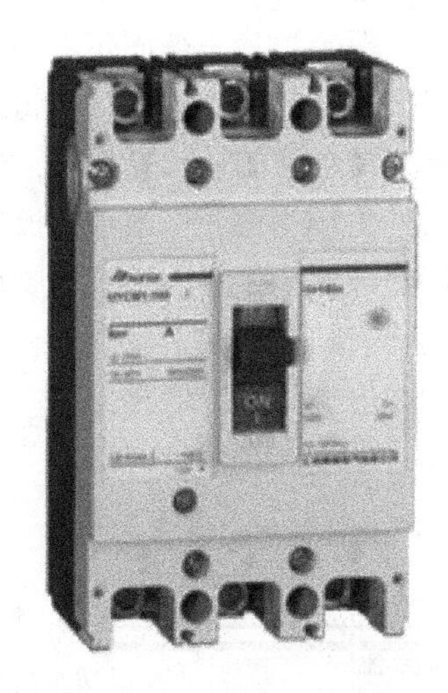

图 2－46　自动开关的外形

(1) 触头系统。

触头系统是自动开关的执行元件，主要承担电路的接通、分断任务。对触头系统的一般要求是：能可靠接通和分断一定次数的极限短路电流及额定电流以下的任何电流；具有一定的电寿命，不需要经常更换触头；有足够的热稳定性和电动稳定性，不会因长期使用后触头接触不良导致温升过高，或不能经受极限短路电流的冲击而自动弹开。

(2) 灭弧系统。

灭弧装置的功能是在开关分断电路的过程中保护断路器的触头，以减少触头的磨损。主要有纵窄缝灭弧装置和去离子栅灭弧装置两种。

(3) 操作机构。

用于操纵触头的闭合和断开。传动机构有手操纵直接传动式、手操纵弹簧传动式、电磁铁传动、电动机传动、压缩空气传动等几种。

(4) 自由脱扣机构。

它是与触头系统和保护装置相联系的，通过自由脱扣机构的作用可使触头自动断开。“自由脱扣”是指人为操纵手柄处于闭合位置，当手还未离开手柄就发生短路、过载和欠电压等故障时，保护装置作用于自由脱扣机构，自动开关也能自动断开，起保护作用。

(5) 脱扣器。

脱扣器是断路器的感测元件，当脱扣器感测到电路的故障信号后，作用于操作机构，使其脱扣，带动自动开关的触头断开。

自动开关通常采用电磁脱扣器和热脱扣器两种。

电磁脱扣器分为过电流脱扣器和欠电压脱扣器，它们实际上是一个小型电磁机构：装电压线圈的为欠电压脱扣器，装电流线圈的为过电流脱扣器。

现以过电流脱扣器为例说明其动作原理。当被保护电路发生过载或短路故障，电流增加并达到整定值时，衔铁吸合，使脱扣杆钩子与主杠杆脱扣，自动开关断开，切除过载或短路故障，保护电气设备不受损坏。电磁脱扣器的动作电流值可根据需要调整反力弹簧来整定，它具有动作电流大，调节范围宽，动作时间短（一般为 10 ~ 40 ms）的特点，可用作短路保护。

热脱扣器由热组件和双金属片等组成。电流通过热组件产生电阻损耗而发热，其温度升高，加热双金属片。双金属片是一个将热能转换为机械能的组件，如图 2 – 47 所示。它由两种不同膨胀系数的金属片焊接而成，其中，膨胀系数较大的金属片贴近热元件。双金属片一端固定，另一端处于自由状态。当热组件间接加热或直接通电流加热时，即将热能传递给双金属片，双金属片受热后温度升高。由于两种金属片膨胀系数不同，结合面的伸长要相同，迫使双金属片向着膨胀系数较小的一侧弯曲。双金属片弯曲时产生作用力，作用于扣板的钩子上，使之脱扣，自动开关断开，即可保护电气设备不因过载而损坏。由于双金属片是因受热而弯曲，所以双金属片弯曲时作用于脱扣机构的动作时间与过载电流大小有关：电流大，动作时间短；电流小，动作时间长，即动作时间与电流大小近似成反比。

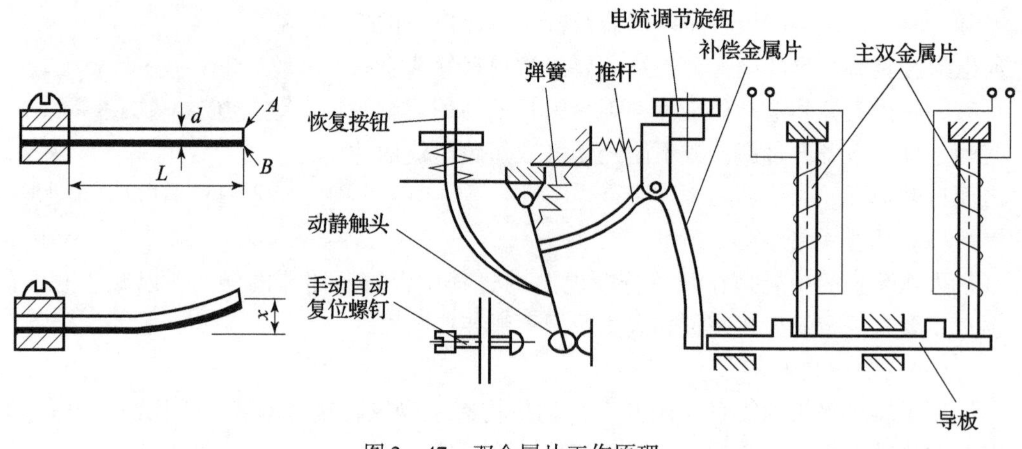

图 2 – 47 双金属片工作原理

3. 自动开关的工作原理

自动开关的主触头靠操作机构（手动或电动）合闸，自由脱扣机构是一套连杆机构，当主触头闭合以后，将主触头锁在合闸位置，其工作原理如图 2－48 所示。在正常工作情况下，自由脱扣机构的锁钩扣住触头杆，使主触头保持在合闸位置。过电流脱扣器的电磁线圈与被保护电路串联，在正常电流下，脱扣器的弹簧力使衔铁释放；当过载或短路时，强大的电磁吸力使衔铁吸合，带动衔铁另一端的顶杆向上运动，顶开自由脱扣机构中的锁钩，在开断弹簧的作用下，主触头迅速开断，将故障电路分断。分励脱扣器通过按钮实现远距离分闸。正常工作时，分励脱扣器的线圈没有电流。当需要远距离操作时，按下按钮使线圈通电，电磁铁带动自由脱扣机构动作，使断路器跳闸，切断电路。热元件串接在电路中，和双金属片配合相当于一个无触点的热继电器，对电路实现过载保护。正常工作时，断路器保持合闸状态。当电路发生过载时，过载电流流过热元件，使双金属片弯曲，顶杆向上运动，顶开自由脱扣机构中的锁钩，在开断弹簧的作用下，主触头迅速开断，将故障电路分断。失压脱扣器的电磁线圈与被保护电路并联。在正常电压下，衔铁吸合，锁钩不脱扣；当失压时，电磁吸力很小，在欠压脱扣器弹簧力的作用下，衔铁释放，其顶杆顶开锁钩，主触头在开断弹簧的作用下迅速开断，切断电路。

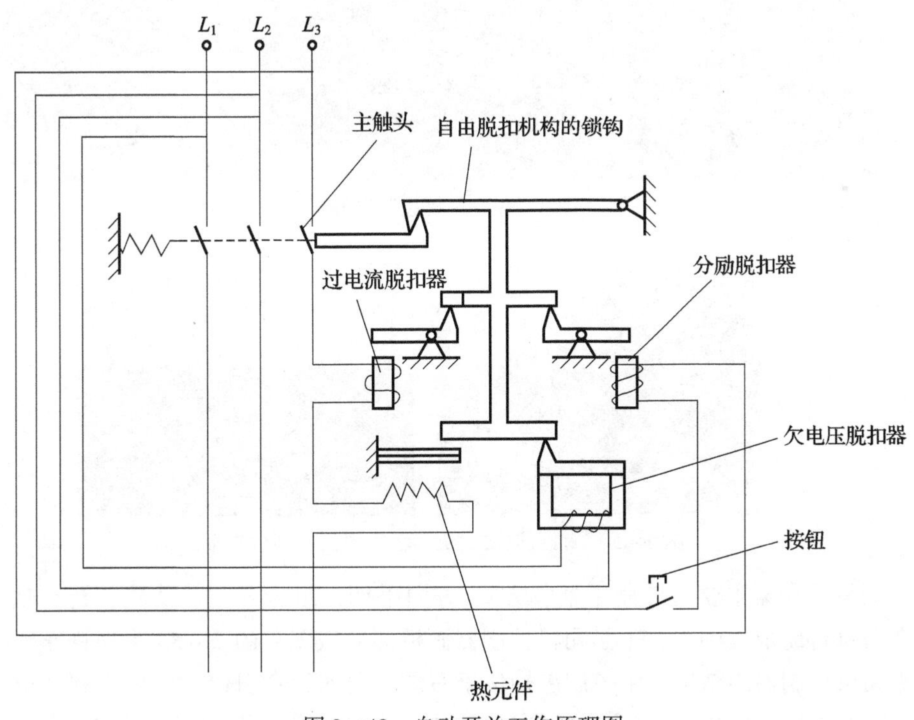

图 2－48　自动开关工作原理图

在电力机车上，为便于维修和检查故障，自动开关用于手动非频繁地切换正常电路，同时，也可对辅助电路和控制电路进行过载、短路保护。

(二) 司机控制器

司机控制器是铁道内燃机车、动车组及工业自动化的控制设备，是一种典型的组合电器，它是一个操作单元，作为机车换向、调速的主令电器，属于凸轮触点式控制方式。它在电力机车中与机车牵引变流器连接，给变流器提供可识别的电机转向信号及转速信号。它是司机用来操纵机车运行的主令电器。司机控制器利用控制电路的低压电器来间接控制主电路的电气设备，其动作好坏直接影响到机车的平稳操纵以及各种工况的实现。

1. 司机控制器结构

司机控制器是一个操作单元，包括传动和制动所需控制元件以及控制牵引车辆的辅助功能。这些元件向牵引电子设备或电动机械牵引控制提供控制指令。司机控制器安装在驾驶员工作台或侧控制台中。控制器以驾驶员垂手可及易于操作的方式确定断面形状和位置。根据操作需要和习惯，司机控制器有多种不同的形式，通常分为双控制手柄型和单控制手柄型。图 2－49 是司机控制器外形结构。图 2－50 是司机控制台外形结构。

图 2－49 司机控制器外形结构

图 2－50 北京地铁、长春轻轨司机控制台外形结构

司机控制器主要由控制手柄、方式/方向手柄、组合开关、凸轮、转动轴、电位器电阻等部件组成。图 2－51 是司机控制器面板部分截图。图 2－52 为地铁车辆用西门子 A 型司机控制器的结构。主控制手柄位于右侧，向前为牵引位，向后为制动位（包括紧急制动)，正中为“0”位，主控制手柄的正上方装有警惕按钮。方式/方向手柄位于左侧。

图 2－51　司机控制器面板部分截图

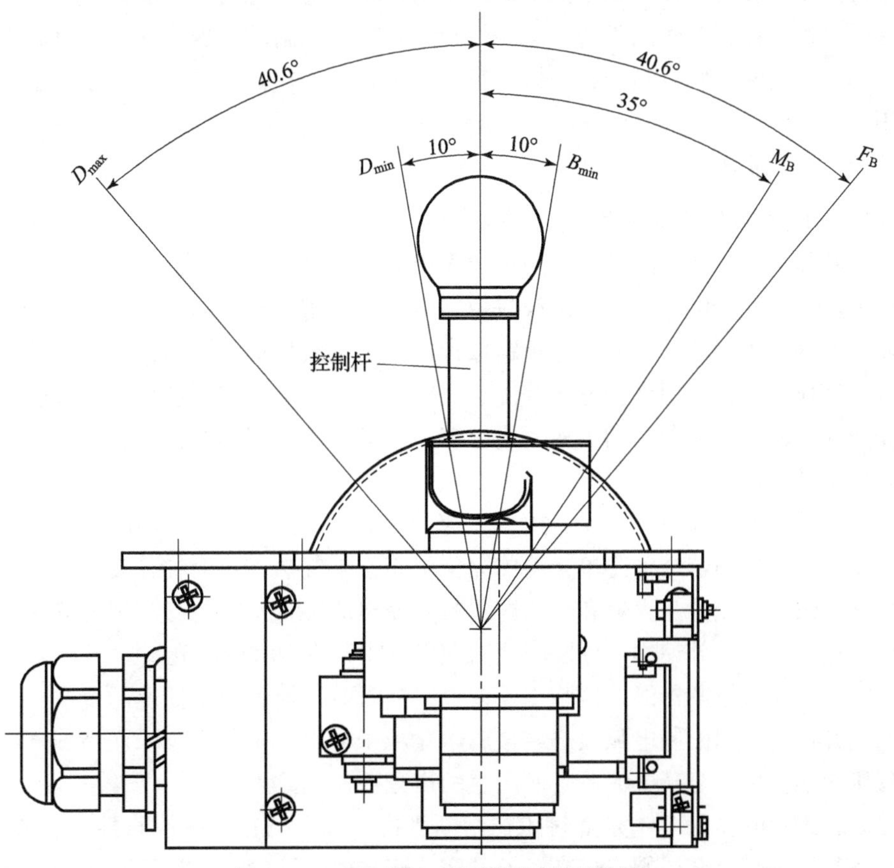

图 2－52　西门子 A 型司机控制器的结构

为了防止可能产生的误动作，确保客车及运行安全，司机控制器的主控制手柄与方式/方向手柄之间设有机械联锁装置。

（1）司机控制器与司机钥匙开关之间相互联锁。保证司机钥匙未打开前，司机控制器处于锁定状态。而如果司机控制器处于工作状态时，司机钥匙是不能被拔出的。

（2）司机控制器的主控制手柄与方式/方向手柄之间互相联锁。司机控制器的主控制手柄处于牵引或制动位置时，方式/方向手柄无法改变状态，方式/方向手柄不工作时，司机控制器的主控制手柄被锁定，无法放在牵引或制动位置上。

2. 司机控制器的原理

司机通过操纵司机控制器手柄，使列车按司机的意图运行。司机控制器控制主电路实际上是一组凸轮式的万能转换开关，通过搬动主轴和转换轴，控制凸轮及与组合开关相应的触点分合，然后通过控制电路控制列车的运行方向和速度，实现列车牵引、制动和随行工作状况的转换。

司机控制器有自动驾驶功能和人工驾驶功能。把司机控制器的主控手柄向前推，列车加速前进；把司机控制器的主控手柄向后拉，列车实施制动，当把司机控制器的主控手柄向后拉到极限位置时，列车实施快速制动；若把手柄拉回到“0”位，列车随行。当进行人工驾驶时，在推动主控手柄到牵引位置之前，警惕按钮必须按下。在牵引过程中松开警惕按钮，若时间超过 3 s，列车将触发紧急制动，若在 3 s 内重新按下警惕按钮，列车不会触发紧急制动，保持原来的牵引状态。在自动驾驶模式下，警惕按钮不起作用。

（三）熔断器

1. 熔断器的作用与分类

熔断器也被称为保险丝，是最早被采用的也是最简单的保护电器。它是利用金属导体作为熔体串联于电路中，当过载或短路电流通过熔体时，因其自身发热而熔断，从而分断电路的一种电器，主要进行短路保护或严重过载保护。熔断器具有结构简单、价格便宜、动作可靠、使用维护方便等优点，广泛用于电力系统、各种电工设备和家用电器中作为保护器件。熔断器的结构形式很多，分类方法也多种多样，根据不同特性，常用的有以下两种分类方法。

（1）根据结构形式可分为敞开式、半封闭式、管式和喷射式熔断器。

①敞开式熔断器结构简单，熔体完全暴露于空气中，由瓷柱作支撑，没有支座，熔体熔化时没有限制电弧火焰和金属熔化粒子喷出的装置，它往往与闸刀开关组合在一起使用，适于低压户外使用。分断电流时在大气中产生较大的声光。

②半封闭式熔断器的熔体装在瓷架上，插入两端带有金属插座的瓷盒中，管的一端或两端开启，用以限制电弧火焰和金属熔化粒子喷出，避免因飞弧而造成相间短路，适于低压户内使用。分断电流时，所产生的声光被瓷盒挡住。

③管式熔断器的熔体完全封闭在熔断管内，然后插在支座或直接连在电路上使用。熔断体是两端套有金属帽或带有触刀的完全密封的绝缘管。这种熔断器的绝缘管内若充以石英砂，则分断电流时具有限流作用，可大大提高分断能力，故又称作高分断能力熔断器。若管内抽真空，则称作真空熔断器。若管内充以 SF_6 气体，则称作 SF_6 熔断器，其目的是改善灭弧性能。由于石英砂、真空和 SF_6 气体均具有较好的绝缘性能，故这种熔断器不但适用于低压也适用于高压。

④喷射式熔断器是将熔体装在由固体产气材料制成的绝缘管内。固体产气材料可采用电工反白纸板或有机玻璃材料等。当短路电流通过熔体时，熔体随即熔断产生电弧，

高温电弧使固体产气材料迅速分解产生大量高压气体，从而将电离的气体带电弧在管子两端喷出，发出极大的声光，并在交流电流过零时熄灭电弧而分断电流。绝缘管通常是装在一个绝缘支架上，组成熔断器整体。有时绝缘管上端做成可活动式，在分断电流后随即脱开而跌落，此种喷射式熔断器俗称跌落熔断器。一般适用于电压高于6 kV 的户外场合。

（2）封闭式熔断器按外壳形式和有无填料分类。

①螺旋式熔断器：在熔断管中装有石英砂，熔体埋于其中，熔体熔断时，电弧喷向石英砂及其缝隙，可迅速降温而熄灭。为了便于监视，熔断器一端装有色点，不同的颜色表示不同的熔体电流，熔体熔断时，色点跳出，示意熔体已熔断。螺旋式熔断器额定电流为5～200 A，主要用于短路电流大的分支电路或有易燃气体的场所。其外形及内部结构如图2－53和图2－54所示。

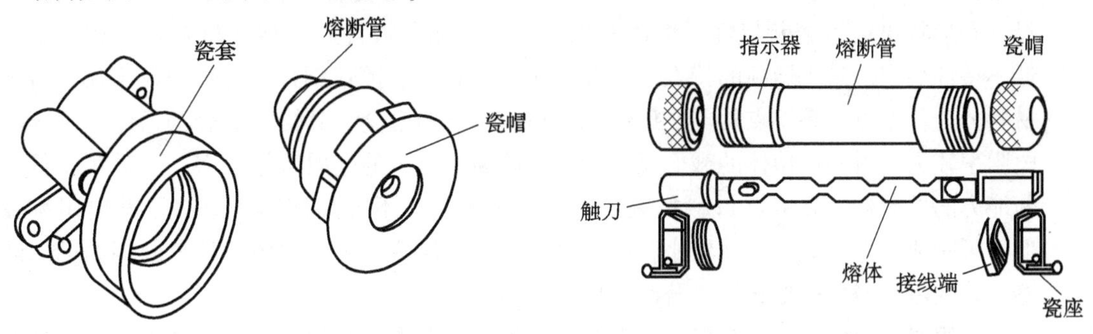

图2－53　螺旋式熔断器　　　　图2－54　熔断器内部结构

②有填料管式熔断器：是一种有限流作用的熔断器。由填有石英砂的瓷熔管、触点和镀银铜栅状熔体组成。填料管式熔断器均装在特别的底座上，如带隔离刀闸的底座或以熔断器为隔离刀的底座上，通过手动机构操作。填料管式熔断器额定电流为50～1 000 A，主要用于短路电流大的电路或有易燃气体的场所。

③无填料管式熔断器：其熔丝管是由纤维物制成，使用的熔体为变截面的锌合金片。熔体熔断时，纤维熔管的部分纤维物因受热而分解，产生高压气体，使电弧很快熄灭。无填料管式熔断器具有结构简单、保护性能好、使用方便等特点，一般均与刀开关组成熔断器刀开关组合使用。

有填料封闭管式快速熔断器是一种快速动作型的熔断器，由熔断管、触点底座、动作指示器和熔体组成。熔体为银质窄截面或网状形式，熔体为一次性使用，不能自行更换。由于其具有快速动作性，一般作为半导体整流元件保护用。

图2－55　跌落式熔断器

图2－55所示为跌落式熔断器，安装在10 kV配电线路分支线上，可缩小停电范围，因其有一个高压跌落式熔断器明显的断开点，具备了隔离开关的功能，给检修线路和设备创造了一个安全的作业

环境，增加了检修人员的安全感。安装在配电变压器上，可以作为配电变压器的主保护，所以，在 10 kV 配电线路和配电变压器中得到了普及。

熔丝管两端的动触头依靠熔丝（熔体）系紧，将上动触头推入“鸭嘴”凸出部分后，磷铜片等制成的上静触头顶着上动触头，故而熔丝管牢固地卡在“鸭嘴”里。当短路电流通过熔丝熔断时，产生电弧，熔丝管内衬的钢纸管在电弧作用下产生大量的气体，因熔丝管上端被封死，气体向下端喷出，吹灭电弧。由于熔丝熔断，熔丝管的上下动触头失去熔丝的系紧力，在熔丝管自身重力和上、下静触头弹簧片的作用下，熔丝管迅速跌落，使电路断开，切除故障段线路或者故障设备。

2. 熔断器的结构原理

熔断器是一种简单而有效的保护电器。在电路中主要起短路保护作用。熔断器主要由熔体、外壳和支座 3 部分组成，其中熔体是控制熔断特性的关键元件。熔体的材料、尺寸和形状决定了熔断特性。熔体常做成丝状、栅状或片状。熔体材料具有相对熔点低、特性稳定、易于熔断的特点。一般采用铅锡合金、镀银铜片、锌、银等金属。熔体材料分为低熔点和高熔点两类。低熔点材料如铅和铅合金，其熔点低容易熔断，由于其电阻率较大，故制成熔体的截面尺寸较大，熔断时产生的金属蒸气较多，只适用于低分断能力的熔断器。高熔点材料如铜、银，其熔点高，不容易熔断，但由于其电阻率较低，可制成熔体的截面尺寸较小，熔断时产生的金属蒸气少，适用于高分断能力的熔断器。改变熔体截面的形状可显著改变熔断器的熔断特性。

使用时，熔体串接于被保护的电路中，当电路发生短路故障时，熔体被瞬时熔断而分断电路，起到保护作用。当电路发生故障或异常时，伴随着电流不断升高，并且升高的电流有可能损坏电路中的某些重要器件或贵重器件，也有可能烧毁电路甚至造成火灾。若电路中正确地安置了熔断器，那么，熔断器就会在电流异常升高到一定程度时，自身熔断切断电流，从而起到保护电路安全运行的作用。

熔断器熔断过程一般可分为四个阶段：

（1）通过故障电流而发热达到熔化温度的阶段。这个阶段所需的时间与通过熔体的故障电流有关，故障电流越大，这个时间就越短。

（2）熔体熔化和蒸发阶段。熔体达到熔化温度后便熔化，并蒸发为金属蒸气，这一过程所需的时间也与通过熔体的故障电流有关，故障电流越大，这个时间就越短。

（3）间隙击穿和电弧产生阶段。熔体熔化的最初瞬间，电路中出现了间隙，由于间隙中的金属蒸气未游离时是良好的绝缘体，这时电流会突然中断，但金属蒸气很快被游离而出现电弧，使电路重新接通，该时间很短。

（4）电弧燃烧和熄灭电弧阶段。电弧发生后，如能量较小，可以因熔断间隙的扩大而自行熄灭。如能量较大，必须依靠熔断器的灭弧措施。熄弧能力越强，电弧熄灭就越快，熔断器所能分断的短路电流值就越大。但熄灭电弧时不允许产生危害电气设备的过电压。

3. 熔断器的主要特性——安秒特性

熔断器的动作是靠熔体的熔断来实现的，当电流较大时，熔体熔断所需的时间就较短。而电流较小时，熔体熔断所需用的时间就较长，甚至不会熔断。因此对熔体来说，其熔断电流和熔断时间的关系曲线叫作熔断器的安秒特性，又称保护特性。它是熔断器的主要技术参数之一，也是选用熔断器的重要依据之一。如图 2－56 所示，熔断器具有反时限特性。当过载电流小时，熔断时间长；过载电流大时，熔断时间短。因此，在一定过载电流范围内至电流恢复正常，熔断器不会熔断，可以继续使用。

当电流为 I_R 时，熔断时间趋近于无穷大，与此对应的电流叫作最小熔化电流。即当通过熔体的电流为最小熔化电流时，熔体应能熔断；当通过熔体的电流小于最小熔化电流时，熔体就不会熔断。

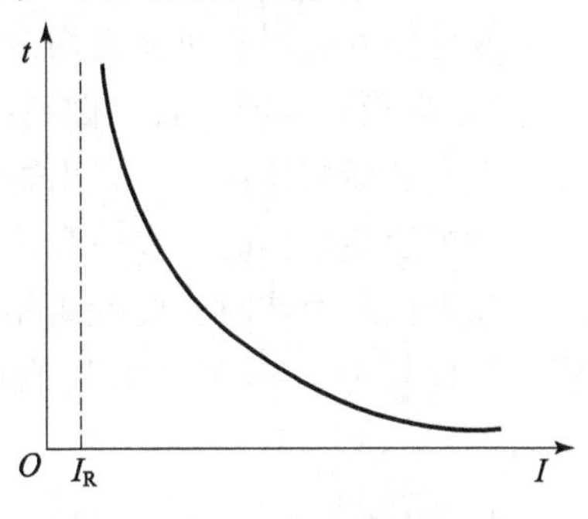

图 2－56　熔断器的安秒特性

根据对熔断器的要求，熔体在额定电流下绝不应熔断，所以，最小熔化电流必须大于被保护线路的额定电流，亦即熔断器的额定电流。每一熔体都有一最小熔化电流。相应于不同的温度，最小熔化电流也不同。虽然该电流受外界环境的影响，但在实际应用中可以不加考虑。一般定义熔体的最小熔断电流与熔体的额定电流之比为最小熔化系数，常用熔体的熔化系数一般为 1.5～2。

从这里可以看出，熔断器只能起到短路保护作用，不能起过载保护作用。如确需在过载保护中使用，必须降低其使用的额定电流，如 8 A 的熔体用于 10 A 的电路中，作短路保护兼作过载保护用，但此时的过载保护特性并不理想。

为防止发生越级熔断、扩大事故范围，上、下级（即供电干、支线）线路的熔断器间应有良好配合。选用时，应使上级（供电干线）熔断器的熔体额定电流比下级（供电支线）的大 1～2 个级差。

4. 熔断器的使用与维护

（1）熔断器使用注意事项：

①熔断器的保护特性应与被保护对象的过载特性相适应，考虑到可能出现的短路电流，选用相应分断能力的熔断器。

②熔断器的额定电压要适应线路电压等级，熔断器的额定电流要大于或等于熔体额定电流。

③线路中各级熔断器熔体额定电流要相应配合，保持前一级熔体额定电流必须大于下一级熔体额定电流。

④熔断器的熔体要按要求使用相配合的熔体，不允许随意加大熔体或用其他导体代替熔体。

（2）熔断器巡视检查：

①检查熔断器和熔体的额定值与被保护设备是否相配合。

②检查熔断器外观有无损伤、变形，瓷绝缘部分有无闪烁放电痕迹。

③检查熔断器各接触点是否完好，接触紧密，有无过热现象。

④熔断器的熔断信号指示器是否正常。

（3）熔断器使用维修：

1）熔体熔断时，要认真分析熔断的原因，可能的原因有：

①短路故障或过载运行而正常熔断。

②熔体使用时间过久，熔体受氧化或运行中温度高，使熔体特性变化而误断。

③熔体安装时有机械损伤，使其截面积变小而在运行中引起误断。

2）拆换熔体时，要求做到：

①安装新熔体前，要找出熔体熔断原因，未确定熔断原因，不要拆换熔体试送。

②更换新熔体时，要检查熔体的额定值是否与被保护设备相匹配。

③更换新熔体时，要检查熔断管内部烧伤情况，如有严重烧伤，应同时更换熔管。瓷熔管损坏时，不允许用其他材质管代替。填料式熔断器更换熔体时，要注意填充填料。

3）熔断器应与配电装置同时进行维修工作：

①清扫灰尘，检查接触点接触情况。

②检查熔断器外观（取下熔断器管）有无损伤、变形，瓷件有无放电闪烁痕迹。

③检查熔断器，熔体与被保护电路或设备是否匹配，如有问题应及时调查。

④注意检查在TN接地系统中的N线，设备的接地保护线上，不允许使用熔断器。

⑤维护检查熔断器时，要按安全规程要求，切断电源，不允许带电摘取熔断器管。

（四）主令电器

在自动控制系统中，主令电器是专门用来发出控制指令或信号，接通和断开控制电路，改变控制系统工作状态的电器。主令电器可以直接作用于控制线路，也可以通过电磁式电器的转换对电路实现控制。主令电器按其作用可分为按钮开关、万能转换开关和行程开关等。

1. 按钮开关

（1）功能与分类。

按钮开关是一种结构简单、应用十分广泛的主令电器。在电气自动控制电路中，用于手动发出控制信号以控制接触器、继电器、电磁起动器等。

按钮开关的结构种类很多，可分为普通揿钮式、蘑菇头式、自锁式、自复位式、旋柄式、带指示灯式、带灯符号式及钥匙式等，有单钮、双钮、三钮及不同组合形式，一般是采用积木式结构，由按钮帽、复位弹簧、桥式触头和外壳等组成，通常做成复合式，有一对常闭触头和常开触头，有的产品可通过多个元件的串联增加触头对数。通常每一个按钮开关有两对触点。每对触点由一个常开触点和一个常闭触点组成。当按下按钮，两对触点同时动作，常闭触点断开，常开触点闭合。

在城市轨道交通车辆上设置的开关按钮有：开、关门按钮，发车按钮，停放制动按钮和紧急制动按钮即“警惕按钮”。“警惕按钮”形状呈蘑菇状，表面呈红色，安装在驾驶室里，当用力拍打此按钮时，它会自锁，使其触头保持断开状态，主要用来提醒司机，保持注意力。

（2）基本结构。

按钮开关的外形、基本结构、图形符号如图 2－57 所示。它一般由按钮帽、复位弹簧、动触头、静触头、外壳及接线柱等组成。

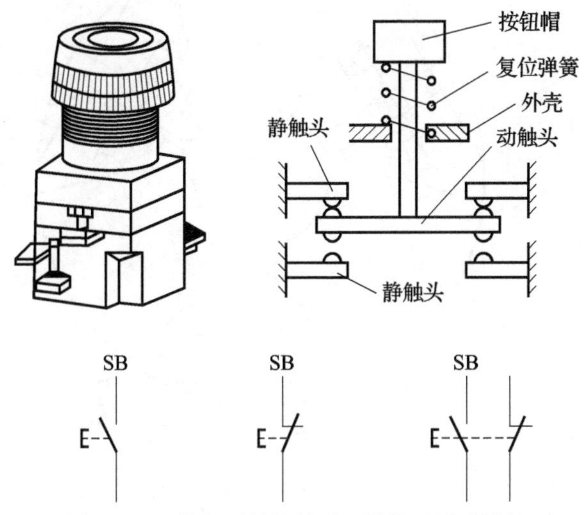

图 2－57　按钮开关的外形、结构及图形符号

为了标明各个按钮的作用，避免误操作，通常将按钮帽做成不同的颜色，以示区别，其颜色有红、绿、黑、黄、蓝、白等。例如，红色表示停止按钮，绿色表示启动按钮等。国家标准中对按钮帽的颜色作了如下规定：

（1）“停止”和“急停”按钮必须是红色的。当按下红色按钮时，运行中的设备必须停止工作后断电。

（2）“启动”按钮必须是绿色的。

（3）“启动”和“停止”交替动作的按钮必须是黑色、白色或灰色的，不得使用红色或绿色。

（4）“点动”按钮必须是黑色的。

（5）“复位”按钮必须是蓝色的。当“复位”按钮还有停止的作用时，则必须是红色的。

2. 万能转换开关

（1）功能与分类。

万能转换开关又称转换开关，是一种多挡位、多段式、控制多回路的主令电器，是由多组相同结构的触点组件叠装而成的多回路控制电器，因为其触头挡数多，换接电路多，故称为万能转换开关。万能转换开关具有体积小、功能多、结构紧凑、选材讲究、绝缘良好、转换操作灵活、安全可靠等优点。

（2）基本结构。

如图 2－58 所示为万能转换开关单层结构示意图。它由操作机构、定位装置、触点、接触系统、转轴、手柄等部件组成。触点是在绝缘基座内，为双断点触头桥式结构，动触点设计成自动调整式以保证通断时的同步性，静触点装在触点座内。使用时依靠凸轮和支架进行操作，控制触点的闭合和断开。

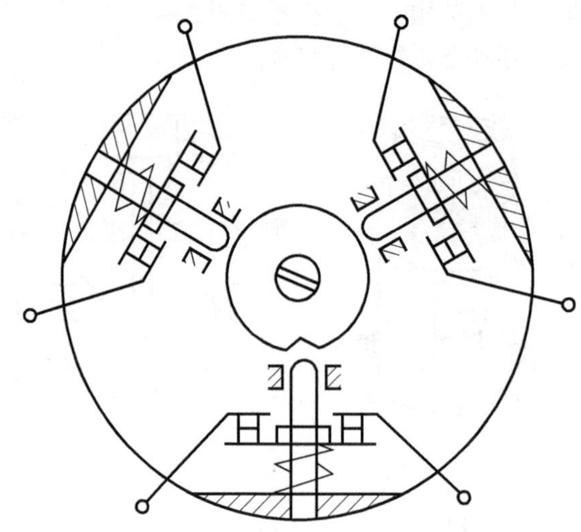

图 2－58　万能转换开关单层结构示意图

万能转换开关主要适用于交流 50 Hz、额定工作电压 380 V 及以下、直流电压 220 V 及以下、额定电流至 160 A 的电气线路中，万能转换主要用于各种控制线路的转换，电压表、电流表的换相测量控制，配电装置线路的转换和遥控等，万能转换开关还可以用于直接控制小容量电机的启动、调速和换向、故障隔离、电器联锁、电源控制等远距离控制。

轨道交通车辆中的故障转换开关、照明开关、头灯开关等也用万能转换开关。万能转换开关用手柄带动转轴和凸轮推动触头接通或断开。由于凸轮的形状不同，当手柄处在不同位置时，触头的分合情况不同，从而达到转换电路的目的。

常用产品有 LW5 和 LW6 系列。LW5 系列可控制 5.5 kW 及以下的小容量电机；LW6 系列只能控制 2.2 kW 及以下的小容量电机。

万能转换开关的手柄操作位置是以角度表示的。不同型号的万能转换开关的手柄有不同万能转换开关的触点，电路图中的图形符号如图 2－59 所示。但由于其触点的分合状态与操作手柄的位置有关，所以，除在电路图中画出触点图形符号外，还应画出操作手柄与触点分合状态的关系。图中当万能转换开关打向左 45°时，触点 1－2、3－4、5－6 闭合，触点 7－8 打开；打向 0°时，只有触点 5－6 闭合，其余打开；打向右 45°时，只有触点 7－8 闭合，其余打开。

3. 行程开关

（1）功能与分类。

行程开关又称位置开关或限位开关，是一种常用的小电流主令电器。利用生产机械运动部件的碰撞使其触头动作来实现接通或分断控制电路，达到一定的控制目的。通常这类开关被用来限制机械运动的位置或行程，使运动机械按一定位置或行程自动停止、反向运动、变速运动或自动往返运动等。在实际生产中，将行程开关安装在预先安排的位置，当装于生产机械运动部件上的模块撞击行程开关时，行程开关的触点动作，实现

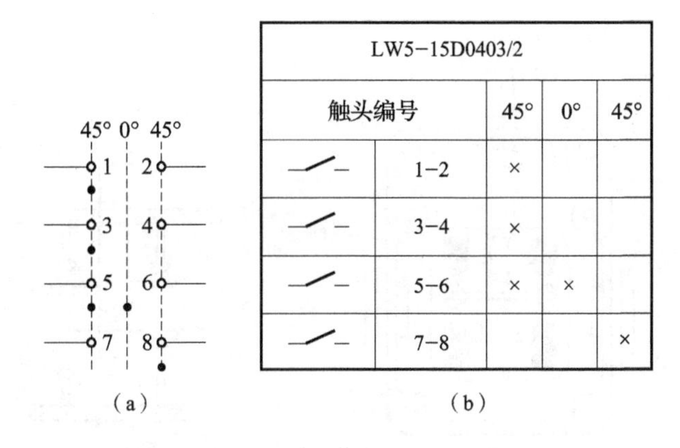

LW5-15D0403/2				
触头编号		45°	0°	45°
	1-2	×		
	3-4	×		
	5-6	×	×	
	7-8			×

图 2-59　LW5 万能转换开关的使用说明

电路的切换，因此，行程开关是一种根据运动部件的行程位置而切换电路的电器，它的作用原理与按钮类似。

在电气控制系统中，位置开关的作用是实现顺序控制、定位控制和位置状态的检测。用于控制机械设备的行程及限位保护。其外形结构及图形符号如图 2-60 所示。

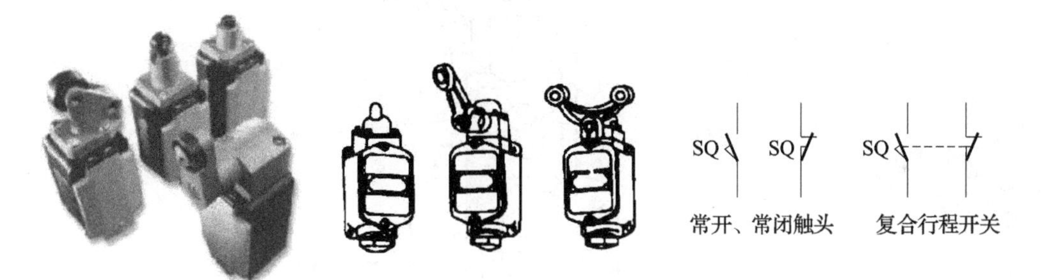

图 2-60　行程开关的外形结构及图形符号

(2) 基本结构。

行程开关的基本结构由操作头、触点系统和外壳组成，其中操作头是开关的感测部分。行程开关可以安装在相对静止的物体（如固定架、门框等，简称静物）上或者运动的物体（如行车、门等，简称动物）上。当动物接近静物时，开关的连杆驱动开关的接点引起闭合的接点分断或者断开的接点闭合。由开关接点开、合状态的改变去控制电路和机构的动作。

行程开关按其结构可分为直动式、滚轮式、微动式和组合式。

直动式行程开关的结构原理如图 2-61 所示。其动作原理同按钮类似，所不同的是：一个是手动，另一个则由运动部件的撞块碰撞。当外界运动部件上的撞块碰压按钮时，其触头动作；当运动部件离开后，在弹簧作用下，其触头自动复位。

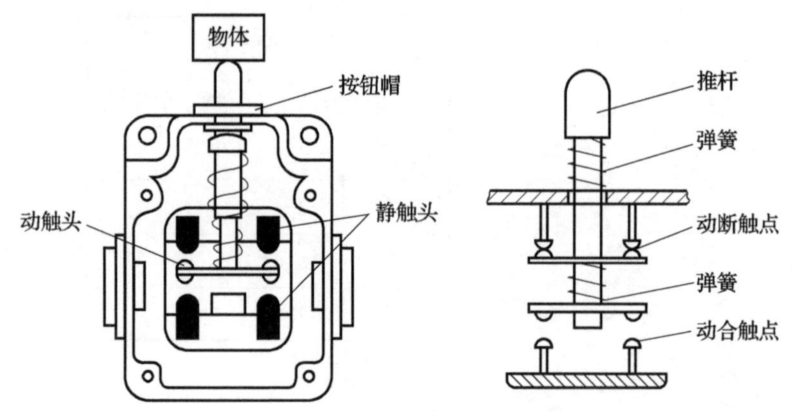

图 2-61　直动式行程开关结构原理

滚轮式行程开关的结构原理如图 2-62 所示。滚轮式行程开关又分为单滚轮自动复位式和双滚轮（羊角式）非自动复位式，双滚轮行程开关具有两个稳态位置，有“记忆”作用，在某些情况下可以简化线路。

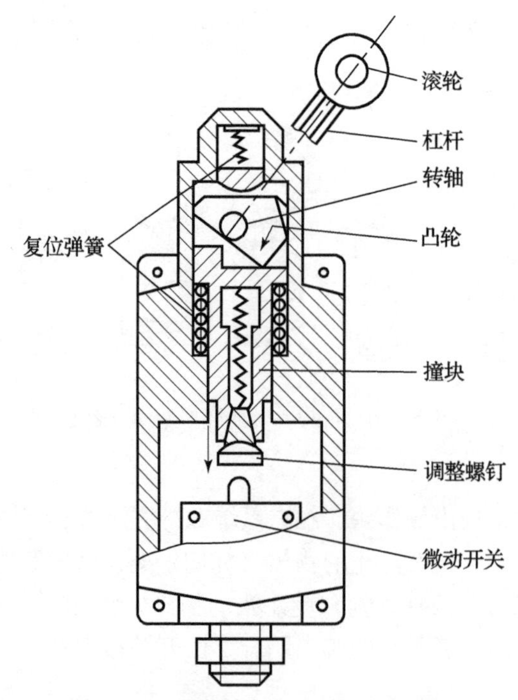

图 2-62　滚轮式行程开关的结构原理

当运动机械的挡铁（撞块）压到行程开关的滚轮上时，行程开关的杠杆连同转轴、凸轮一同转动，使凸轮推动撞块，当撞块碰压到一定位置时，推动微动开关快速动作。使常闭触头断开，常开触头闭合；当滚轮上的挡铁移开后，复位弹簧就使行程开关各部分复位。这种是单轮自动恢复式行程开关。而双轮旋转式行程开关不能自动复原，它是依靠运动机械反向移动时，挡铁碰撞另一滚轮将其复原。

在城市轨道交通车辆中行程开关主要用于检测车门开关状态。车门进行开、关动作时，行程开关把机械动作传递给触头系统，触头系统再将机械信号转换为电信号，反映到车门的监视控制回路，以便司机随时了解车门的开、关状态。

（五）蓄电池

1. 概念及分类

蓄电池是化学能与电能互相转换的装置，它能把电能转变为化学能储存起来，使用时再把化学能转变为电能，而且变换的过程是可逆的。以上两个过程前者叫作充电，后者叫作放电。

根据极板所用材料和电解液性质的不同，蓄电池一般可分为酸性（铅）蓄电池和碱性蓄电池两大类。碱性蓄电池按其极板活性物质的不同，又可分为铁镍蓄电池和镉镍蓄电池等系列。

轨道交通车辆通常使用镉镍碱性蓄电池组。韶山系列电力机车采用的 GN－100 型镉镍碱性蓄电池组，由 74 个蓄电池串联而成，每个蓄电池的标称电压为 1.25 V，容量为 100 A·h，蓄电池组的标称电压为 92.5 V；地铁列车上的主蓄电池是由 DC 110 V 镉镍可充电电池单体相互串联组成，一般有 80 只或 84 只单体组成一组电池组。每列车通常有两组或四组蓄电池组。每个电池组以浮充电的模式与逆变器充电器连接，装在蓄电池箱内，并保持良好的通风状态。

2. 作用

电力机车的蓄电池组与可控硅稳压电源并联，是电力机车上直流控制电源的辅助电源，并兼作可控硅稳压电源的滤波元件。在升弓前及可控硅稳压电源发生故障时，由蓄电池组向机车控制电路供电；可控硅稳压电源正常工作时，蓄电池处于浮充电（列车使用情况下，保持恒压但不限制电流充电）工作状态。地铁列车蓄电池主要供列车起动使用，同时在辅助逆变器不工作的时候，为列车紧急照明、通风、控制系统、通信及信号系统提供电源，所以蓄电池是列车上的重要电气元件，在紧急运行模式下，为列车提供必要的电源。

3. 镉镍碱性蓄电池的优点与特性

镉镍碱性蓄电池具有环保、使用寿命长达 10～20 年、充放电次数高达数千次、抗冲击和振动、自放电小、适应温度范围广（可在－20～40 ℃环境温度下工作）、低温性能好（极限温度－50～55 ℃）、耐过充能力强、安装成本低等优点，因此在列车上通常使用镉镍碱性蓄电池作为起动电源。

镉镍碱性蓄电池的特性：

（1）自放电。蓄电池充电后，内部会发生极其缓慢的化学反应，使蓄电池慢慢失效。碱液成分、储存的环境温度都会对蓄电池的自放电产生影响。

（2）使用寿命。放电深度、环境温度、放电倍率等放电条件对蓄电池的使用寿命会有很大影响，尤其是放电深度。达到使用寿命，蓄电池会失效。

（3）记忆效应。蓄电池长期进行浅充浅放，会产生明显的充电、放电失效现象。这种情况，蓄电池的性能可以恢复。

4. 蓄电池的结构

图 2－63 是 GN－100 型镉镍碱性蓄电池结构，蓄电池主要由两种不同金属组成的正负极板、电解液以及容纳极板和电解液的电槽组成。

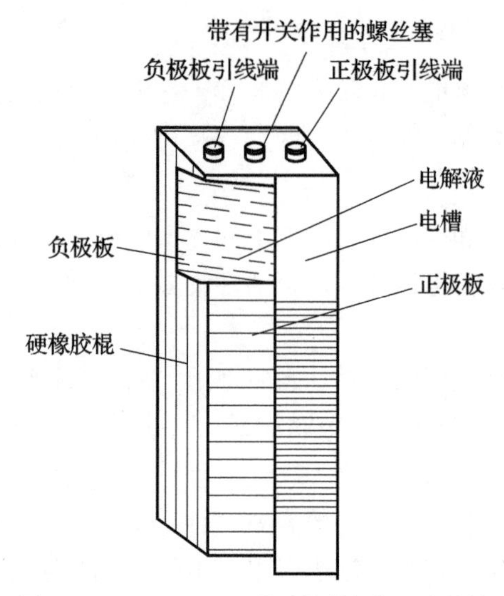

图 2－63　GN－100 型镉镍碱性蓄电池结构

正、负极板用穿孔钢带制成的匣子分别装入正、负活性物质（氧化镍、镉铁合金等）构成，带上的小孔用于排出充电时所形成的气体，便于电解液的流通。正、负极板分别焊在各自带有接线柱的汇流排上，组成极板组。安装时将正、负极板交错排列，并采用硬橡胶棍隔离，再通过各自的引线端柱紧固于槽盖上。正极板与电槽直接相连，负极板与电槽绝缘，故负极板比正极板略窄，以防负极板与电槽相连，形成正、负极板间短路。由于正极板活性物质单位重量的电容量少于负极板的活性物质，故在镉镍蓄电池中，正极板比负极板多 1 片，即 6 片正极板，5 片负极板。

电槽用镀镍钢板制成。由于碱性电池的电槽本身也是 1 个电极，所以必须注意各电池之间以及电池与地之间的绝缘，以防短路。槽盖上有 3 个小孔，左、右两孔用于引出正、负极性，并在正极柱旁注明有“＋”号标志；中间 1 个为注液孔，孔内装有带开关作用的气塞。气塞有三个作用：一是可防止外部空气中二氧化碳侵入后产生碳酸盐，降低电池容量；二是可防止蓄电池短时翻转时电解液外流；三是能使电池内部的气体增加到一定量时通过气塞排出，以免电池中气压过高。

电池内部的电解液，起到离子导电的作用，使蓄电池内部形成通路。电解液根据使用蓄电池的环境温度配制，使用合理，可以延长蓄电池的寿命，保证其额定容量。机车在运行一段时间以后，当蓄电池电压低于终止电压（一般规定终止电压为 1.1 V）时，蓄电池不适宜继续放电，应及时充电，并须补充蒸馏水或电解液。蓄电池以恒定的电流充电时，其充电制有初充电制、标准充电制和快速充电制三种。对 GN－100 型镉镍碱性蓄电池，不同充电制时的充电电流和充电时间如下：

初充电制：先用 25 A 充 6 h，再用 12.5 A 充 6 h（放电时用 12.5 A 放 4 h）；

标准充电制：25 A 充 7 h；

快速充电制：50 A 充 2.5 h，再用 25 A 充 2 h。快速充电方法仅在特殊情况下使用，不能作为常用的充电制度。

GN－100 型镉镍碱性蓄电池具有能承受大电流、耐振动、耐冲击、对过充电和欠充电不很敏感、自放电极弱、寿命长等优点，且不散发有害气体。缺点是单个电池的电压较低，内阻大，放电时电压变化较大。

5. 蓄电池的使用

（1）蓄电池使用时，最好采用正常的充放电制度，急用时方可采用快速充电。如遇过放电、反充电、小电流长期放电或间歇放电而造成容量损失，可用过充电制度充电恢复。充放电时，电解液要始终高于极板，低于极板时，应补充蒸馏水或电解液，要保证蒸馏水的纯度和电解液的密度。每使用 10～15 次充放电循环，应检查并调整电解液比重。

（2）启用新的或短期（一年以内）存放的蓄电池组，注入电解液后应浸泡 2 h 以上，然后采用过充电制充电。长期（一年以上）存放的蓄电池组，需经 2～3 次正常充放电循环，恢复到额定容量后，方可正常充电使用。

（3）电解液容易吸收空气中的二氧化碳，增加碳酸盐含量，当含量超过 50 g/L 时，蓄电池容量将显著降低。因此，一般使用一年左右或 50～100 次充放电循环应更换新电解液。更换新电解液时应在放电状态下进行，必要时还需用水清洗电槽，然后注入新电解液。

（4）环境温度升高或降低，蓄电池组容量和寿命均会降低。因此应根据环境温度选用合适的电解液。环境温度升高（+35 ℃以上）影响充电效率，除应及时补加蒸馏水、调整电解液比重和缩短更换电解液周期外，还应采取降温措施，在冷风、空调环境或在夜间通风良好的地方充电。

（5）蓄电池组在低温环境（－15 ℃以下）使用，应选用比重大的氢氧化钾，充电最好在常温下进行，充电后再在低温环境中使用。如确需在低温下充电，宜采用快速充电制或过充电制充电。

（6）蓄电池正极与外壳相接，所以在使用、带电保存和运输中，导电体不能同时接触蓄电池的正、负极或同时接触外壳与负极。

（7）对随时使用或短期存放的蓄电池组，充电后可带电解液，拧紧气塞，在 25 ℃以下干燥通风的地方存放。对于长期存放的蓄电池组，应在放电状态下倒掉电解液，清理干净，并在导电金属零件上涂上凡士林，以防锈蚀。

6. 检修

（1）日常维护。

蓄电池使用中要经常维护，表面应清洁，气塞及绝缘件良好，无泄漏电解液现象，外壳耐碱绝缘的环氧磁漆层良好。定期检查液面高度，调整电解液比重。定期检查每只蓄电池的容量，及时更换电压过低的元件。各连接铜板及接线应无烧痕、腐蚀现象。机车入库检修，需长时间使用控制电源时，应外接电源，用正常充电制充电。

（2）定期检修。

蓄电池按规定周期自车上拆下做较大范围的检修时应逐个清扫元件，必要时可用

70～80 ℃热水整体冲洗。检查电槽有无裂纹、漏液现象，气塞、绝缘件及密封件状态是否良好。检查元件的绝缘电阻及容量，每个元件的电压低于 1 V 时应更新。

检查连接板及接线有无烧损、老化现象，连接螺帽是否紧固。电槽的漆层及连接板镀层应良好。双次定修时，应全部分解元件，电槽重新涂刷耐碱的绝缘漆。检查电解液面的高度及比重，进行充放电试验，每个元件的容量应达到额定容量的 60% 以上。蓄电池充电后，应再次检查液面高度及比重，排气 2 h 后拧紧气塞备用。

7. 常见故障及处理

蓄电池常见故障、可能原因及处理方法如表 2－1 所示。

表 2－1 蓄电池常见故障、可能原因及处理方法

常见故障	可能原因	处理方法
容量降低	1. 电解液使用时间过长，碳酸盐含量太高	更换新的电解液
	2. 采用电解液不当，比例偏大或偏小	更换实用的电解液
	3. 电解液量过少，露出部分极板	补充蒸馏水或密度低的电解液并调整密度，然后过充电
	4. 电解液中有害杂质过多	清洗后更换合格的电解液
	5. 充放电制度不当，如深度放电，或充电效率低，容量没有得到及时恢复	改用适当的充放电制度
	6. 蓄电池正、负极板物质脱落或掉进导电物质，形成内部短路	若为正、负极板物质脱落、沉淀，需要换电解液；若为其他原因，应拆开上盖或底盖酌情处理
	7. 使用仪表不当	校正仪表
	8. 外部接触不良或短路	清扫处理
电压不正常	1. 蓄电池内部短路、断路或无电解液	更换电解液，或拆开上、下盖检查修理
	2. 接触点接触不良或断开	检查接触点及跨接板、导线的接触情况
外壳膨胀	1. 气塞上橡胶导管失效，或气塞无气孔	更换新品，定期排气
	2. 充电后过早盖上气塞	充电后应开口搁置 2 h 以上
	3. 蓄电池内部短路，或电解液中有害杂质太多，产生大量气体，气塞排气不及时	清除短路故障，或更换新的电解液

续表

常见故障	可能原因	处理方法
蓄电池内部析出泡沫	电解液内含有机杂质	更换电解液
爬碱严重	1. 凡士林涂抹不良	及时清理，涂抹凡士林，并保持干燥
	2. 电解液液面过高	保持规定高度
	3. 极柱、气塞密封不良	更换密封材料
	4. 流出电解液过多	经常擦拭，并保持干燥
外壳漏电解液	壳体破裂或有砂眼	用一般塑料热补

（六）避雷器

避雷器是一种用来限制过电压幅值的保护装置，它与被保护电器并联，安装在车顶上。

雷电侵入时出现的过电压危及被保护电器时，避雷器放电，使高压冲击电流泄入大地，尔后，它仍能恢复原工作状态，截止伴随而来的正常工频电流，使电路与大地绝缘。过电压越高，火花间隙击穿越快，从而限制了加于被保护物上的过电压。

避雷器的主要类型有保护间隙、管型避雷器、阀型避雷器和氧化锌避雷器等。

保护间隙——是最简单形式的避雷器；管型避雷器——也是一个保护间隙，但它能在放电后自行灭弧；阀型避雷器——是将单个放电间隙分成许多短的串联间隙，同时增加了非线性电阻，提高了保护性能；氧化锌避雷器——利用了氧化锌阀片理想的伏安特性（非线性极高，即在大电流时呈低电阻特性，限制了避雷器上的电压，在正常工频电压下呈高电阻特性），具有无间隙、无续流、残压低等优点，也能限制内部过电压，被广泛使用。

1. 避雷器的结构原理

避雷器通常由火花间隙和非线性电阻组成，其基本工作原理如图 2－64 所示。在正常电压下火花间隙是不会被击穿的，只有出现过电压时火花间隙才会被击穿，过电压的幅值越高，火花间隙被击穿得越快。

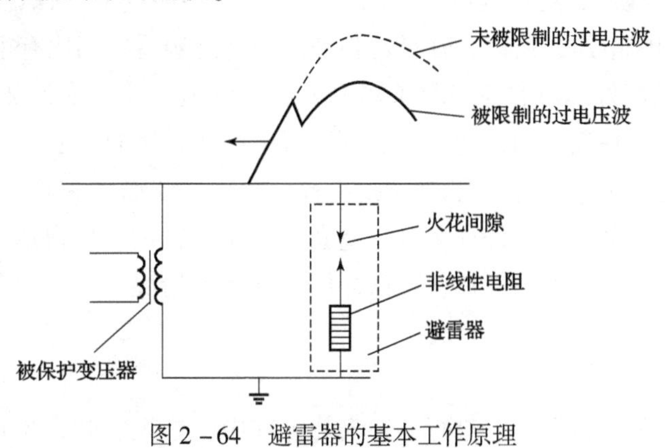

图 2－64　避雷器的基本工作原理

2. 氧化锌避雷器的工作原理

目前轨道交通车辆上较多地使用氧化锌避雷器，避雷器安装于机车顶部，是专用的过电压防护装置，主要用于机车一次侧高压电气设备的绝缘，使之免受大气过电压和操作过电压的损害。

氧化锌避雷器的主要元件是氧化锌阀片，它以氧化锌为主要成分，并附以多种精选过的、能产生非线性特性的金属氧化物添加剂，用高温烧结而成。它具有相当理想的伏秒特性，非线性极好，其非线性系数约为0.025。

该避雷器优异的伏秒特性可使其在正常工作电压下呈现高电阻，流过的电流非常小，可视为绝缘体，从而实现无间隙。而当系统上出现超过某一电压动作值的电压时，则呈低电阻，电流急剧增加，使避雷器残压被限制在允许值下，并将冲击电流迅速泄入大地，从而保护了与其并联的电力机车电气设备的绝缘。待电压恢复到正常工作范围时，电流又非常小，避雷器又呈绝缘状态。因此该避雷器不存在工频续流，也不影响系统的正常工作。无间隙、无续流正是其技术先进性的体现。

3. 产品结构及特点

氧化锌避雷器主要由盖板组、避雷器阀体、瓷套及底座等组成，该装置用上下铁壳盖及密封圈等将氧化锌阀片密封在瓷套内，内部装有弹簧将阀片压紧，防止零件松动，保证零件间有可靠的电气连接。

氧化锌避雷器具有以下特点：

（1）无间隙。体积小，重量轻，通流容量大，抗老化能力强，运行寿命长。是理想的全天候避雷器。与放电间隙相比，不存在间隙放电电压随气候变化而变化的问题。

（2）非线性系数好，阀片电荷率高，保护性能优越。它不但能抑制雷电过电压，而且对操作过电压也有良好的抑制作用。

（3）无续流。由于氧化锌避雷器没有工频续流流过，因此不存在灭弧问题，使地面变电站因机车引起的不明跳闸故障大为减少。且减少了避雷器动作时通过的能量，可以承受多次雷击，延长了工作寿命。

（4）防污性能好，适用范围广。因为设计了防污型瓷套，保证了足够的爬电距离，故污秽不影响间隙电压，所以，在重污秽地区与传统避雷器相比有很大的优越性。

（5）防振性能好。对心体采取了防振及加固措施，减少了各部件之间的相对位移，使心体牢固地固定在瓷套内，适应了机车运行中振动频繁的要求。

（6）防爆性能好。使用了压力释放装置，在法兰侧面开一缺口，使气体定向释放。当避雷器在超负载动作或意外损坏时，瓷套内部压力剧增，使得压力释放装置动作，排出气体，从而保护瓷套不致爆炸，确保即使出现意外情况，车顶设备仍然完好，并能可靠运行。

4. 安装

避雷器的安装应自下而上进行，在安装过程中，首先安装连接过渡板，要确保气体释放方向朝向机车外侧未安装电气设备的空旷区。高压端用软连接带与车顶母线连接，地线接在接地连接片上。避雷器退出运行时，其拆卸方向与安装方向逆向进行。

5. 维护与保养

（1）在使用氧化锌避雷器的过程中，要始终保持瓷套表面干燥、光洁、无裂纹。每次回库定修时，需用干净软布擦拭瓷套，清除污垢。如瓷套表面污物无法清除干净，则用集流环屏蔽。

（2）每次回库定修时需检查喷口，不允许有开裂或缺口。

（3）每次回库定修时需检查导线和编织线，导线需连接紧固，编织线折损面积不得超过原截面的10%。

（4）运行过程中，原有刷漆部分每隔1~2年补漆一次。

二、项目基本技能训练

（一）车辆电器结构认识基本技能训练

（1）说出电器的定义，列举出自己所知道的电器名称，至少10种，多多益善，并有针对性地记录点评，简单说出该电器的用途。

（2）依据电器的分类方法，对列举出的电气设备进行分类练习，强化电器的概念。

（3）列表对车辆电器进行分类，格式不限，体现创新。并注明所感兴趣的电器名称，以便在今后的学习中按兴趣培养，并调动学习积极性。

（4）观察三相异步电机的运行，并体验运行后的电机壳体温度是否升高，分析其原因。

（5）观察变压器的运行，并体验运行后的变压器油箱壳体温度是否升高，分析其原因。

（6）师生共同讨论车辆电器的主要散热方式。

（7）说出电接触和触头的定义，列举出自己所知道的电器中哪些电器有触头，至少10种，多多益善，有针对性地记录点评，并根据已经掌握的知识判断触头的材料，简单说出该电器的用途。

（8）用自己的语言总结触头的工作条件。

（9）拆卸废旧过流继电器、接触器按钮开关等电器的触头，观察动、静触点的接触形式，画图表示触点的三种接触方式，指出接触器主触头和辅助触头的接触方式，各小组对比，以张贴卡片的形式评分，调动学习积极性。

（10）观察轻轨客车上运行中的受电弓与供电网线的接触，总结什么情况下易产生电弧，并分析其原因。

（11）以过电流继电器触头为例，明确触头的参数，并简单说明各参数如何保证尝试进行调节。

（12）师生共同收集废旧电器，拆卸电器触头，判断触头材料，并列表指出常用触头材料的优缺点。

（13）说出电弧的定义及其特点。

（14）简单叙述电弧的产生分几个过程，都是什么。

（15）通过上网或查阅书籍等途径简单总结电弧的用途及危害。

（16）什么是消游离，消游离的方式有哪些？

（17）直流电弧通常采用哪些灭弧方法？

（18）交流电弧通常采用哪些灭弧方法？

（19）列表表示直流电器通常采用哪些灭弧装置，并简述其灭弧原理。

（20）列表表示交流电器通常采用哪些灭弧装置，并简述其灭弧原理。

（21）说出电器的传动装置的定义，在轨道交通车辆电器上通常使用哪两种电气传动装置？

（22）对照图片，说出电磁铁的形式，通过上网或查阅书籍等途径总结说明其应用。

（23）对照电磁铁的工作原理图叙述电磁铁的工作过程（包括吸合和释放两个过程）。

（24）电空传动装置是由几部分组成的？各部分的作用是什么？

（25）观察单臂受电弓的电空传动装置，说明其工作过程与原理，并分析可能出现的故障及原因。

（26）对照图片，说出闭式阀的工作原理及其在电力机车上的应用。

（二）车辆上常用继电器、接触器的结构认识、具体应用、运行、安装、调试、拆卸与维护基本技能训练

（1）对电机拖动实验室的接触器进行简单维护。

维护从以下几方面进行：

①外观检查；②灭弧室的简单维护；③触头的维护；④吸引线圈的维护；⑤铁芯的维护；⑥接触器转轴的维护。

（2）通过上网或查阅书籍等途径简单列表总结接触器的常见故障及产生原因，并简单说明其处理方法。

电磁接触器在使用过程中的常见故障主要发生在电磁部分，现将其故障现象、可能原因及处理方法列于表 2-2 中，仅供参考。

（3）对接触器的触头进行检修。

接触器在闭合过程、闭合状态或断开过程中，都不可避免地会产生机械磨损或疲劳裂损，触头系统产生电磨损，线圈及绝缘件出现过热、老化现象。如不及时检查修理，就会影响其工作的可靠性。因此，对接触器进行预防性的检查、修理，及时更换超过限度的零部件，是十分必要的。

表 2－2　接触器常见故障的产生原因和处理方法

序号	故障现象	产生原因	处理方法
1	接触器开合不灵	1. 机械可动部分被卡住	排除相应障碍即可
		2. 摩擦力过大	
		3. 气隙中有阻塞	
		4. 磁极表面积尘太厚	
		5. 电空接触器漏风或风压不足	
2	通电后不能完全闭合	1. 电源电压低于线圈额定电压	1. 调整电源电压或更换线圈
		2. 触头弹簧与反力弹簧压力过大	2. 调整或更换弹簧
		3. 触头超程过大	3. 调整触头超程
3	接触器关合过猛或线圈过热冒烟	电源电压过高	调整电源电压或更换线圈
4	断电后不释放	1. 反作用力太小	1. 调节或更换反力弹簧
		2. 剩磁过大	2. 对直流接触器应加厚或更换新非磁性垫片，对交流接触器应将去磁气隙处的极面锉去一部分或更换新磁系统
		3. 触头熔焊	3. 撬开已熔焊的触头，或酌情更换新触头
		4. 铁芯极面有油污或尘埃黏着	4. 清理磁极表面
5	铁芯噪声过大或发生振动	1. 电源电压过低	1. 调节电源电压
		2. 铁芯极面有脏物或锈层，或因过度磨损而不平	2. 清理极面，必要时可刮削修整或更换铁芯
		3. 分磁环断裂	3. 焊接或更换分磁环
		4. 磁系统歪斜或机械卡住而使铁芯吸不平	4. 排除机械卡住故障，更正工作位置
		5. 反作用力过大	5. 调节或更换弹簧

续表

序号	故障现象	产生原因	处理方法
6	线圈过热或烧损	1. 电源电压过高或过低	1. 调整电源电压或更换线圈
		2. 线圈的通电持续率与实际情况不符	2. 更换通电持续率相符的线圈
		3. 交流线圈操作频率过高	3. 降低操作频率或更换线圈
		4. 交流电磁铁可动部分卡住，铁芯极面不平或去磁气隙过大	4. 排除卡住现象，清除极面或调整铁芯
		5. 线圈匝间短路	5. 更换线圈
		6. 空气潮湿，含有腐蚀性气体或环境温度过高	6. 用特殊设计的线圈
		7. 交流电磁铁采用直流双线圈控制时，因常闭联锁触头熔焊而使起动线圈长期通电	7. 更换联锁触头，排除致使该触头熔焊的故障
7	接触器不闭合或正常情况下突然断开	1. 线圈引出线断裂	1. 焊好后可靠绝缘
		2. 线圈内部断线	2. 更换线圈
8	触头严重发热或熔焊	1. 操作频率过高或负载电流过大	1. 更换接触器
		2. 触头表面高低不平，生锈，积有尘埃或铜触头严重氧化	2. 清理接触面
		3. 超程过小或行程过大	3. 调整参数或更换触头
		4. 接触压力不足	4. 调整或更换弹簧
		5. 闭合过程中振动过于剧烈	5. 调整触头参数或更换接触器
		6. 触头分断能力不足	6. 调换合适的接触器
		7. 触头表面有金属颗粒突起或异物	7. 清理触头表面
		8. 电源电压过低或机械卡住而使触头停滞不前或反复跳动	8. 调高电源电压，排除机械卡住故障，保证接触器可靠吸合

触头的工作状态决定了接触器的性能和可靠性，因此，接触器触头的检修，是有触点电器在检修时的一个关键问题。触头有开距、超程、研距、初压力、终压力等参数，触头的检修就是要注意这几个参数的测定及调试。

触头开距：规定开距尺寸是为了在断开电流时，保证触头间的电弧能迅速熄灭，并在开断状态下有一定的绝缘距离，不致因过电压而击穿。检修时，可在触头处于完全打开状态时，用卡尺测量触头的开距。触头的开距由接触器的结构来决定，有的可进行微量的调整。

触头超程：超程可以产生比初压力大的终压力，保证在触头磨耗后仍能可靠地接触。在触头压缩弹簧良好的情况下，检查触头的超程就是检查触头由开始闭合到闭合终了时触头弹簧的压缩量，或者说是衔铁在此期间所走的距离。检修时，若触头片厚度小于规定值，则应当更换。

触头初压力：接触器保持适当的初压力，可以减少闭合时由于触头撞击而产生的弹跳，从而防止因触头弹跳而引起拉弧、熔焊的危险。触头的初压力可以认为是动触头弹簧的预压缩力，因此，在动触头弹簧自由长度不变，又无疲劳、断裂的情况下，只要保证组装时的压缩量，触头的初压力也就能够得到保证。

触头终压力：只有具备一定的终压力，才能减小触头的接触电阻，从而减少触头的发热。终压力的测定方法是当动、静触头处于完全闭合状态时，在动、静触头之间并联一个带电源的指示灯，并在动触头接触线处挂一测力计，保持测力计的拉力方向与触头弹簧轴线方向一致。外施拉力，指示灯熄灭瞬间的拉力值，就是触头的终压力。

触头研距：是指转动式触头的动、静触头从刚刚开始接触到完全闭合所滚动和滑动的距离之和。研距的作用是保护触头正常工作点不受到机械碰撞和电弧危害，擦去表面氧化膜，保证良好的电接触。较大型接触器的动、静触头从初始闭合到终了闭合间应有明显的研磨滚动过程。触头的研磨滚动过程，可以通过在触头间衬垫复写纸的办法，检查研磨滚动的踪迹。

触头的接触状态：接触器动、静触头的接触面一般为线接触或点接触，检修时应检查其接触面是否清洁，有无金属熔镏，触头表面被电弧烧伤应予整修，必要时还应使用细锉锉修表面。锉修时注意保持触头表面的曲率，锉光后用细布擦净。触头的接触状态还包括动、静触头与触头座间的静接触状态。动、静触头的接触面一般不少于触头面积的 80% 。灯光法是检查触头接触状态的常用方法，比较简便、直观。除此以外，还可以根据触头接触电阻可以反映触头接触面的状态这一点，采用专用的测试仪，通过测试接触电阻的大小来判断触头的接触状态，这种方法正在试行推广中。

接触器触头部分检修后，应使用兆欧表检查各带电部分之间及对地的绝缘状态。安装于主电路中的接触器，必要时还需进行对地介电强度的试验。

(4) 通过上网或查阅书籍等途径简单列表总结有触点继电器的常见故障。

继电器在使用过程中，由于各种原因，如产品质量不高、使用不当、维修不好等，常常发生各种各样的故障。

对于有触点继电器的故障及处理，可从以下几方面考虑：①触头故障；②线圈故障；③磁路故障；④其他故障（如各种零件产生变形或松动，机械损坏，镀层裂开或剥落，各带电部分与外壳间的绝缘不够，反力弹簧因疲劳而失去弹性，各种整定值调整不当，产品已达额定寿命等）。

（三）受电弓、集电靴与车辆常用其他电器的结构认识及使用与维护技能训练

（1）对照实物表述受电弓的组成及各部分作用。

（2）实物演示单臂受电弓的升降过程。

（3）受电弓的维护。使用前，检查所有紧固件状态是否良好；编织导线是否完整，断股严重的，应及时更换；绝缘子不允许有断裂，并应保持清洁干净；弓头滑板应仔细检查，滑板之间平整，不允许凸台衔接。对于已磨损到限的滑板，应及时更换，更换后，整个滑板顶面应平滑。

（4）受电弓的维修。

由于受电弓安装在车顶，且安装区域是开放式的，所以受电弓的工作环境相当恶劣，因此在日常检修作业中，受电弓是重点检修的部件之一。每隔5年应对受电弓进行一次大修。受电弓检修分为部件清洗和部件检修两大类。将受电弓从车顶拆下之前，应使用固定挂钩将上部框架固定在底架上。在分解受电弓之前应松开张力弹簧，然后依次拆除电桥连接线、滑板机构、上部框架、下部框架及传动气缸。组装时按相反顺序进行。

①清洗部件。受电弓分解完毕后，应清洗所有部件。

②检修部件。

滑板：滑板是受电弓最易磨损的部件，它直接与接触网接触。为了最大限度地减少接触导线的磨损，滑板的材质应比接触导线软。在检修中主要检查滑板的磨损及损伤情况。当滑板磨损到最大磨损界限（一般为底部离上部槽口2～3 mm）或者滑板上有较大的缺口时，必须更换滑板。

框架部分：主要检查框架部分是否有弯曲或变形现象，若有弯曲或变形现象，一般采用冷整形方式整形恢复，如果无法整形需更换新的框架。

轴承：轴承拆下后，应检查轴承是否有锈蚀或点蚀现象，如有锈蚀或点蚀现象需要更换轴承。组装受电弓后，应润滑所有轴承。

绝缘子：在检修中应检查绝缘子外观是否有断裂或损伤，并应保持其清洁干净。如果绝缘子表面污垢堆积严重，可采用抛光方式处理。对于表面有裂纹、损伤的绝缘子应予以更换。检查、更换完毕后，还应测试绝缘子耐压和绝缘电阻。

编织导线：编织导线一般由多股铜导线编织而成，应检查编织导线是否完整，断股严重的，应及时更换，对于编织导线的接线端子，需保持清洁并打磨接触表面。

传动气缸：将传动气缸分解后，应检查活塞部件的磨损情况，并更换所有的橡胶密封件。气缸组装后，应检查气缸的工作情况。

检修完毕后，要对受电弓进行升、降测试，对升降弓时间、工作高度、接触压力等参数进行调整，在整个工作高度范围内进行接触压力测试。

（四）速度传感器、温度传感器、互感器在轨道客车上怎样检测客车运行速度和客车室内的温度并进行反馈，如何安装、拆卸调试技能训练

（1）现场观察避雷器、避雷针、电流互感器、电压互感器的安装位置及外形结构，掌握其作用与工作原理。

（2）拆卸废旧蓄电池、互感器，进一步了解其结构、组成及工作原理。

（3）观察轻轨客车上速度传感器的安装位置，了解其功用，掌握测速原理。

（五）其他电器简介

（1）说出空气自动开关的定义，列举出自己生活、学习环境中哪些地方使用空气自动开关，指出它们的具体作用，各小组记录点评，巩固加深空气自动开关的用途。

（2）绘制空气自动开关的动作原理简图，采用张贴卡片法分组讲解其动作过程，要阐述过流、过载的区别；如何远距离操作？当线路电压较低时，哪部分动作，如何起到保护的作用？

（3）主断路器安装在电力机车的什么位置上，有哪些功用？通常怎样进行分类？我们学习了哪种类型的主断路器？又名是什么？各小组互相补充，各抒己见，以调动学习积极性。

（4）对照实物或废旧的高压断路器，以实物分解的形式讲解 TDZ1A－10/25 的组成及各部分作用，简单了解其工作过程。

（5）真空断路器与空气断路器从结构上相比主要的区别在哪里？对照实物或废旧的真空断路器，以实物分解的形式讲解其组成及各部分作用，简单了解其工作过程。

（6）师生共同观看高压断路器灭弧过程的视频，了解灭弧的过程、原理，巩固高压断路器与其他电器相比较在灭弧原理等方面的优势与区别。

（7）司机控制器有什么作用，举例说明掌握其结构原理对安全驾驶有什么意义。

（8）到车厂的检修车间实地观看司机控制台及司机控制器的安装位置，仔细观察各种司机控制台的相同点和不同点。

（9）熟悉司机控制器主控手柄和方向开关的结构、位置及相互联锁关系。有条件可进行适当的实物操作练习。

（10）TKS14B 型主司机控制器的手轮与手柄各起什么作用，各有哪几个工作位置？

（11）仔细观察钥匙开关和急停按钮的位置，说明钥匙开关与主控按钮的联锁关系及急停按钮的作用。

（12）师生共同观看模拟驾驶的视频或录像。

（13）实物观察熔断器、按钮开关、空气自动开关的结构、组成，掌握其工作原理及应用。

（14）观察行程开关的结构，通过上网或查阅书籍等途径，从家用电器和机床控制两方面总结其应用。

行程开关的应用范围很广，很多电器里面都有它的身影。它主要是起联锁保护的作用。在洗衣机的脱水（甩干）过程中转速很高，如果此时有人由于疏忽打开洗衣机的门或盖后，再把手伸进去，很容易对人造成伤害，为了避免这种事故的发生，在洗衣机的门或盖上装了个电接点，一旦有人开启洗衣机的门或盖时，就自动把电机断电，甚至还要靠机械办法联动，使门或盖一打开就立刻“刹车”，强迫转动着的部件停下来，免得伤害人身。行程开关还用于将机械位移转变成电信号，使电机的运行状态得以改变，从而控制机械动作或用作程序控制。

机床上有很多这样的行程开关，用它控制工件运动或自动进刀的行程，避免发生碰撞事故。有时利用行程开关使被控物体在规定的两个位置之间自动换向，从而得到不断的往复运动。比如自动运料的小车到达终点碰着行程开关，接通了翻车机构，就把车里的物料翻倒出来，并且退回到起点。到达起点之后又碰着起点的行程开关，把装料机构的电路接通，开始自动装车。

（15）现场观察避雷器、避雷针的安装位置及外形结构，掌握其作用与工作原理。

（16）拆卸废旧蓄电池进一步了解其结构、组成及工作原理。

三、项目基本知识拓展

（一）车辆电器结构认识基本知识拓展

知识点一　温升与发热温度极限

温升：电器温度升高后，其自身温度与周围环境温度之差，称为温升。电器设备的温度过高，温升超过规定值，会严重影响电器的工作性能，缩短其使用寿命。

发热温度极限：就是保证电器的机械强度、导电性、导磁性以及介质的绝缘性不受危害的极限温度。

因为电器工作环境直接影响电器的散热过程，我国国家标准规定最高环境温度为40 ℃，从发热温度极限减去最高环境温度即为允许温升值，即

$$允许温升值 = 发热温度极限 - 40\ ℃$$

知识点二　载流导体的电动力方向与计算

1. 载流导体的电动力方向

载流导体的电动力方向判断可用左手定则来进行。左手定则为：伸开左手，让大拇指与其余四指垂直并在同一个平面内，让磁力线穿过手心，四指指向电流的方向，大拇指所指的方向即为导体所受电动力的方向。

2. 载流导体的电动力计算

$$F = BIL\sin\alpha$$

式中：F——电器所受的电动力（N）；

B——磁感应强度（T）；

I——载流导体中的电流（A）；

L——载流导体的有效长度（m）；

α——载流导体与磁感应强度之间的夹角。

知识点三　电路的相关知识

欧姆定律：一段导体中的电流，和其加在导体两端的电压成正比，和电阻成反比，即

$$I = U/R$$

串联导体的电阻：总电阻等于各部分电阻之和，即 $R = R_1 + R_2 + \cdots$。

电阻率：是用来表示各种物质电阻特性的物理量。某种材料制成的长 1 m、横截面积1 mm^2的导线在常温下（20 ℃时）的电阻，叫作这种材料的电阻率。电阻率的单位是欧 · 米（Ω · m）或欧 · 毫米和（Ω · mm）。

电阻率较低的物质被称为导体，常见导体主要为金属，而自然界中导电性最佳的是银，其次是铜、铝等金属。

导热系数：是指在稳定传热条件下，1 m 厚的材料，两侧表面的温差为 1 ℃，在 1 s 内，通过 1 m^2 面积传递的热量，单位为瓦/（米 · 摄氏度）（W/（m · ℃），此处的℃可用 K 代替）。金属的导热系数大，可以加强触头和导体的散热，使电接触的表面温度降低，氧化物不易形成，从而使接触电阻小且在长期工作中能保持稳定，分断时触头间不易形成金属液桥。散热条件良好可以降低生弧条件，使金属不易熔化和气化，降低触头的电磨损。

知识点四 用作触头材料的金属及运动物体的动能计算

1. 触头材料

用作触头材料的金属主要有银、铜、铂、钨等几种金属及其合金，以银和铜较为常见。它们的导电和导热性能都很好，是触头材料的首选。

2. 物体的动能计算

质量为 m 的物体，其动能为 $E_K = mv^2/2$，动能和势能在一定条件下可以相互转化。触头闭合过程中，动触点的动能迫使触头表面产生弹性变形，此时，一部分能量消耗在碰撞过程中（因为触头不是绝对弹性体），而大部分能量转变为触头表面材料的变形势能，即转变为弹性势能，进而使触头发生弹跳、变形和磨损。

知识点五 电弧基本概念及定义

电弧：电弧是在气体中的一股强烈电子流，属于气体放电的一种现象，是电流通过某些绝缘介质（如空气）所产生的瞬间火花。

产生电弧的极限条件：电路内的电流和电压必须大于某一最小生弧电流和最小生弧电压。最小生弧电流和最小生弧电压随触头材料、电路的性质和周围介质不同而不同。一般情况下，当开关电器断开电流时，如果电路电压不低于 10 ~ 20 V，电流不小于 80 ~ 100 mA，电器的触头间便会产生电弧。

电弧的伏安特性：是指电弧电压与电弧电流之间的关系曲线，它实质上反映的是电弧内的物理过程，是电弧重要特性之一。电弧的伏安特性曲线有静伏安特性曲线和动伏安特性曲线之分，交流电弧的伏安特性均为动态的。电弧的伏安特性曲线是研究电弧产生和熄灭的主要理论依据。

知识点六　工频交流电的波形图及相邻导体电动力方向的判定

1. 工频交流电

我国使用的工频交流电是指频率为 50 赫兹（Hz）、额定相电压 220 V、额定线电压 380 V 的正弦交流电。其波形图如图 2-65 所示。在一个周期内，正弦交流电两次过零点，交流电弧就是利用零点熄弧原理来熄灭的。

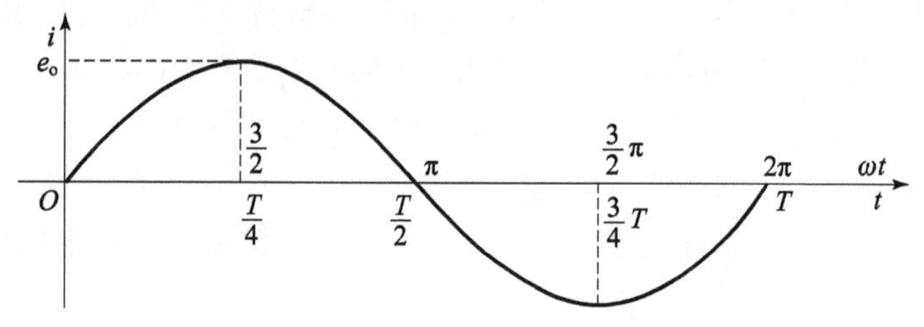

图 2-65　正弦交流电的波形图

2. 相邻导体的电动力方向

载流导体的电动力方向判断可用左手定则来进行。左手定则为：伸开左手，让大拇指与其余四指垂直并在同一个平面内，让磁力线穿过手心，四指指向电流的方向，大拇指所指的方向即为导体所受电动力的方向。其电动力大小可由公式 $F = BIL\sin\alpha$ 计算。相邻导体间有电动力的作用，是电动力灭弧和多断点灭弧的理论依据。

知识点七　电磁传动装置的有关知识

1. 电磁铁将电磁能转换为机械能

电能和磁能两者可以相互转化，类似于动能和势能同属于机械能可以相互转化一样。当电磁铁通直流电时，加电瞬间，电流是逐渐增大的，这是因为电磁铁的线圈相当于电感，电流不能突变，这时电磁铁磁性逐渐增大，直到最大电流时磁性也最强，电流稳定时，磁性也随之稳定。电能转换为磁能存储起来。当电磁铁与其他物体作用时，如吸引衔铁，部分磁能将转换为机械能，由于线圈导线（一般是铜质漆包线）也有电阻，电流通过时，必然要发热，所以电能会转化为内能。尤其是有稳定电流通过时，电能将会全部转化为内能。因而，电磁铁在使用时，必须控制通入电流的大小，以防止热量过多烧毁线圈。

当电磁铁通过交变电流时，电能主要转化为磁能，磁与磁相互作用，进一步转化为机械能。另外，电磁铁线圈有电阻，还有部分电能将转化为内能。

通过以上分析可知，电磁铁通电时，电能的主要作用是转化为磁能，但不可避免地部分电能转化为内能。通稳定的直流电时，大部分电能却转成内能，少部分转化成磁能。通过交变电流时，则大部分电能转化为磁能，少量转化为内能。电磁铁的线圈通电，电能先转化为磁能，磁能进一步转化为机械能，这是电磁铁的基本工作原理。

2. 移相原理

短路环通常由康铜或镍铬合金制成，又名消振环。在有交变电流通过电磁铁的线圈时，线圈对衔铁的吸力也是交变的，当交流电流过零值时，衔铁在释放弹簧的作用下将有释放的趋势，这使铁芯与衔铁之间的吸力随着电流的变化而变化，从而产生振动和噪声，加快铁芯与衔铁之间接触产生的磨损，引起结合不良，为消除此现象，在铁芯柱端部面积的2/3左右嵌入一短路环，如图2－66所示。当线圈通入交流电时，不仅线圈产生磁通，短路环中的感应电流也产生磁通，短路环相当于纯电感电路，从纯电感电路的相位可知，装有短路环部分磁极下的磁通落后于不装短路环部分的磁通，即由于短路环的作用，原来的一个磁通分裂成两个相位不同的磁通，发生了相位偏移，称为移相。这样线圈电流磁通与短路环感应电流磁通不同时为零，即电源输入的交变电流通过零值时，短路环感应电流的磁通不为零，短路环的磁通对衔铁有电磁吸力的作用，从而克服了衔铁被释放的趋势，使衔铁在通电过程中始终处于吸合状态，从而减少振动和噪声。

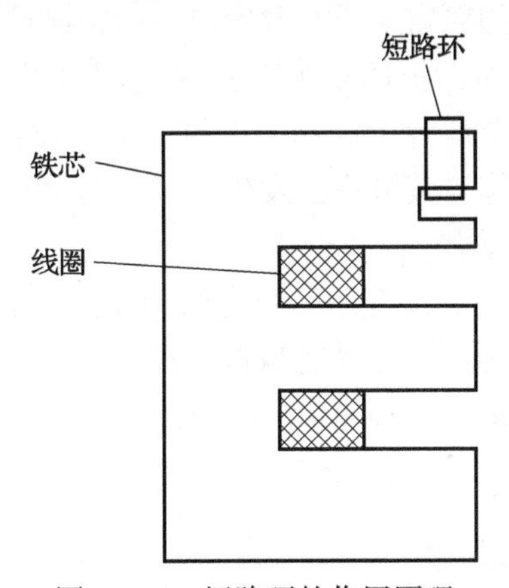

图2－66　短路环的作用原理

知识点八　压缩空气具有能量

电空传动机构是用压缩空气推动活塞运动，以操作电器触头的分合动作。压缩空气，即被外力压缩的空气。空气具有可压缩性，经空气压缩机做机械功使本身体积缩小、压力提高后的空气叫压缩空气。压缩空气是一种重要的动力源。与其他能源比，它具有清晰透明，输送方便，没有特殊的有害性能，没有起火危险，不怕超负荷，能在许多不利环境下工作，空气在地面上到处都有、取之不尽等特点。压缩空气是仅次于电力的第二大动力能源，又是具有多种用途的工业气源，其应用范围遍及石油、化工、冶金、电力、机械、轻工、纺织、汽车制造、电子、食品、医药、生化、国防、科研等行业和部门。压缩空气作为能量载体把电能转变为机械能，从而带动电器触头的分合，是电空传动装置的基本原理。

（二）车辆上常用继电器、接触器的结构认识、具体应用、运行、安装、调试、拆卸与维护基本知识拓展

知识点九　接触器的选用

接触器是现代工矿企业电力拖动和自动控制系统中使用量最大的一种电器。由于接触器的可靠性及其使用寿命与使用的电压、电流、控制功率、操作频率的大小密切相关，所以，随着使用场合及控制对象的不同，其操作条件和工作的繁重程度也有很大差异。在接触器的选用中，原则上要以可靠性为前提，因为运行中的安全可靠包含着经济因素。而经济性则要根据使用条件、设备的设计要求，以及用户的重要程度诸多因素来综合考虑，只有兼顾才能做到合理，主要应根据实际情况而定。

接触器的选用一般遵守下列原则：

（1）按一般任务选用。所谓一般任务使用条件是指接触器只需要在额定电压下接通或分断较小倍额定电流，其操作频率不高，只伴有少量点动，而且所控制的电机是直接启动，满速运行下开断电源。这种任务在作用中所占有的比例很大。接触器在该使用条件下操作时，其触头磨损较轻，寿命较长。所以，选配接触器时，只要选择额定电压和额定电流等于或大于电机的额定电压和额定电流的接触器即可。

（2）按重任务选用。所谓重任务使用条件是指接触器需要接通或分断比额定电流大很多倍的启动电流，并频繁运行于点动、反接制动、反向和在低速时断开的使用条件。接触器在该使用条件下操作，其触头会发生严重的电磨损。所以，必须选用适应重任务工作的接触器才能满足其要求。

（3）按降容量选用。降容量选用一般有两种情况，第一种是操作频率高、工作相当繁重、可靠性要求很高的场合，可以适当地选用大“马”来拉小“车”，以延长使用寿命，提高可靠性；第二种是按轻任务使用类别设计的接触器用于繁重任务使用类别时，也应降容量使用。

知识点十　继电器的选用

继电器是现代工业生产中不可缺少的自动化组件，它广泛地应用于工业、农业、国防和交通运输等各个部门，其品种多、用量大。因此，细致地了解各继电器的性能、参数和使用条件，正确地选择和使用继电器，是确保继电器及其被控制或保护对象可靠工作、正常运行的重要环节。

选用继电器的一般方法如下：

（1）根据被控制或保护对象（可以电量或非电量）的具体要求，确定采用的继电器种类。

（2）确定控制和被控制电路的基本参数，如控制电路（继电器线圈电路）的线圈数量，电流种类，继电器动作、释放和工作状态的电流、电压或功率值以及它们的变化范围；被控制电路（继电器接点电路）的常开和常闭接点的数量，电路中的电流种类（直流或交流）及其大小，负载的电阻和电感量（即 R 和 L 值）等。

（3）根据控制和被控制电路对继电器的要求，在考虑使用寿命、工作制、使用条件、继电器各主要技术参数及重量和尺寸的基础上，从产品目录中选择合适的继电器。

（三）受电弓、集电靴及车辆常用其他电器的结构认识及使用与维护基本知识拓展

知识点十一　受电弓的特性

要使受电弓弓头滑板与接触网导线正常接触，可靠地受流，受电弓必须具备以下性能：

1. 静态接触压力与静特性

受电弓是靠滑动接触来传导电流的，弓头滑板与接触网导线形成一副摩擦偶件。为了保证可靠的电接触，其间必须保持一定的接触压力，静态接触压力就是受电弓主要技术参数之一，它包括三个部分：

（1）额定静态接触压力。

额定静态接触压力是指在静止状态下，受电弓弓头滑板在工作高度范围内对接触网导线的压力。该值的大小直接影响受流质量。受电弓与接触导线间的可靠接触和相互作用是保证车辆良好受流的重要条件。列车运行时，受电弓滑板沿接触导线滑动，若接触压力太小，则接触电阻增大且易跳动，使供电时断时续，导致接触不良甚至引起火花或电弧；但若接触压力太大，则摩擦加剧，增加滑板和导线的磨损，缩短使用寿命。因此，要求受电弓的机械结构能保证滑板在工作的高度范围内具有相同的接触压力。受电弓各关节的摩擦力对接触压力也有一定程度的影响。

受电弓的静态接触压力与工作高度之间的关系称为受电弓的静特性，可用受电弓的静特性曲线表示。静特性直接影响受电弓受流质量。适当的静态接触压力可以使受电弓与架空接触导线正常接触，减少离线，保证良好的受流。车辆运行时，受电弓随着接触的架空导线高度的变化而上下运动。因此，接触压力不仅与受电弓的静特性有关，而且还与受电弓上下运动的惯性力，即受电弓的动特性有关。

（2）同高压力差。

同高压力差是指受电弓弓头在同一高度下，上升和下降时的静态接触压力差。该值的大小表征了受电弓各运动铰链部分的摩擦力大小。

（3）同向压力差。

同向压力差是指在工作高度范围内，受电弓上升和下降时的最大静态接触压力差。该值的大小表征了受电弓的总体调整水平。

2. 受电弓的工作高度

受电弓的工作高度是指在此高度范围内，弓头滑板对接触网导线的静态接触压力为额定值，也即在此高度范围内可以保证正常受流。

3. 最高升弓高度

最高升弓高度是指受电弓按其结构所能升起的最高限度。通常该值小些，可以缩小受电弓的总体尺寸。

4. 升、降弓时间

升、降弓时间是指在传动风缸处在额定工作气压时，由落弓位升到最大工作高度和由最大工作高度降至落弓位所需的时间。

5. 弓头运行轨迹

弓头在工作高度范围内应该始终处于机车转向架的回转中心上，这样机车在弯道运行时，使弓头相对于轨道中心的偏移量最小，以避免弓头滑板偏离接触网，造成失流或刮弓的不良后果。因此要求弓头垂直运动轨迹在工作高度范围内是一直线。

6. 动特性

受电弓与接触网的接触压力直接影响受流质量。接触压力不仅与受电弓的静特性有关，还与受电弓的运动特征有关。

在动能相等的情况下，把受电弓运动系统的质量归化到滑板上，该质量称为归化质量。受电弓的归化质量，与受电弓提升高度的关系称为受电弓的动特性。

为了在动态情况下取得较稳定的接触压力，就要设法尽量减小归化质量。受电弓应尽可能轻些，特别是减轻上部结构质量，弓头部分一般采用较轻的铝合金材料。

知识点十二　受电弓的主要技术参数

受电弓的主要技术参数参考值如表 2－3 所示。

表 2－3　受电弓的主要技术参数参考值

技术参数	参考值	技术参数	参考值
额定电压/V	DC 1 500	弓头宽度/mm	1 700 ± 10
额定电流/A	DC 800	碳滑板长度/mm	1 050
最大工作高度/mm	1 800	滑板材料	石墨
折叠高度/mm	175	带绝缘子的最小高度/mm	342 ± 10
静态接触压力/kPa	120 ± 10	升/降弓时间/s	< 10

（四）速度传感器、温度传感器、互感器在轨道客车上进行的客车运行速度和客车室内的温度检测和反馈，及其安装、拆卸调试基本知识拓展

知识点十三　变压器的工作原理及结构简介

变压器是利用电磁感应的原理来改变交流电压的装置，主要构件是初级线圈、次级线圈和铁芯（磁芯）。主要功能有电压变换、电流变换、阻抗变换、隔离、稳压等。按用途可以分为配电变压器、电力变压器、全密封变压器、组合式变压器、干式变压器、油浸式变压器、单相变压器、电炉变压器、整流变压器等。其原理结构如图 2－67 所示。其外形结构如图 2－68 所示。

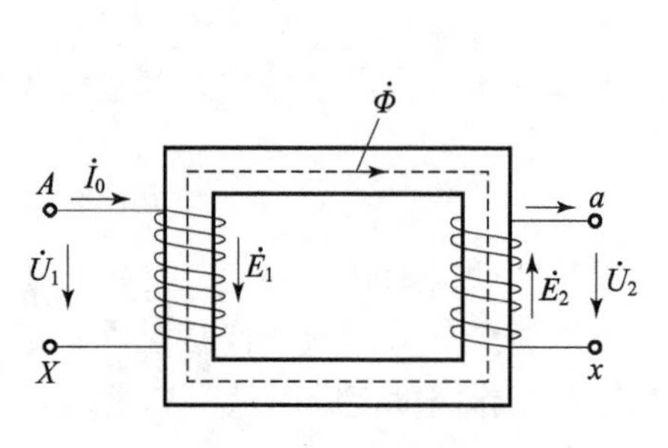

图 2－67　变压器工作原理结构

图 2－68　变压器外形结构

变压器组成部件包括器身（铁芯、绕组、绝缘、引线）、变压器油、油箱和冷却装置、调压装置、保护装置（吸湿器、安全气道、气体继电器、储油柜及测温装置等）和出线套管。

（1）铁芯是变压器中主要的磁路部分。通常由含硅量较高，厚度分别为0.35 mm/0.3 mm/0.27 mm，表面涂有绝缘漆的热轧或冷轧硅钢片叠装而成。铁芯结构的基本形式有心式和壳式两种。

（2）绕组是变压器的电路部分，它是用双丝包绝缘扁线或漆包圆线绕成。

（3）变压器油和风扇等起冷却的作用。

（4）变压器的二次绕组具有抽头，改变抽头的位置，即可改变变压器的二次输出电压。

（5）变压器上一般安装瓦斯继电器、测温装置等，对变压器起保护作用。

知识点十四　传感器的应用简介

随着电子计算机、生产自动化、现代信息、军事、交通、环保、能源、海洋开发、遥感、宇航等科学技术的发展，对传感器的需求量与日俱增，其应用领域渗入国民经济的各个部门及人们的日常生活。可以说，从太空到海洋，从各种复杂的工程到人们日常生活的衣食住行，都离不开各种各样的传感器，传感技术对国民经济的发展起着巨大的推动作用。

1. 传感器在工业检测和自动控制系统中的应用

传感器在工业检测和自动控制系统中占有极其重要的地位。在石油、化工、电力、钢铁、机械加工等行业中，传感器担负着对各种信息测量与检测的职能，再把测得的信息通过自动控制、计算机处理等进行反馈，用以进行生产过程、质量、工艺管理与安全方面的控制。

在自动控制系统中，电子计算机与传感器有机地结合在实现控制的高度自动化方面起到了关键性的作用。

2. 汽车与传感器

传感器已不仅局限于测量汽车的行驶速度、行驶距离、发动机的转速等，在一些新的技术领域，如汽车安全气囊系统、防盗装置、防滑控制、电子变速、位置导航、尾气循环装置等都得到了实际应用，可以预测，随着汽车电子技术的不断发展，传感器在汽车领域的发展将会更加广泛。

3. 传感器与家用电器

现代家用电器中普遍应用着传感器。传感器在电子炉灶、自动电饭煲、吸尘器、空调器、电子热水器、报警器、热风取暖器、电熨斗、电风扇、游戏机、电子驱蚊器、洗衣机、洗碗机、照相机、电冰箱、电视机、录像机、家庭影院等方面都得到了广泛的应用。

4. 传感器在机器人上的应用

目前，在劳动强度大或危险作业的场所，已经逐步使用机器人取代人的工作。一些高速度、高精度的工作，由机器人来承担也是非常适合的。智能机器人的研制、开发和利用离不开视觉、触觉等一系列高智能的传感器。

5. 传感器在医疗及人体医学上的应用

随着医用电子学的发展，仅凭医生的经验和感觉进行诊断的时代已经结束。现在，应用医用传感器可以对人体的表面和内部温度、血压及腔内压力、血液分析、呼吸流量、肿瘤、脉搏及心音、新脑电波等进行高难度的诊断。显然，传感器对促进医疗技术的高度发展起着非常重要的作用。

6. 传感器与环境保护

目前，大气污染、水质污浊及噪声已经严重地破坏了地球的生态平衡和我们赖以生存的环境，这一现象已经引起了世界各国的重视，为保护环境，利用传感器制成的各种环境监测仪正在发挥着积极的作用。

7. 传感器与航空航天

在航空及航天的飞行器上广泛地应用着各种各样的传感器。为了解飞机或火箭的轨迹，并把它们控制在预定轨道上，就要使用传感器进行速度、加速度、飞行距离的测量。要了解飞行器飞行的方向就必须掌握它的飞行姿态，飞行姿态可以使用红外水平线传感器陀螺仪、阳光传感器、星光传感器、地磁传感器等进行测量。此外，对飞行器周围的环境、飞行器本身的状态及内部设备的监控也都要由传感器来完成。

8. 传感器与遥感技术

所谓遥感技术，简单地说就是从飞机、卫星、宇宙飞船及船舶上对远距离的广大区域的物体及其状态进行大规模测试的一门技术。遥感技术的迅速发展，离不开各种传感器，如远红外线微波传感器、超声波传感器等。遥感技术目前已经在农林业、土地利用、海洋资源、矿产资源、气象及军事领域得到了广泛的应用。

（五）其他电器简介基本知识拓展

知识点十五　过载与短路的区别

（1）过载与短路都是指电流增大，超过了正常的电流值。但过载是指电流超过了设备的额定能力；而短路是电路中电流流动的路径越过了部分或全部负荷，因电路总阻抗减小，使电流增大的现象；一般短路会引发电源侧电气元件过载。用电设备的增多，负荷的加大会引起载流元件的过载，过载电流是一点一点增加的，一般短时间不会引起设备烧损；而短路会使电流突然增加，短路电流有时会是额定电流的几十到几百倍甚至上千倍，大的短路会瞬间使设备烧损，因此需快速切断电源，防止出现事故或事故扩大。

在使用中，电气设备应该在额定电流，或轻过载时长期稳定运行，在短路电流瞬时作用下，不至损坏。也就是在电气设备的选择上，“按额定电流进行选择，按短路电流进行校验”。但对于后者我们往往做得不够，使许多设备在短路后自身抵抗能力不够而烧毁。

（2）短路保护是在电路发生故障时，比如不经过负载，线路的阻抗几乎为零，因此瞬间产生极大的电流提供给保护装置，保护装置动作切断电源，防止设备损坏和造成事故。过载保护是指当电路中同时处于启动状态的负载引起的总电流超过该段导线能承受的额定电流时切断电源，防止导线等因过热而受到损坏。短路保护与过载保护动作电流的整定方法与整定值不同，通常短路保护的整定值要通过短路计算来确定，而过载保护动作电流的整定值按额定电流的倍数来确定。

知识点十六 双金属片简介

双金属片是由两种或多种具有合适性能的金属或其他材料所组成的一种复合材料。双金属片也称热双金属片，分主动层和被动层，主动层的材料主要有锰镍铜合金、镍铬铁合金、镍锰铁合金和镍等；被动层的材料主要是镍铁合金，镍含量为34%～50%。由于两层的热膨胀系数不同，当温度变化时，主动层的形变要大于被动层的形变，从而双金属片的整体就会向被动层一侧弯曲，则这种复合材料的曲率发生变化从而产生形变。其中，膨胀系数较高的称为主动层；膨胀系数较低的称为被动层。但是随着双金属应用领域的扩大和结合技术的进步，近代已经出现三层、四层、五层的双金属。事实上，凡是依赖温度改变而发生形状变化的组合材料，现今在习惯上仍称为热双金属。

双金属片被广泛用在继电器、开关、控制器等上面。电饭煲上的保温开关又称恒温器。它是由一个弹簧片、一对常闭触点、一对常开触点、一个双金属片组成。煮饭时，锅内温度升高，由于构成双金属片的两片金属片的热伸缩率不同，结果使双金属片向上弯曲。当温度达到80 ℃以上时，在向上弯曲的双金属片推动下，弹簧片带动常开与常闭触点进行转换，从而切断发热管的电源，停止加热。当锅内温度下降到80 ℃以下时，双金属片逐渐冷却复原，常开与常闭触点再次转换，接通发热管电源，进行加热。如此反复，即达到保温效果。日光灯的起辉器也是双金属片应用的例子，另外还可以利用双金属片制成温度计，用于测量较高的温度。

知识点十七 油断路器简介

油断路器是以密封的绝缘油作为开断故障灭弧介质的一种开关设备，有多油断路器和少油断路器两种形式。它较早应用于电力系统中，技术已经十分成熟，价格比较便宜，广泛应用于各个电压等级的电网中。油断路器是用来切断和接通电源，并在短路时能迅速可靠地切断电流的一种高压开关设备。油断路器的触头在油介质中闭合和断开，当断路器的动触头和静触头互相分离的时候产生电弧，电弧高温使其附近的绝缘油蒸发汽化和发生热分解，形成灭弧能力很强的气体（主要是氢气）和压力较高的气泡，使电弧很快熄灭。油断路器中通常采用的是矿物油（如变压器油），它具有较高的介质强度和较强的熄灭电弧的能力。

多油和少油断路器都要充油，其作用是灭弧、散热和绝缘。它的危险性不仅是在发生故障时可能引起爆炸，而且爆炸后由于油断路器内的高温油发生喷溅，形成大面积的燃烧，引起相间短路或对地短路，破坏电力系统的正常运行，使事故扩大，甚至造成严重的人身伤亡事故。

油断路器的爆炸燃烧原因有以下几个方面：

（1）油面过低。油断路器触点至油面的油层过薄，油受电弧作用而分解的可燃气体冷却不良，这部分可燃气体进入顶盖下面的空间而与空气混合，形成爆炸性气体，在自身的高温下就有可能爆炸燃烧。

（2）油箱内的油面过高。析出的气体在油箱内得不到空间缓冲，形成过高的压力，也可能引起油箱爆炸起火。

（3）油的绝缘强度劣化、杂质或水分过多，引起油断路器内部闪络。

（4）操作机构调整不当、部件失灵，会使操作时动作缓慢或合闸后接触不良。当电弧不能及时被切断和熄灭时，在油箱内产生过多的可燃气体，便可能引起爆炸和燃烧。

（5）遮断容量小。油开关的遮断容量对输配电系统来说是个很重要的参数。当遮断容量小于系统的短路容量时，断路器无能力切断系统强大的短路电流，致使断路器燃烧爆炸，造成输配电系统的重大事故。

（6）其他。油断路器的进、出线都通过绝缘套管，当绝缘套管与油箱盖、油箱盖与油箱体密封不严时，油箱进水受潮，或油箱不洁、绝缘套管有机械损伤都可造成对地短路引起爆炸或火灾事故。

因此，断路器在安装前应严格检查是否符合制造厂的技术要求。断路器的遮断容量必须大于装设该断路器回路的短路容量。检修时，应进行操作试验，保证机件灵活可靠，并且调整好三相动作的同期性。断路器与电气回路的连接要紧密，并可用试温蜡片观察温度，触头损坏应调换。检修完毕应进行绝缘测试，并有专人负责清点工具，以防工具掉入油箱内发生事故。投入运行前，还应检查绝缘套管和油箱盖的密封性能，以防油箱进水受潮，造成断路器爆炸燃烧。断路器切断严重短路故障后，即应检查触点损坏情况和油质情况。

在运行时应经常检查油面高度，油面必须严格控制在油位指示器范围之内。发现异常，如漏油、渗油、有不正常声音等时，应采取措施，必要时须立即降低负载或停电检修。当故障跳闸，重复合闸不良，而且电流变化很大，断路器喷油有瓦斯气味时，必须停止运行，严禁强行送电，以免发生爆炸。

知识点十八　机械联锁

机械联锁是指用电气设备本体的机械传动部分进行控制，使两个或若干个互相制约和联动的机械机构来达到先后动作的闭锁要求，也称为硬闭锁。比如，用于电机正反转控制的接触器间的机械联锁，是通过接触器内部的构造机械机构使用于联锁的 2 个接触器不能同时动作，一般不允许两个接触器同时吸合。机械联锁在操作过程中无须使用钥匙等辅助操作，可以实现随操作顺序的正确进行，自动地步步解锁。在发生误操作时，可以实现自动闭锁，阻止误操作。

机械联锁主要有两种形式，即主动式和被动式。所谓主动式联锁是指在该种联锁状态下，若无正常的解锁条件，不会被解锁，从而保证误操作根本无法执行。例如，当断路器处于合闸位置时，机械上应保证隔离开关或隔离插头被联锁而无法操作，即使错误操作也不会产生不良影响。被动式联锁是指在该种联锁状态下，可能由于非正常原因，出现解锁条件，使联锁解锁。如在联锁状态下操作隔离开关或推拉手车，虽然隔离开关尚未动作或隔离插头没有产生位移，但由于联锁的存在而使断路器分闸，从而使隔离开关或隔离插头的联锁被解除，显然这种被动式联锁形式会引起断路器误分闸。

司机控制器上的主控制手柄和方向开关之间、列车两端的司机控制器之间都必须进行必要的联锁，才能防止误操作，保证客车的安全运行。

知识点十九　电气联锁

电气联锁是指电气设备之间相互制约，通常用电气设备的触头、线圈等二次设备来进行控制，也称软闭锁。电气联锁通常分为自锁和互锁两种类型，如图 2－69 所示。

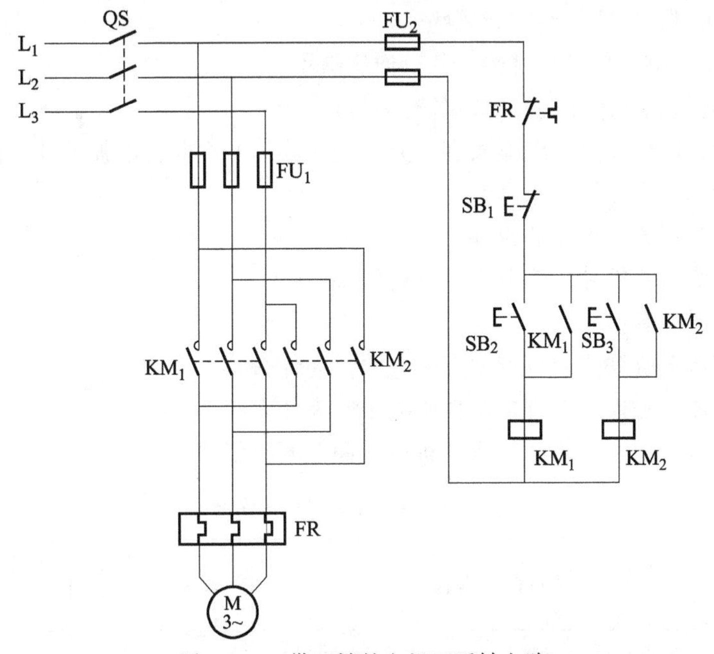

图 2－69　带互锁的电机正反转电路

自锁通常指电器自身的触头锁自己的线圈。比如，在接触器线圈得电后，利用自身的常开辅助触点保持回路的接通状态。具体是把常开辅助触点与启动按钮的开关并联，这样，当启动按钮按下，接触器动作，辅助触点闭合，进行状态保持，此时再松开启动按钮，接触器也不会失电断开。互锁通常是指两个电器设备之间采用必要的电气连接而达到互相制约的目的。例如，使用接触器上的辅助常闭触点串联在另一个接触器的线圈回路中，形成联锁，使 2 个接触器的线圈不能同时吸合。简单来说就是两个接触器任何一个动作了其常闭触点都会切断另一个接触器的线圈，即在对应的接触器线圈回路串联需要互锁的接触器的常闭触点，即利用自己的辅助常闭触点，去控制对方的线圈回路，进行状态保持。结果就是在同一时间内始终只有一个接触器能动作。通常控制电机正反转的接触器需要接成互锁状态。

【项目学习评价】

（一）车辆电器结构认识学习评价

思考练习题

1. 试述电器的温升、最高温度极限及允许温升的概念。
2. 电器发热的原因有哪些？
3. 对地铁车辆的电器如何分类？
4. 影响电器散热的因素有哪些？
5. 试述减小接触电阻的方法。
6. 触头磨损的形式有几种？减小触头电磨损的方法有哪些？
7. 触头材料性能的要求有哪些？
8. 常用的触头材料有哪些，各有何优缺点？
9. 试述长弧和短弧的概念，各有何特点？
10. 电弧电位在整个电弧长度上分布是否均匀？由此把电弧分几个区？都是什么？
11. 什么是零点熄弧原理？
12. 试分析磁吹灭弧的原理。
13. 直流电磁铁和交流电磁铁各有何特点？
14. 分磁环有何作用？
15. 交流电磁铁能否直接用直流电源？为什么？
16. 直流电磁铁能否直接用交流电源？为什么？
17. 举例说明电空传动装置在轨道车辆上的应用。

自我评价、小组互评及教师评价

评价方面	项目评价内容	分值	自我评价	小组评价	教师评价	得分
实操技能	1. 各小组同学集思广益举出自己所知道的电器名称及主要用途	5				
	2. 小组互换对电器进行分类	5				
	3. 用张贴卡片的形式对车辆电器进行分类，并作出对比评价，选出最佳表格，推荐给全班，列表归类	5				
知识技能	4. 总结三相异步电机发热的原因	10				
	5. 师生共同讨论车辆电器主要的散热方式	5				
	6. 各小组同学集思广益举出自己所知道的有触头的电器名称及主要用途	5				
	7. 总结触头的工作条件	5				

续表

评价方面	项目评价内容	分值	自我评价	小组评价	教师评价	得分
知识技能	8. 拆卸废旧过流继电器、接触器按钮开关等电器的触头，观察动、静触点的接触形式，画图表示触点的三种接触方式，指出接触器主触头和辅助触头的接触方式，各小组对比，以张贴卡片的形式评分，并调动学生的学习积极性	5				
	9. 以过电流继电器触头为例，明确触头的参数，并简单说明各参数如何保证尝试进行调节	5				
	10. 师生共同收集废旧电器，拆卸电器触头，判断触头材料，并列表指出常用触头材料的优缺点	5				
	11. 通过上网或查阅书籍等途径查阅相关资料简单总结电弧的用途及危害	5				
	12. 列表对比电弧的产生过程与熄灭过程，分析电弧燃烧与熄灭的主要决定因素	5				
	13. 直流电弧通常采用哪些灭弧方法？交流电弧通常采用哪些灭弧方法	5				
	14. 列表表示直流电器通常采用哪些灭弧装置，并简述其灭弧原理	5				
	15. 列表表示交流电器通常采用哪些灭弧装置，并简述其灭弧原理	5				
	16. 请同学观察单臂受电弓的电空传动装置，说明其工作过程与原理，并分析可能出现的故障及原因	5				
	17. 对照图片，说出闭式阀的工作原理及其在电力机车上的应用	5				
	18. 分组讨论交、直流电磁铁能否互换使用，如果互换使用会出现什么后果	5				
	19. 轨道交通车辆电器上通常使用哪两种电气传动装置？简单叙述其工作原理	5				

续表

评价方面	项目评价内容	分值	自我评价	小组评价	教师评价	得分
学习态度	1. 严肃认真的学习态度					
	2. 严谨、细致的工作作风					

个人学习总结

成功与收获	
改进与不足	
学习体会	

（二）车辆上常用继电器、接触器的结构认识、具体应用、运行、安装、调试、拆卸与维护学习评价

思考练习题

1. 简述接触器的组成，并说明接触器一般用在什么电路中。

2. 接触器的触头和线圈一般都在同一电路中吗？

3. 简述继电器的组成，画出其原理方框图，并说明继电器与接触器相比较有哪些特点。

4. 简述电磁式过电流继电器的工作原理，并简单介绍其在轨道交通车辆上的应用。

自我评价、小组互评及教师评价

评价方面	项目评价内容	分值	自我评价	小组评价	教师评价	得分
实操技能	1. 防汛报警器：K是接触开关，B是一个漏斗形的竹片圆筒，里面有个浮子A，水位上涨超过警戒线时，浮子A上升，使控制电路接通，电磁铁吸下衔铁，于是报警器指示灯电路接通，灯亮报警	20				

续表

评价方面	项目评价内容	分值	自我评价	小组评价	教师评价	得分
实操技能	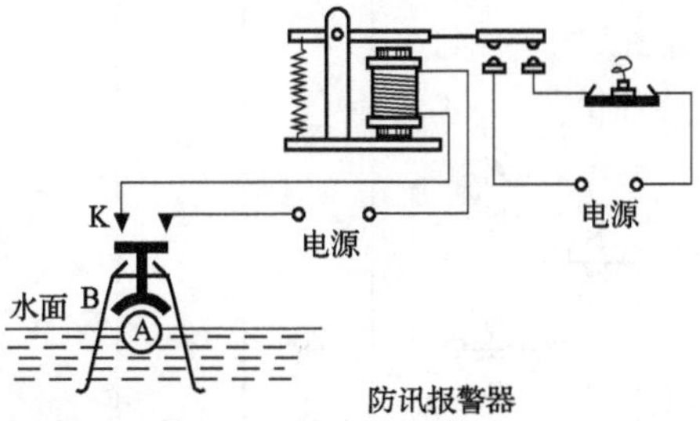 防讯报警器					
	2. 温度自动报警器：当温度升高到一定值时，水银温度计中水银面上升到金属丝处，水银是导体，因此将电磁铁电路接通，电磁铁吸引弹簧片，使电铃电路闭合，电铃响报警，当温度下降后，水银面离开金属丝，电磁铁电路断开，弹簧片回到原状，电铃电路断开，电铃不再发声 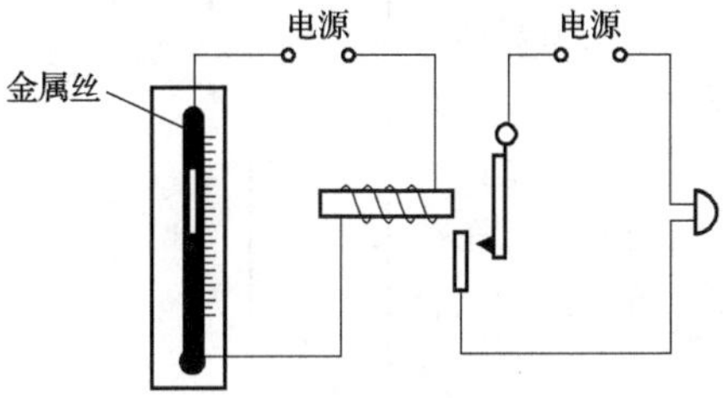 温度自动报警器	20				
	3. 如图是直流电铃的原理图。关于电铃工作时的说法不正确的是（　　）。 A. 电流通过电磁铁时，电磁铁有磁性且 A 端为 N 极 B. 电磁铁吸引衔铁，弹性片发生形变具有弹性势能 C. 小锤击打铃碗发出声音，是由于铃碗发生了振动 D. 小锤击打铃碗时，电磁铁仍具有磁性 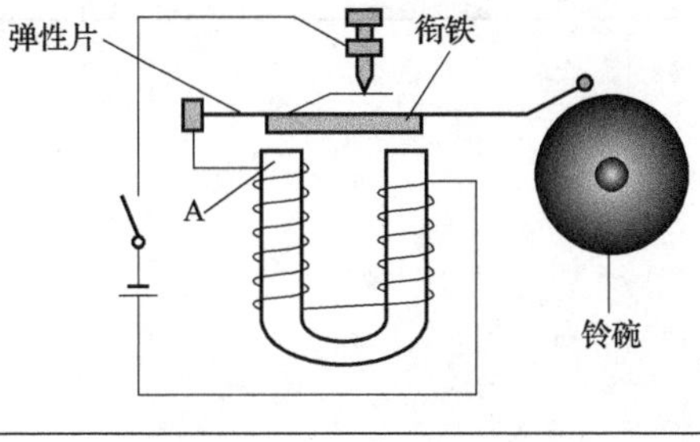	20				

续表

评价方面	项目评价内容	分值	自我评价	小组评价	教师评价	得分
实操技能	4. 如图是一种水位报警器的原理图，当水位到达金属块 A 时（一般的水能导电），电路中（ 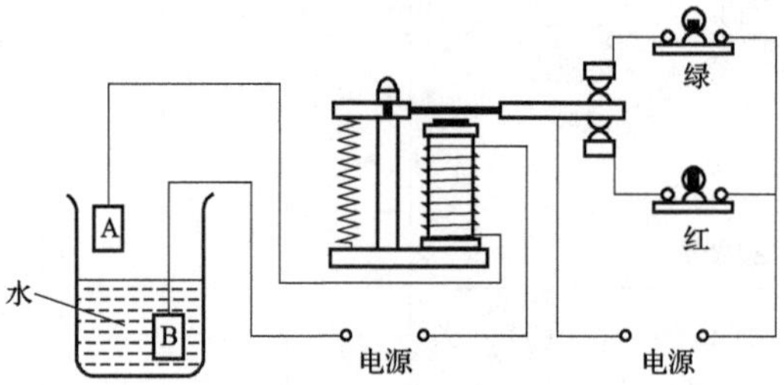　　）。 A. 绿灯亮　B. 红灯亮 C. 两灯同时亮　D. 两灯都不亮	20				
	5. 如图所示的是恒温箱的简易电路图，其工作原理是：接通工作电路后，电热丝加热，箱内温度升高，当箱内温度达到温度计金属丝 A 所指的温度时，控制电路接通，电磁铁有磁性，衔铁被吸下，工作电路________，电热丝停止加热；当箱内温度低于金属丝 A 所指的温度时，控制电路断开，衔铁被__________，工作电路再次工作，电热丝加热，从而保持恒温箱内温度恒定 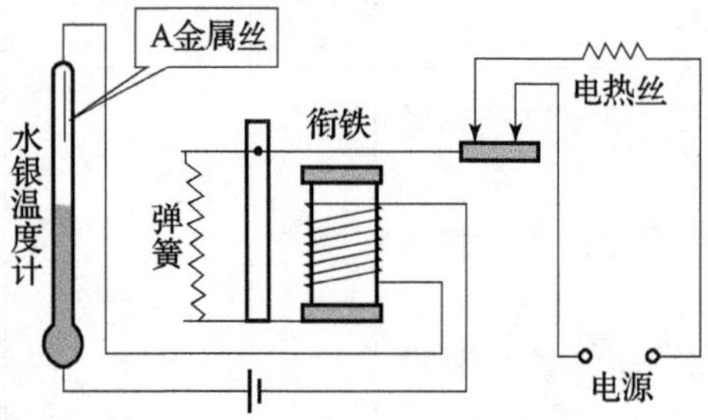	20				
学习态度	1. 严肃认真的学习态度					
	2. 严谨、细致的工作作风					

个人学习总结

成功与收获	
改进与不足	
学习体会	

（三）受电弓、集电靴与车辆常用其他电器的结构认识及使用与维护学习评价

思考练习题

1. 受流器的作用是什么？它有哪些种类？
2. 轻轨与地铁车辆的受流方式有哪几种？各有何特点？
3. 受电弓有哪些种类？城市轨道交通车辆中常用的是哪一种？
4. 根据受流位置的不同，集电靴可分为哪几种受流形式？我国地铁主要采用哪种形式？

自我评价、小组互评及教师评价

评价方面	项目评价内容	分值	自我评价	小组评价	教师评价	得分
实操技能	1. 对照受电弓实物讲述其结构组成及工作原理	20				
	2. 实物操作单臂受电弓的升、降过程，体会受电弓先快后慢的动作特点	20				
	3. 仔细观察受电弓滑板的材料、形状，分析滑板性能是否影响受流质量	20				
	4. 对实验室的受电弓进行保养，弄清保养的内容、方法与步骤	20				
	5. 对照实物对受电弓的主要参数进行调试，明确检修内容、方法和步骤	20				
学习态度	1. 严肃认真的学习态度					
	2. 严谨、细致的工作作风					

个人学习总结

成功与收获	
改进与不足	
学习体会	

（四）速度传感器、温度传感器、互感器在轨道客车上进行的客车运行速度和客车室内的温度检测和反馈，及其安装、拆卸调试学习评价

思考练习题

1. 试述电流互感器的测量与转换作用。
2. 试述电压互感器的测量与转换作用。
3. 试述温度传感器的测量原理及其在轨道客车上的具体应用。
4. 试述速度传感器的测量原理及其在轨道客车上的具体应用。

自我评价、小组互评及教师评价

评价方面	项目评价内容	分值	自我评价	小组评价	教师评价	得分
实操技能	1. 各小组同学集思广益列举出哪些地方、场所应用传感器与互感器，并说明其具体作用	25				
	2. 列表对比电流互感器、电压互感器与变压器的异同点，并说明其使用注意事项	25				
	3. 说明传感器在地铁、轻轨客车上有哪些应用	25				
	4. 上网或查阅书籍，总结一下温度传感器在我们日常生活中的应用	25				
学习态度	1. 严肃认真的学习态度					
	2. 严谨、细致的工作作风					

个人学习总结

成功与收获	
改进与不足	
学习体会	

（五）其他电器简介

思考练习题

1. 试述自动开关是由哪儿部分组成的？过流保护的方式有几种？具有哪些保护职能？

2. 简述主断路器隔离开关的作用。

3. 简述主断路器延时阀的作用。

4. 司机控制器的作用是什么？是由几部分组成的？各有何作用？

5. 为了防止误操作，司机控制器中的主控制手柄与方向手柄之间的机械联锁关系是怎样的？

6. 司机控制器与司机钥匙之间的联锁有哪些要求？

7. 客车运行的速度和方向是由司机控制器的哪个元件进行控制的？司机如何控制客车转速和运行方向？

自我评价、小组互评及教师评价

评价方面	项目评价内容	分值	自我评价	小组评价	教师评价	得分
实操技能	1. 各小组同学通过上网或查阅书籍等途径总结主断路器的使用与维护的注意事项	10				
	2. 各小组同学通过上网或查阅书籍等途径总结真空断路器的使用与维护的注意事项	10				
	3. 画出热继电器的工作原理图，说出其工作过程，简单总结热继电器的应用	20				
	4. 查阅电饭煲的电气原理图，简单阐述其保温原理	10				
	5. 对照司机控制台，绘制其组成卡片，标明司机控制器的安装位置，并简述其操作过程	20				

续表

评价方面	项目评价内容	分值	自我评价	小组评价	教师评价	得分
实操技能	6. 用张贴卡片的形式对绘制的司机控制台卡片作出评价，选出最佳，推荐给全班，以激发学习积极性	10				
	7. 司机控制器上都有哪些联锁机构？各有何作用？举例说明	20				
学习态度	1. 严肃认真的学习态度					
	2. 严谨、细致的工作作风					

个人学习总结

成功与收获	
改进与不足	
学习体会	

项目三

城市轨道交通车辆牵引传动系统

- 任务一　电力牵引系统概述
- 任务二　交流牵引传动系统
- 任务三　直流牵引传动系统与直线电动机的应用

【项目情境创设】

电能是现代最主要的能源，电动机是与电能的生产、传输和使用密切相关的能量转换机械，不仅是工业、农业和交通运输业的重要设备，而且在日常生活中的应用也越来越广泛。就像人的心脏和神经系统对人体的作用一样，城市轨道交通车辆的电气系统直接影响着车辆运行的可靠性、舒适性、安全性和经济性，而牵引电动机是城市轨道交通车辆电气系统的重要组成部分，它的工作性能直接影响着机车车辆本身的牵引性能，它的质量状态直接影响着机车车辆能否正常良好地工作。了解城市轨道交通车辆牵引系统及牵引电动机特性是本项目的主要学习内容。

【项目学习目标】

学习目标		学习方式	学时
技能目标	1. 了解牵引系统的基本组成、供电制式及供电方式； 2. 了解直流牵引系统的组成、牵引特性及主要应用； 3. 了解交流牵引系统的组成、牵引特性及主要应用	讲授、演示、学生自学	16
知识目标	1. 直流电动机结构、组成及工作原理； 2. 交流电动机结构、组成及工作原理； 3. 直线电动机结构、组成及工作原理	讲授	2

【项目基本功】

一、项目基本技能

任务一　电力牵引系统概述

（一）电力牵引系统的基本概念

1. 电力牵引系统

在交通运输工具中采用电动机驱动的电气传动部分，称为电力牵引系统。用于干线铁路机车车辆与城轨动车车辆的电动机，通常称为牵引电动机。它包括驱使机车或动车行驶的牵引电动机及供给牵引电动机电能的主发电机和其他辅助用电设备。

电力牵引系统以电动机为控制对象，通过开环或闭环控制系统对牵引电动机的牵引力和速度进行控制，从而实现对各类交通运输工具的运行控制。

任何运载工具的基本要求都是速度、安全和舒适。电力牵引控制系统的基本功能就是将人们对于运行的要求转化为对牵引电动机的控制参数，使牵引电动机按照人们所期望的运行方式运转工作。

2. 牵引动力的配置

牵引动力的配置包括动力集中方式和动力分散方式，如图 3－1 和图 3－2 所示。

图 3－1　动力集中方式

图 3－2　动力分散方式

动力集中方式就是牵引动力装置都集中配置在一节被称为机车的车辆上。

动力分散方式是将牵引动力装置分散到多个称为动车的车辆上，并与其他无动力的车辆（称为拖车）组成一个单元。

3. 牵引控制的要素

城市轨道交通以其安全、舒适、快捷、准时、运量大、占地少、无污染等特点备受城市管理者和市民的青睐，轨道交通电力牵引系统以速度、安全、舒适作为主要的控制目标，来满足轨道交通车辆的性能要求。

速度是轨道交通运输工具永恒的研究主题。城市轨道交通车辆作为一种便捷的交通工具，最根本的任务是承载旅客完成由甲地到乙地的运输任务。车辆运行的速度及其控制是城市轨道交通车辆完成运输任务的关键。城市轨道交通车辆的运行速度受多方面因素约束，如列车运行图、区间及车站信号、线路状况、列车上各功能设备的状态、乘客舒适度、行车安全性等，因此，对城市轨道交通车辆控制就是根据这些约束条件进行综合处理并形成最终的结果，即列车应该以何种方式或何种速度运行，并将这个决策贯彻于列车控制系统的每一个控制单元。目前我国列车运行速度及应用如表 3－1 所示。

表 3－1　我国列车运行速度及应用

车型	运行速度	应用
普通列车	$v \leq 120$ km/h	普通旅客列车、货运列车以及城市地铁和轻轨列车
中速列车	$v = 120 \sim 160$ km/h	我国干线铁路上的旅客快车就在这个等级之内
快速列车	$v = 160 \sim 200$ km/h	提速列车，如上海—北京的直达快车
高速列车	$v = 200 \sim 400$ km/h	日本的新干线，我国的秦沈客运专线、武广高速、京津高速、京沪高速等都属于高速列车
特高速列车	$v \geq 400$ km	上海浦东线的磁浮列车、沪杭试验列车

安全是轨道交通运输工具的最重要课题。城市轨道交通大部分与地面隔离，其特定的路权方式使系统安全可靠。此外，因为城市轨道交通具有运量大的特点，人们在设计、建设、管理以及资金的投入方面，对其安全特别重视。

舒适是乘客选择轨道交通列车的最主要原因。城市轨道交通有良好的环控体系和候车环境，乘客舒适性较好。

4. 牵引基础

绝大多数城市轨道交通车辆属于轮轨式，即运行工况依赖于车轮和钢轨的相互作用力。在城市轨道交通车辆中，牵引动力由牵引电动机通过传动机构传递给动车的动力轮对（动轮），由车轮和钢轨的相互作用产生使车辆运行的反作用力，即轨道交通工具都是依赖车轮和钢轨之间相互作用从而使车辆运行的。因此，车轮和钢轨之间相互作用的理论是轨道交通牵引的基本理论，也是区别于其他种类运输方式的基本特点。

牵引基础的主要内容是动车的牵引特性、调速和制动原理、牵引运用的特点、动车牵引的运动规律、牵引计算及所有对牵引特性有影响的应用技术。根据物理学中摩擦的概念，轮轨之间的切向作用力就是摩擦力。最大静摩擦力是钢轨对车轮的反作用力的法向分力与静摩擦因数的乘积。但实际上，车轮和钢轨间切向作用力的最大值比物理学上的最大静摩擦力要小一些，情况也更复杂。在分析车辆轮轨相互作用时，引入两个重要的概念："黏着"和"蠕滑"。

（1）黏着。

由于正压力（垂直载荷）而保持动轮与钢轨接触处相对静止的现象在轨道牵引制动理论中称为"黏着"。相应地，在黏着状态下轮轨间纵向水平作用力的最大值就称为黏着力。为了描述由黏着产生牵引力的这个现象，我们定义了一个参量，黏着力与轮轨间垂直载荷之比称为黏着系数，用以表示在一定的轴重下，动轮对所能获得轮周牵引力的大小。黏着系数用μ表示，即

$$\mu = F_i / P \tag{3-1}$$

式中：P——轮对的轴重；

F_i——由黏着产生的牵引力（由轮轨关系产生的蠕滑力）。

黏着系数μ并不是轮轨间传力关系的表述，只是客观上轮轨间所能传递的牵引力大小的表征，任何引起牵引力变化的现象都可以表示为黏着系数μ的变化，所以黏着系数μ是电力牵引控制系统的一个重要参量。

轮轨之间的黏着与静力学中的静摩擦的物理性质十分相似，但比物理上的"最大静摩擦力"要小得多。

如果牵引电动机的牵引切向力等于黏着力，轮轨之间没有相对滑动，动轮对做纯滚动运动。当轮轨间一旦出现牵引切向力大于黏着力的情况，轮轨间就会出现相对滑动，黏着状态被破坏。动轮和钢轨之间的相对运动由纯滚动变为既有滚动又有滑动。这种因牵引电动机的牵引切向力过大，而使轮轨接触点发生相对滑动的现象称为"空转"。空转会造成动轮踏面和轨面的剧烈磨耗。如果在列车起动时发生动车动轮"空转"，列车没能起动而驾驶员又没有及时采取措施减少动轮受到的力矩，甚至可以发生把钢轨的轨头磨掉，动轮陷入钢轨凹下的深坑内的严重事故，如图3-3所示。因此，牵引运行应尽量防止出现动轮的空转。

图3-3 空转后果

黏着与电牵引系统之间的关系：电牵引系统的根本目的是通过牵引电动机产生使列车前进的动力——牵引力，而牵引力的产生则取决于轮轨间的接触传力机制；电牵引系统与提高车辆的黏着系数μ_{max}无关，但与实际应用中的平均黏着系数μ_p有关。电牵引系统通过控制手段可以提高应用黏着系数，提高列车的平均牵引力。

黏着控制：使动轮对在各种不同的条件下都能充分发挥其应有的牵引力，即充分利用黏着，能在工作点失去之后尽可能快地重新确定新的稳定运行工作点。

（2）蠕滑。

在动轮正压力的作用下，轮轨接触处产生弹性变形，形成椭圆形的接触面。从微观上看，两接触面是粗糙不平的。由于切向力的作用，动轮在钢轨上滚动时，车轮和钢轨的粗糙接触面产生新弹性变形，接触面间出现微量滑动，即“蠕滑”。蠕滑是滚动体的正常滑动。动轮在滚动过程中必然会产生蠕滑现象。伴随着蠕滑产生静摩擦力，轮轨之间才能传递切向力。由于蠕滑的存在，牵引时动轮的滚动圆周速度将比其前进速度高。这两种速度的差称为蠕滑速度。蠕滑现象如图3－4所示，图中阴影部分为滚动区。

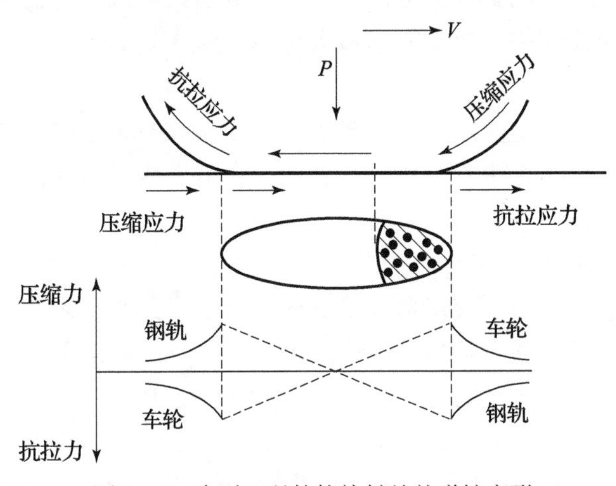

图3－4　牵引工况轮轨接触处的弹性变形

轮轨之间不是纯滚动运动关系，而是带有微量滑动的滚动。而正是这种微量滑动，才使得轮轨之间产生摩擦传力（产生牵引力）。在一定的轮轨条件下，轮轨间允许传递的力有一个最大值。如果驱动力超过这个最大值，就将使轮轨的微量滑动成为宏观上的滑动，从而从根本上取消产生传力的基础。因此在任何时刻，各种运行条件下，维持轮轨间的微量滑动是保持机车牵引力的重要基础。

5. 牵引特性

牵引力和制动力的形成。

牵引力是使列车产生前进运动的外力，其方向与运动方向相同；制动力是阻碍列车运动的外力，其方向与运动方向相反；阻力是列车运动中外界环境对车轮或车辆产生的阻碍其运动的力，其方向与运动方向相反。

机车运行中牵引力随机车速度变化的规律，即$F=f(v)$称为机车牵引特性 。牵引特性曲线如图3－5所示。用牵引特性计算列车的牵引、制动功率；牵引特性是计算列车

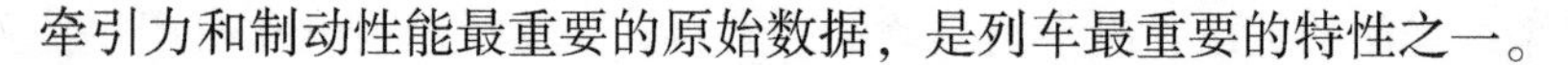

牵引力和制动性能最重要的原始数据，是列车最重要的特性之一。

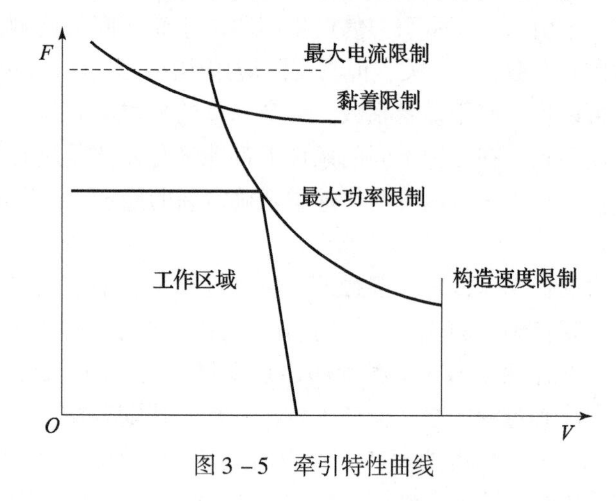

图 3－5　牵引特性曲线

牵引工作区域的限制：最大电流限制——电动机的最大电流；黏着限制——可用黏着系数；最大功率限制——电动机的最大功率；构造速度限制——机车的最高速度 。

6. 电力牵引系统结构

牵引系统的功能——实现能量的转换，即实现电能到机械能的转换。如图 3－6 所示，电力牵引系统是由牵引变电所、接触网、牵引变压器、变流器、牵引电动机、控制保护屏等部分组成的。

7. 电力牵引系统的供电制式

轨道交通车辆有直流和交流两种供电制式。干线铁路采用 25 kV 单相、工频交流电供电；因地铁和轻轨交通运输的速度要求不高，所以，常采用直流供电。直流供电的电压制式较多，其发展趋向是 IEC 标准中的 DC 600 V、DC 750 V、DC 1 500 V 三种，我国国家标准《地铁直流供电系统》中规定采用 DC 750 V（波动范围 500～900 V）和 DC 1 500 V（波动范围 1 000～1 800 V）两种。直流 1 500 V 或 750 V 用于地铁和轻轨列车供电；直流 600 V，用于城市电车供电。长春轻轨采用 750 V 的直流供电制式。

8. 电力牵引系统的供电方式

我国电力牵引系统有接触网供电和接触轨（第三轨）供电两种方式。电动列车的受流方式依据供电方式的不同分为接触网受流和第三轨受流。接触网供电是通过沿轨道线路上空架设的特殊输电线向行走在线路上的电动列车不间断地供应电能。电动列车利用顶部的受电弓与接触网滑动摩擦而获得电能。接触轨供电是指在列车行走的两条路轨以外，再加上带电的钢轨（一般使用钢铝复合轨）。带电钢轨设于两轨之间或其中一轨的外侧。列车受流器（集电装置也叫集电靴或取流靴）在带电轨上接触滑行取得电能。通常城市轨道交通车辆在电网电压 1 500 V 时多采用架空接触网形式，由安装在车辆顶部的受电弓将接触网的电能引入底架下部高压箱中。当电网电压为 750 V 及以下时，较多由第三轨受电。例如，北京地铁、天津轻轨采用 DC 750 V 电压，第三轨供电方式；如上海、广州地铁大部分线路采用 DC 1 500 V 电压，高架接触网供电方式。两种供电方式分别如图 3－7 和图 3－8 所示。

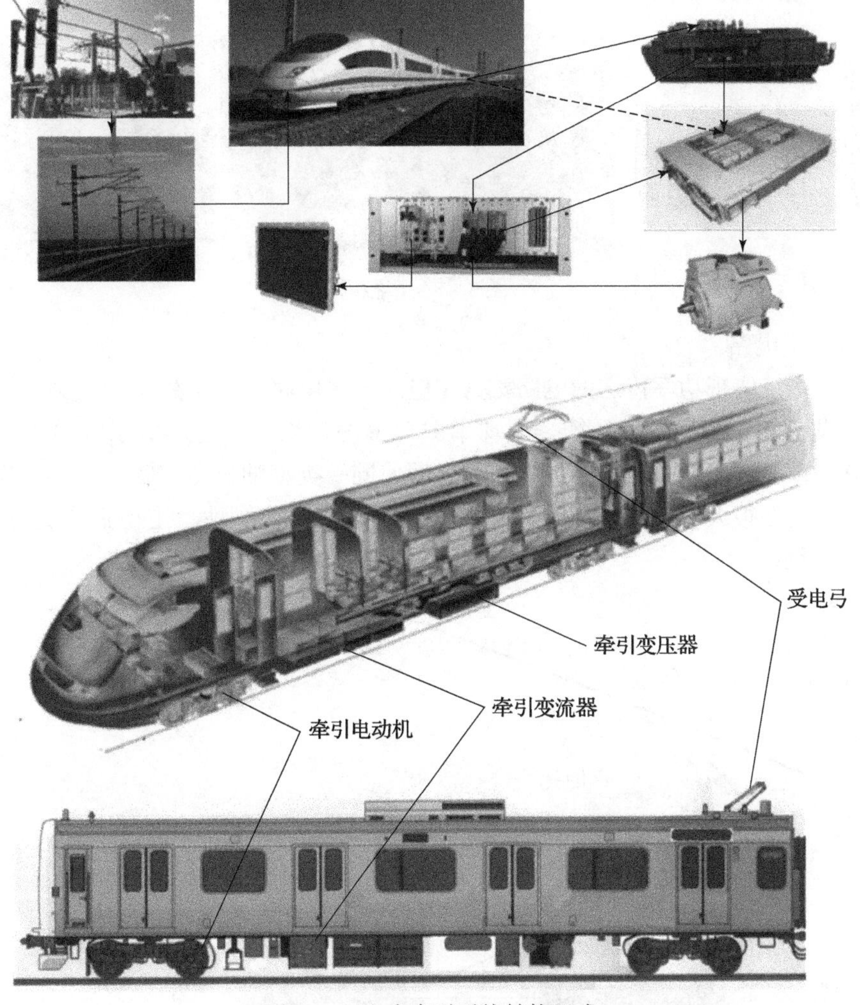

图 3-6　电力牵引系统结构组成

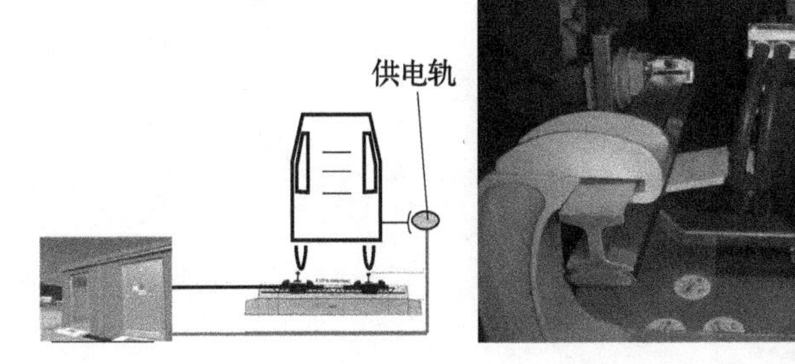

图 3-7　第三轨供电

9. 牵引电路

列车上的各种电气设备，通过电气线路互相连接起来，构成一个整体，实现列车的各项功能。列车电路的设计对于列车牵引、控制等各方面的性能有很大的影响，是列车电气系统中一个非常重要的组成部分。

牵引电路包括：主电路、辅助电路和控制电路（励磁电路）三部分。

图 3－8　接触网供电

（1）主电路。

牵引系统实现功率传送的电路称为主电路。主电路将产生列车牵引力和制动力的各种电气设备连成一个电气系统，实现牵引功率的传输。它是牵引系统最重要的组成部分。它的结构决定牵引系统的类型，而且即使同一类型的机车或动车，如主电路的结构不同，也会在很大程度上决定该型机车或动车的基本特性。主电路的组成示意图如图 3－9 所示。

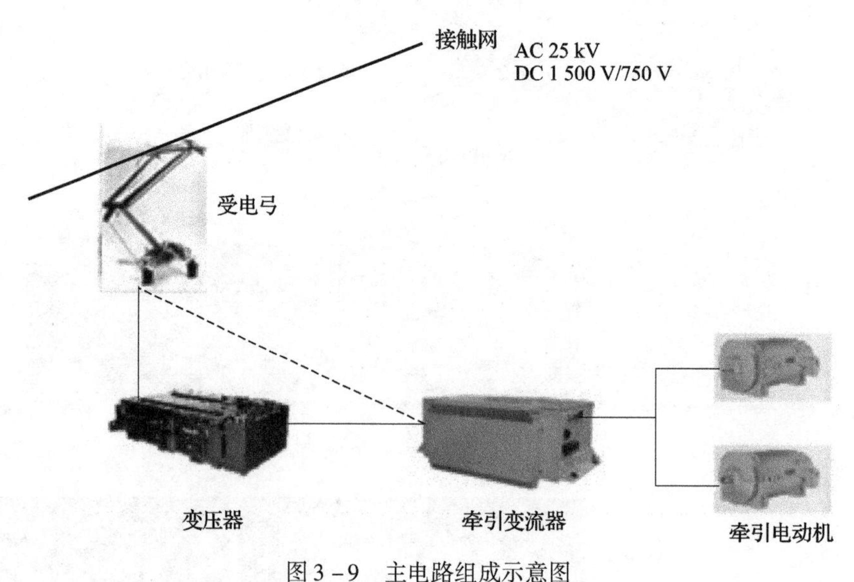

图 3－9　主电路组成示意图

主电路有以下三种供电结构形式：

①车控方式（集中供电）。

车控方式下机车或动车的所有牵引电动机并联起来由一个电源（整流器或逆变器）供电。

②架控方式（混合供电）。

架控方式是一个转向架上的 2 台或 3 台牵引电动机并联后由一个整流器或逆变器供电。

③轴控方式（独立供电）。

轴控方式则是每一个牵引电动机均由一个独立的整流器或逆变器供电。

（2）辅助电路。

辅助电路将牵引系统中的各种辅助电气设备和辅助电源连成一个电气系统，成为保证牵引系统正常运转不可缺少的电气装置。主要包括空气压缩机装置、列车照明装置、空调装置和辅助逆变器等辅助电源装置。

辅助电路还可以包括旅客信息系统的供电、通信设备、自动门以及用来改善乘务人员和旅客工作和生活条件的设备。

（3）控制电路。

控制电路将主电路和辅助电路中各电气设备的控制装置、信号装置和控制电源连成一个电气系统，实现对列车的操纵和控制。控制电路普遍采用的是间接控制，司机通过司机控制器操纵各种低电压的控制电器，再通过这些电器的动作去改变主电路或辅助电路的工作状态，实现对机车运行的控制。主要包括：控制逻辑电路、信息（命令和状态）传送电路、信息显示（仪表）电路。

控制逻辑电路：控制逻辑电路由继电器、接触器、电子器件、逻辑控制单元等组成。通过顺序逻辑控制、控制联锁和互锁等电路实现“与”“或”等逻辑控制，从而确保正确形成牵引、制动等运行工况。

信息传送电路：信息传送电路采用 DC 110 V 电平控制，传送控制命令即牵引、制动指令以及各个电气设备的工作状态。信息传送电路有三种传送方式：直通线方式、串行通信方式、计算机网络通信方式。直通线方式是以 DC 110V 电平为信号电平来传送信息，信号传送简单、直接、快速，单信号传送可靠性较好。这种传送方式需要大量的直通线来传送各种命令和设备状态，随着直通线数量的增加，其可靠性随之大幅度下降。采用 PWM 调制的方法可在一根直通线上传送多个信息，从而部分解决了信号量的问题，但需要增加调制解调器。串行通信方式彻底解决了通信量的问题。几根（2 根或 4 根）串行通信线就可以传送所有的信息，可靠性也有较大的提高。常用的串行通信方式有 RS－232 和 RS－485 两种串行通信总线。串行通信方式的主要问题在于没有保证通信数据完整无缺的机制，即串行通信缺少数据安全的保障机制。计算机网络通信方式传输速度高、可靠性强、数据传输安全性好、传输距离长。列车上比较普遍应用的网络有 TCN（IEC61375－1）、WORLDFIP（EN50170－3）和 LONGWORKS（IEEE1473）。现场总线实际上是一种计算机网络通信的低级形式。三种方式可以在同一列车或机车上同时运用。传送的方式应该根据控制电路设计的需要而采用不同的方式。

信息显示电路：信息显示电路就是习惯上所谓的仪表电路。列车信息显示已经采用智能化的显示终端来补充和替代常规的仪表显示和显示电路，如图 3－10 所示。

10. 电力牵引系统类型

电力牵引系统分为两大类：一类是采用直流牵引电动机的牵引系统，我们称之为直流牵引系统；另一类是采用交流异步牵引电动机的牵引系统，我们称之为交流牵引系统。

直流牵引系统和交流牵引系统在使用的电子电气装置、控制的策略和方法以及实现的技术手段方面都有很大的不同，在系统的性能方面也有很大的差别。

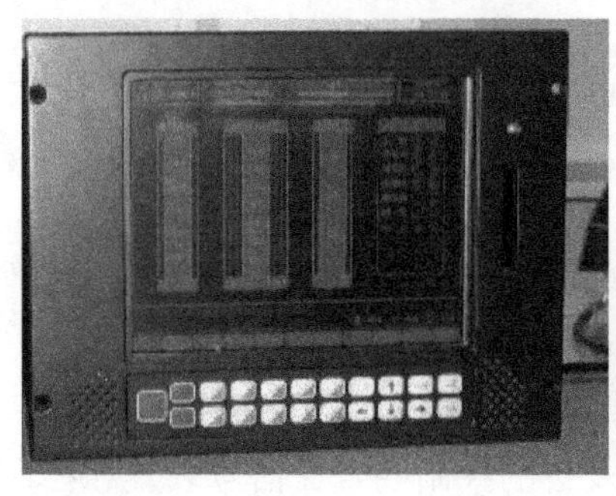

图 3－10 信息仪表显示电路

（1）直流牵引系统。

直流牵引系统——牵引电动机为直流牵引电动机。

①交流－直流方式。

电力机车上装有降压变压器和大功率整流设备，可将高压电源降压，再整流成适合直流牵引电机应用的低压直流电。电动机的调速调压可以通过改变降压变压器的抽头或可控整流装置实现。这种牵引供电制式也称为工频单相交流制，是当今世界各国干线电气化铁路应用较普遍的牵引供电制式。我国干线电气化铁路即采用这种制式，其供电电压为 25 kV。其原理如图 3－11 所示。

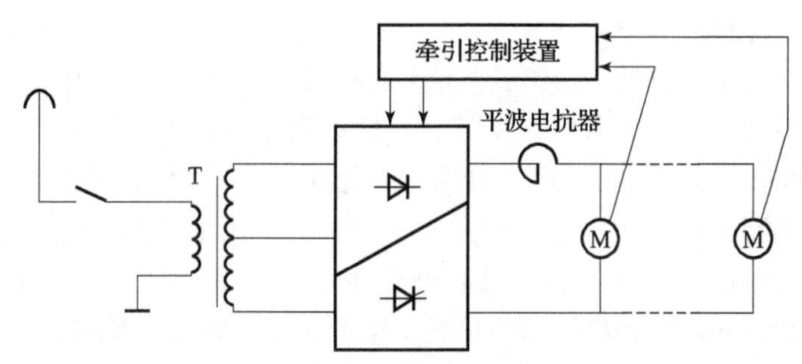

图 3－11 交流供电－整流－直流牵引电动机供电制式原理

②直流－直流方式。

动车由受电弓从接触网取得直流电，经断路器、启动电阻向直流牵引电动机供电，牵引电流经钢轨流回变电所。其原理如图 3－12 所示。北京地铁古城车辆段地铁动车主要是斩波调阻控制方式的直流－直流方式传动系统，如图 3－12（A）所示；太平湖车辆段地铁动车主要是凸轮（机械）调阻控制的直流－直流方式传动系统，如图 3－12（B）所示。

（2）交流牵引系统。

交流牵引系统——牵引电动机为交流牵引电动机。

①直流－交流方式。

交流异步电动机驱动的直－交型电动车组，由直流电网供电，由斩波器调压，通过逆变器完成三相交流电的变换，供给三相异步电动机；或者用逆变器一次完成调压调频的任务。其原理如图 3－13 所示。

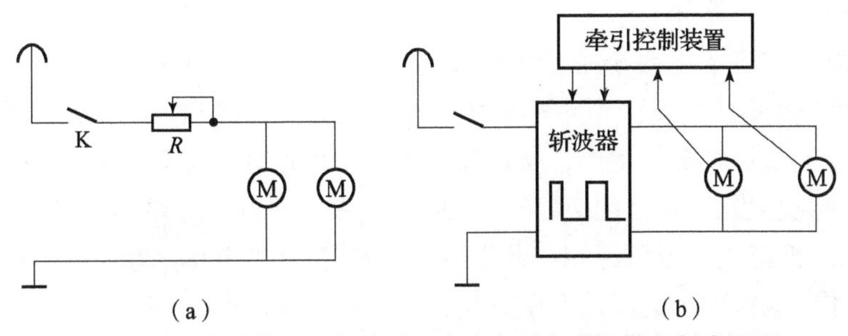

图 3－12　直流供电－斩波器－直流牵引电动机供电制式原理

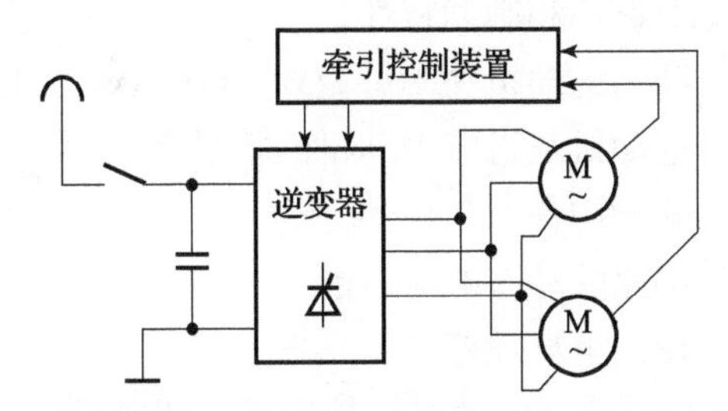

图 3－13　直流供电－逆变器－交流牵引电动机供电制式原理

电动车受电弓从接触网受流，通过高速断路器后，将高压直流电送入 VVVF 牵引逆变器。VVVF 牵引逆变器采用 PWM（脉宽调制模式），将高压直流电逆变成频率、电压可调的三相交流电供给交流三相异步电动机，对电动机进行调速，实现列车的牵引、制动功能。

②交流－直流－交流方式。

交流异步电动机驱动的交－直－交型电动车组，由交流电网供电，经过变压器变压、整流装置整流，将整流后的电流送入 VVVF 牵引逆变器，VVVF 牵引逆变器将直流电逆变成频率、电压可调的三相交流电供给交流三相异步电动机，对电动机进行调速，实现列车的牵引、制动功能。其原理如图 3－14 所示。

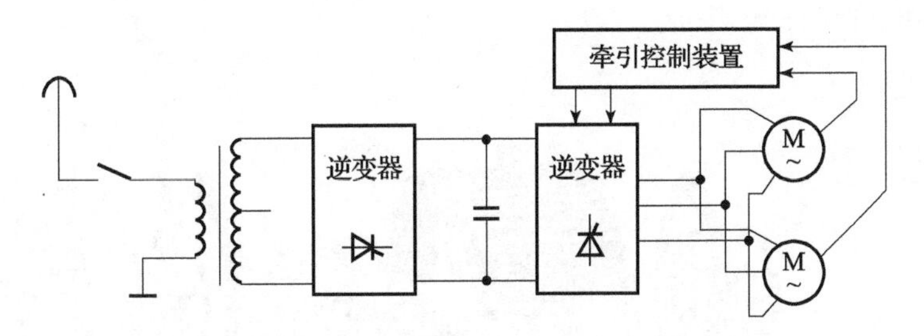

图 3－14　交流供电－整流－逆变器－交流牵引电动机

任务二　交流牵引传动系统概述

直流牵引电动机具有良好的牵引和制动性能，通过调节端电压和励磁，就可以很方便地调速。但是，直流牵引电动机的防空转性能较差，换向器与电刷结构存在换向困难、同等功率下电动机的体积和重量较大等一系列问题。随着功率晶闸管，特别是近年来全控型电力电子器件的迅速发展，可调压调频的逆变装置已经成功解决了交流电动机的调速问题。交流牵引系统是指采用由各种变流器供电的异步或同步电动机的牵引系统。20世纪80年代的整个十年中交流牵引系统迅速发展和成熟，90年代后欧洲各国相继停止了直流牵引系统的生产，交流牵引系统全面取代了直流牵引系统。我国对交流牵引系统的研究起步于20世纪70年代，90年代中期研制交流牵引系统的电力机车原型车AC4000，21世纪，我国已经相继开发生产了应用于“中华之星”等动车组的交流牵引系统和应用于地铁列车的交流牵引系统。

交流牵引系统的特点：

（1）具有优良的牵引特性和制动特性。

（2）装机功率大，牵引电动机功率可做到1 000 kW以上。

（3）重量轻，异步电动机与直流电动机的重量之比为1∶1.6。

（4）调速范围宽，一般均在160 Hz以上。

（5）具备稳定性和快速的动态响应性能。

（6）谐波小，效率高，可靠性好。

交流牵引系统中的交流异步电动机结构简单、成本低、工作可靠、寿命长、通用性好、维修和运行费用低、防空转性能好，所以是一种理想的牵引电动机，在城市轨道交通领域中正在迅速取代直流牵引电动机。目前城市轨道交通车辆普遍采用的是交流异步电动机，尤其是三相笼型异步电动机，这种电动机非常经济、耐用、可靠，在工业上最为常用，通用性好。异步电动机采用VVVF控制，即直流电通过逆变器变为三相交流电，用电压和频率的变化来控制异步电动机的转速，获得最佳的调速性能，并实现再生制动。

（一）交流电动机

1. 三相笼型异步电动机的结构

三相笼型异步电动机的结构组成如图3－15所示。主要由定子、转子、轴承、机壳、端盖和其他附件等构成。

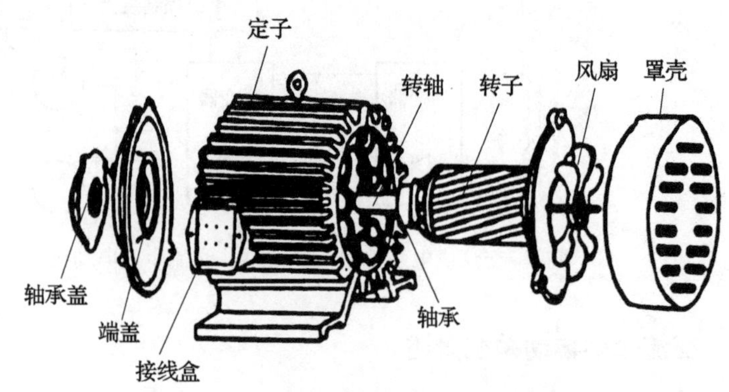

图3－15 三相笼型异步电动机的结构组成

定子（静止部分）：由定子铁芯、定子绕组和机座组成，其结构如图3－16所示。

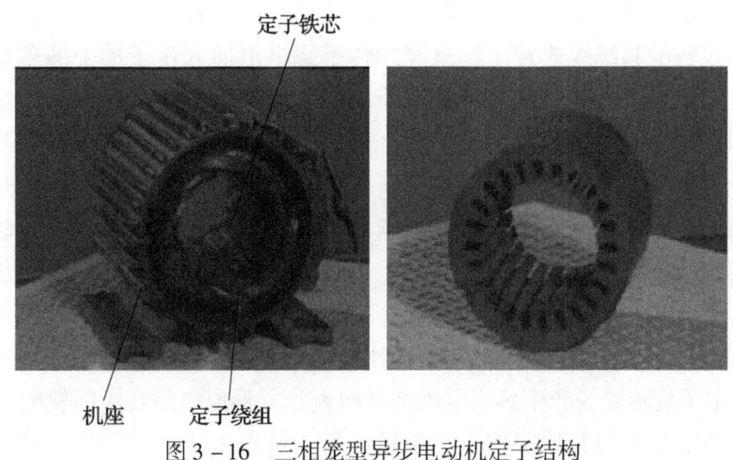

图 3－16　三相笼型异步电动机定子结构

定子铁芯一般由 0.35～0.5 mm 厚表面具有绝缘层的硅钢片冲制、叠压而成，其作用是作为电动机磁路的一部分，在铁芯的内圆冲有均匀分布的槽，用以嵌放定子绕组。定子绕组由三个在空间互隔 120°电角度、对称排列的结构完全相同的绕组连接而成，这些绕组的各个线圈按一定规律分别嵌放在定子各槽内。定子绕组的作用是作为电动机的电路部分，通入三相交流电，产生旋转磁场。机座通常为铸铁件，大型异步电动机机座一般用钢板焊成，微型电动机的机座采用铸铝件。其作用是固定定子铁芯与前后端盖以支撑转子，并起防护、散热等作用。

转子（旋转部分）：转子由转子铁芯和转子绕组两部分组成，其结构如图 3－17 所示。

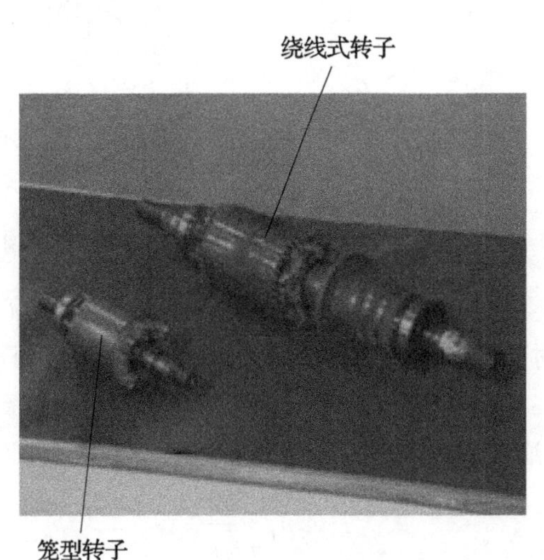

图 3－17　三相笼型异步电动机转子结构

三相异步电动机的转子铁芯所用材料与定子一样，由 0.5 mm 厚的硅钢片冲制、叠压而成，硅钢片外圆冲有均匀分布的孔，用来安置转子绕组。通常用定子铁芯冲落后的硅钢片内圆来冲制转子铁芯。一般小型异步电动机的转子铁芯直接压装在转轴上，大中型异步电动机（转子直径在 300～400 mm）的转子铁芯则借助于转子支架压在转轴上。

其作用是作为电动机磁路的一部分以及在铁芯槽内放置转子绕组。三相异步电动机的转子分为鼠笼式转子和绕线式转子。鼠笼式转子绕组由插入转子槽中的多根导条和两个环行的端环组成。若去掉转子铁芯，整个绕组的外形像一个鼠笼，故称笼型绕组。小型笼型电动机采用铸铝转子绕组，对于 100 kW 以上的电动机采用铜条和铜端环焊接而成。绕线式转子绕组与定子绕组相似，也是一个对称的三相绕组，一般接成星形，三个出线头接到转轴的三个集流环上，再通过电刷与外电路连接。其特点是结构较复杂，故绕线式电动机的应用不如鼠笼式电动机广泛。但通过集流环和电刷在转子绕组回路中串入附加电阻等元件，用以改善异步电动机的启、制动性能及调速性能，故在要求一定范围内进行平滑调速的设备，如吊车、电梯、空气压缩机等上面采用。三相异步电动机转子绕组的作用是切割定子旋转磁场产生感应电动势及电流，并形成电磁转矩而使电动机旋转。

三相异步电动机的其他附件主要包括：起支撑作用的端盖，连接转动部分与不动部分的轴承，保护轴承的轴承端盖和冷却电动机用的风扇。

2. 三相异步电动机的工作原理

（1）旋转磁场。

如图 3－18 所示。在三相异步电动机定子铁芯槽中布置结构完全相同、在空间各相差 120°电角度的三相定子绕组 AX（U 相）、BY（V 相）、CZ（W 相），三相绕组接成星形联结，向定子三相绕组中通入三相电流 i_A（i_U）、i_B（i_V）、i_C（i_W），各相电流将在定子绕组中分别产生相应的磁场，由于三相交流电各相相位互差 120°，因此在定子、转子与空气隙中产生一个沿定子内圆旋转的磁场，该磁场称为旋转磁场。

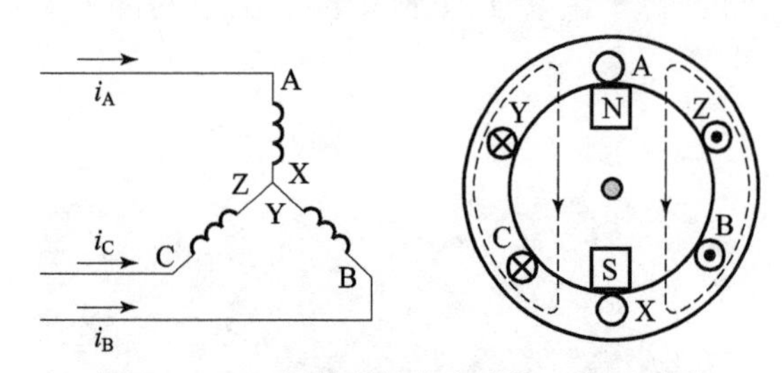

图 3－18　三相笼型异步电动机工作原理图

旋转磁场的方向与三相电流的相序一致。如果三相电流的相序为正序（U→V→W），则旋转磁场顺时针旋转。只要任意调换电动机两相绕组所接交流电源的相序，旋转磁场即反转。

旋转磁场的旋转速度 n_1：

$$n_1 = \frac{60f_1}{p} \tag{3-2}$$

式中：f_1——交流电的频率（Hz）；

p——电动机磁极对数；

n_1——旋转磁场的转速，又称同步转速（r/min）。

（2）转子旋转原理。

如图 3－19 所示，为三相笼型异步电动机定子与转子剖面图。转子上的 6 个小圆圈表示自成闭合回路的转子导体。当向三相定子绕组中通入对称的三相交流电时，就产生了一个以同步转速 n_0 沿定子和转子内圆空间做顺时针方向旋转的旋转磁场。由于旋转磁场以 n_1 转速旋转，转子导体开始时是静止的，故转子导体将切割定子旋转磁场而产生感应电动势（感应电动势的方向用右手定则判定）。由于转子导体两端被短路环短接，在感应电动势的作用下，转子导体中将产生与感应电动势方向基本一致的感生电流。转子的载流导体在定子磁场中受到电磁力的作用（力的方向用左手定则判定）。电磁力对转子轴产生电磁转矩，驱动转子沿着旋转磁场方向以转速 n 旋转。

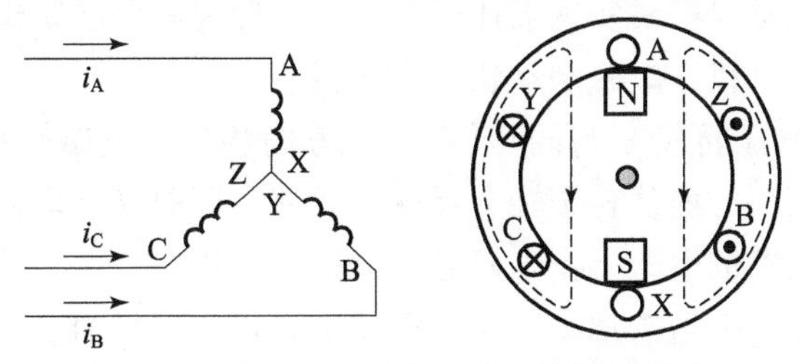

图 3-19　三相异步电动机旋转原理

通过上述分析可以总结出电动机工作原理为：当电动机的三相定子绕组（各相差120°电角度）通入三相对称交流电后，将产生一个旋转磁场，该旋转磁场切割转子绕组，从而在转子绕组中产生感应电流（转子绕组是闭合通路），载流的转子导体在定子旋转磁场作用下将产生电磁力，从而在电机转轴上形成电磁转矩，驱动电动机旋转，并且电机旋转方向与旋转磁场方向相同。因此要改变三相异步电动机的旋转方向只需改变旋转磁场的转向即可。

（3）转差率 s。

由异步电动机的旋转原理可知：只有当转子的转速与磁场的转速出现转速差，才会感应出转子电流，从而产生转矩。有转速差是异步电动机旋转的必要条件，异步的名称也由此而来。旋转磁场的同步转速 n_1 与电动机转子实际转速 n 之差与旋转磁场的同步转速 n_1 之比称为转差率：

$$s=\frac{n_1-n}{n_1} \tag{3-3}$$

转差率 s 是分析异步电动机运行情况的主要参数，它可以表示异步电动机的各种运行状态。

①三相异步电动机作为电动机运行。

在电动机刚启动时，转子转速 $n=0$，则 $s=1$，转子切割旋转磁场的相对速度最大，转子中的电势及电流也最大。电动机转速会逐渐上升，随着转子转速 n 上升，转差率 s 减小，转子切割旋转磁场的相对速度减小，转子中的电势及电流也减小。在额定状态下，异步电动机的转差率 s 很小，为 0.015～0.060。当 $n=n_1$ 时，则转差率 $s=0$，此时转子导体不切割旋转磁场，转子中就没有感应电势及感应，也不会产生电磁转矩。

可见，作为电动机运行时，转速 n 在 $0\sim n_1$ 的范围内变化，而转差率 s 则在 1～0 之间变化，即当 $0<s<1$ 时，电机处于电动机状态。

②三相异步电动机作为发电机运行。

当$s<0$时，转子转速n高于同步转速n_1，电磁转矩与转子转速方向相反，为制动转矩，电机从转子轴上吸取机械能，通过电磁感应由定子向逆变器及电网输出电功率，此时电动机处于发电机状态。

对于干线电动车、地铁动车，如果电动机在正常运转时，突然降低定子的供电频率，转子的机械惯性将使之维持在高于旋转磁场的转速上，这时转差率s为负值，进入发电机状态。电动机转轴上的机械能变成电能回馈给电网或消耗在电阻上。在动车下坡或高速运行需要制动时极易实现上述运行状态，称为再生制动或电阻制动。

③三相异步电动机在电磁制动状态下运行。

当$s>1$时，转子转速n与同步转速n_1方向相反，电磁转矩与转子转速方向相反，为制动转矩，电机一方面从转子轴上吸取机械能，同时又从电网吸收电功率，这两部分功率消耗在转子回路的电阻上，电机处于电磁制动状态。

对于干线电动车、地铁动车，如果电动机在正常运转时，突然改变定子的相序，即可获得这种状态，此时电动机将急剧趋于停转。而电源若不及时断开，则转子将继续加速至相反的方向旋转，电机处于电磁制动状态下运行。

（二）三相鼠笼式异步牵引电动机

1. 三相鼠笼式异步牵引电动机概述

直流牵引电动机具有良好的牵引和制动性能，通过调节端电压和励磁，就可以很方便地调速。但是，直流牵引电动机的防空转性能较差，换向器与电刷结构存在换向困难、同等功率下电动机的体积和重量较大等一系列问题。城市轨道交通车辆普遍采用的是交流异步牵引电动机，采用 VVVF 控制，即直流电通过逆变器变为三相交流电，用电压和频率的变化来控制异步电动机，获得最佳的调速性能，并实现再生制动。一般来说，采用三相鼠笼式异步牵引电动机具有以下优点：

（1）单位比功率大、体积小、重量轻。

（2）结构简单、牢固，维修工作量大大减少。

（3）有良好的牵引性能。合理地设计三相异步牵引电动机的调频、调压特性，可以实现大范围的平滑调速，充分满足动车的运行需要。同时其硬的机械特性，有自然防空转的性能，使黏着性能提高。另外，三相异步牵引电动机对瞬时过电压和过电流很不敏感，它在启动时能在更长的时间内发出大的启动力矩。

（4）在电动车上可以节省若干电器，并有利于实现自动控制。三相异步牵引电动机转向的改变以及从牵引到再生制动状态的转变，无须变换动车的主电路，而仅仅通过控制系统改变变频器任意两相可控硅元件的触发顺序即可使电动机反转。当动车进入再生状态时，对于三相异步牵引电动机，此时无须转换主电路，只是通过控制逆变器的频率，使电动机超同步状态运行即可实现再生，以上为无触点转换，省去了相关的开关电器等。

（5）采用直－交传动的电力动车，可以采用 VVVF 逆变器控制地铁车辆。它可以使电动机从电网所取的电流十分接近正弦波形，在广泛的负载范围内使动车的功率系数接近于1。在减小对于通信信号的谐波干扰和充分利用电网的传输功率方面有重要意义。

VVVF技术是指通过改变交流电动机定子绕组的供电频率，在改变频率的同时也改变电压，从而达到调节电动机转速的目的。目前的变频系统还采用微机控制技术，它可根据电动机负载的变化实现自动、平滑地增速或减速。VVVF逆变器控制轨道车辆有以下主要优点：

①采用异步电动机，VVVF无触点控制，维修作业显著减少。

②牵引系统小型化。

③再生率高达35%，节电效果显著。

④黏着性能提高，可充分利用黏着性能。

目前采用VVVF逆变器控制的变压变频调速系统由于其效率高、性能好，调速时同时调节电压和频率，电动机的机械特性基本平行移动，而转差率不变，成为当前交流调速系统的主要发展方向，我国的地铁和轻轨车辆基本上采用VVVF变压变频调速方式，如北京城轨13号线、武汉轻轨1号线、广州地铁2号线等。

2. VVVF逆变器对动车车辆的控制

在城市轨道交通电动车组中多是采用可调电源的异步电动机。无论采用什么控制方法，从转矩调节的物理过程来说，归根到底只有变频调节和变压调节两种，这两种方法可以各自单独使用，但对于牵引一类的场合，大都联合使用。

首先，如果异步电动机在单纯变压调节的情况下，其转矩－转速特性曲线的位置和形状不变，但随着电压的平方而缩小或放大。在调节过程中，改变端电压，直到给定的速度点上发出负载所要求的转矩。这种调节方式方法简单，但不适合于牵引应用。这是因为：第一，供电电压不允许超过电动机的额定电压，电动机的转速仅能在小于额定值的小范围内变化，当改变逆变电压时，随着电压的增减速度也随之增减，但由于同步转速不变，平衡点仅有稍许变化，而速度不会产生太大的变化；第二，由于转矩随速度的平方而减小，而转子电流随转速的一次方而减小，所以，电动机在相同的热负载下，输出的功率较小；第三，最大转矩随供电电压的平方而下降，所以在低速运行时，为确保电动机不过热，负载转矩随转速而减小，这不符合牵引电动机的特性要求。

其次，在牵引传动中，大都是采用变频变压联合调节方式，以满足大启动转矩和宽恒功率区的要求。在变频调节时，如果供电电压不变，减少频率将引起磁通增加，导致电动机磁饱和，从而使电流畸变，损耗增加，噪声加大，反之，增加频率将引起磁通减少，电动机发挥转矩的能力下降。所以，在额定转速下，一般按恒磁通要求进行调节；而在额定转速以上，异步电动机将在恒电压下工作，即保持电压为常数。

因此，为了控制速度必须改变电源的频率。同步速度与电源频率成正比变化，而转矩具有随电源频率增加而减少的趋势。所以，仅仅提高电源的频率，电动机也未必能够提高转速。

综上所述：异步电动机的速度控制要依靠电源电压U_1、电源频率f_1和转差频率f_2（转子电动势的频率，因与转差率s成正比，所以又称它为转差频率）这三个因素来进行。地铁、轻轨车辆牵引普遍采用调频调压控制，即所谓的VVVF控制。

（1）直－交变频调压的基本原理。

所谓直－交就是把直流供电经过逆变器变为交流电。逆变器是交流牵引系统中最重要的组成部分，是能量转换中的一个重要环节，逆变器不但实现直流到交流的变换，而且还需要实现牵引特性曲线上的牵引力（牵引电动机的转矩）要求。其外形结构如图 3－20 所示。

图 3－20 逆变器外形结构

根据中间直流环节电源性质的不同有两种类型的逆变器，即电压型逆变器和电流型逆变器。

牵引系统中目前均采用电压型逆变器。电压型牵引逆变器的基本电路如图 3－21 所示。

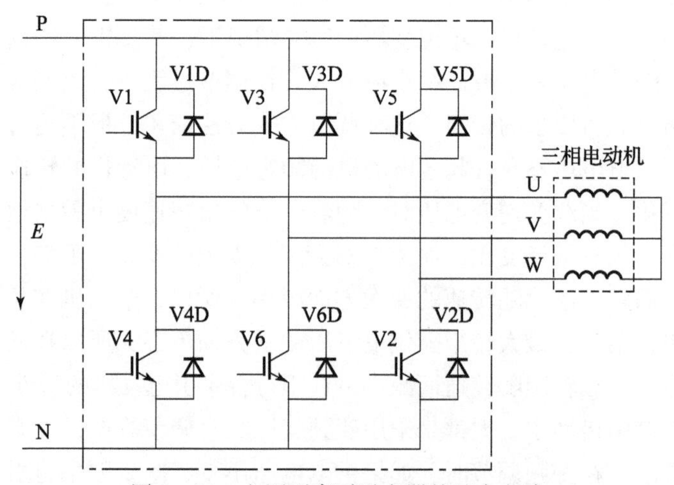

图 3－21 电压型牵引逆变器的基本电路

由 6 个开关组成了一个三相桥式电路。交替打开和关断这 6 个开关，就可以在输出端得到相位各相差 120°（电气角）的三相交流电源。该电源的频率由开关频率决定，而幅值则等于直流电源的幅值。

VVVF 控制的工作频率范围一般斩波调制是 0 ~ 100 Hz。当频率较低时，矩形波较长，在一段时间内相当于直流，这样会造成牵引电动机的磁路饱和，产生相当大的冲击电流，为了防止磁路饱和，在逆变过程中，将采用斩波调制的方法，将矩形波变成若干段矩形波，波形如图 3－22 所示。经过斩波调制即保证了逆变频率和电压，防止牵引电动机的磁路饱和产生冲击电流。

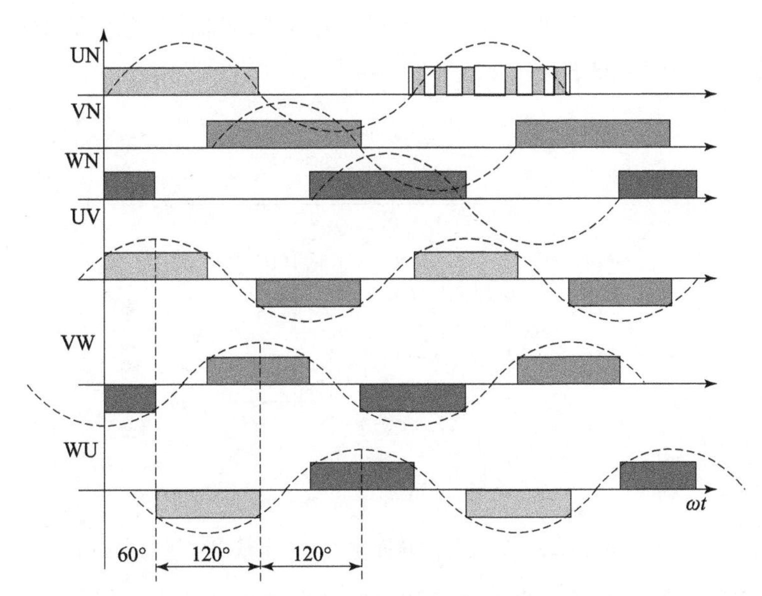

图 3－22　电压型逆变器的输出波形及斩波调制多段矩形波

（2）由 VVVF 逆变器控制异步牵引电动机。

三相异步牵引电动机需要施加三相交流电压，所以必须把从接触网或第三轨受取的直流变成交流。为了控制车辆用的异步电动机，必须改变三相交流电的电压和频率，即需要可变电压、可变频率的 VVVF 逆变器。

（3）用逆变器把直流变换成交流。

直流变换成交流，在原理上由三相逆变器的 IGBT 开关按照规定的顺序进行开、关操作，即可向异步电动机供给三相交流电。

（4）旋转方向的切换。

在 VVVF 逆变器中，改变半导体开关的触发顺序，即可改变相序，从而使异步电动机的旋转方向反向。

（5）牵引－再生制动的切换。

当异步电动机旋转时把转差率转变成负值，电动机将产生制动作用，而且通过 VVVF 逆变器将把制动电流变成直流而形成再生制动电流。

所谓把转差率转变成负值，就是要使逆变器的频率小于电动机的旋转频率。因此，只要单纯控制逆变器的频率即可实现牵引－再生制动的切换。

（6）交流电压的控制。

在 VVVF 逆变器中，需要改变输出电压和频率，控制开关（IGBT）的频率即可控制电源的频率，电压的控制则采取 PWM 控制方法。增减逆变器输出电压的手段是采用控制平均电压的方法。与斩波的情况类似，以适当地把开关（IGBT）接通和断开的方法，切除一定的电压，使电压改变，把此方法称为 PWM 控制。

PWM 控制是把一定幅值的电压进行斩波，增减其脉冲的宽度即可改变其平均电压。就是说，脉冲的宽度越小，其平均电压就越小；另外，改变输出线间电压半周内的脉冲数也可控制输出电压。应用这种 PWM 控制，适当选取脉冲的数量和宽度，即可得到近似的正弦波，如图 3－23 所示。

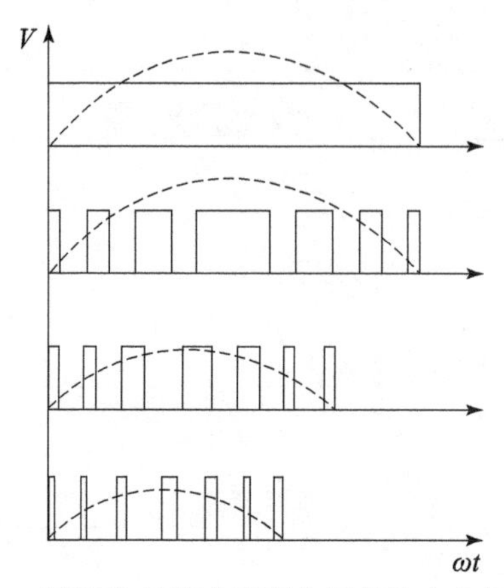

图 3－23 通过改变脉冲宽度来调节输出电压的大小

PWM 方法不仅实现了在改变频率的同时调整了电压，而且可以使逆变器输出电压的高次谐波分量大大减小，因此获得普遍的运用。这就是称为 VVVF 的逆变器。

（7）车辆的控制——VVVF 控制城轨车辆的速度。

从牵引应用的要求出发，列车要求在起动过程中有均匀的加速力和加速度，以实现平稳起动，也就是需要按恒转矩起动。在恒转矩起动过程中保持气隙磁通恒定是必要的，且一般可以使气隙磁通等于额定磁通，以获得定子电流恒定为额定电流。当列车达到额定速度进入稳定运行时，为了使牵引系统的设备容量和能力得到充分利用，则要求在任何速度点上都达到额定功率值，即按恒功率运行。异步电动特性可以分为三个区间：恒转矩、恒功率和恒电压，如图 3－24 所示。

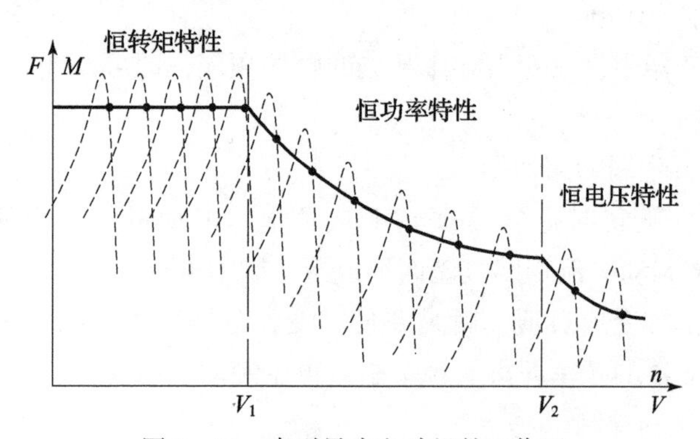

图 3－24 牵引异步电动机的工作区

在 VVVF 逆变器控制异步电动机的情况下，控制逆变器的输出电压和频率即可得到各种特性，即需控制三个因素：逆变电压（U_1）、逆变频率（f_1）和转差频率（f_2）。由 f_2 正负符号的切换即可进行牵引与再生制动的转换。即 $f_2>0$（$0<s<1$ 时，$f_2=sf_1>0$）时牵引；$f_2<0$（$s<0$）时再生制动。控制 U_1/f_1 或 f_1 即可得到电动机所需的牵引特性。

为了得到同直流串励电动机类似的牵引特性，地铁动车异步电动机的变频调速控制有以下几种方法：U_1/f_1 恒定控制、恒转差频率控制、恒功率控制和恒电压控制。

U_1/f_1 恒定控制：U/f 恒定控制可以在较大的速度范围内输出恒定转矩。车辆的速度与电源频率基本成正比，而车辆的速度与电动机的反电动势也是正比例关系，电源电压应当与车辆的速度即电源频率成正比，也就是保持 U_1/f_1 恒定。但是，逆变电路输出电压的最大值受电网电压的限制，采用这种控制方法得到的速度范围不是无限的。它相当于应用直流串励电动机的车辆用调节电阻来控制主电动机的端电压得到的速度范围。在低频时要适当加大电压，即增大 U/f 值以保持气隙磁通不变，进而保持恒定转矩输出。U_1/f_1 恒定控制较多的应用于简单的开环调速系统中。

恒转差频率控制：是逆变电路的输出电压达到最大值以后，仅仅改变逆变电路的输出频率的控制方法。

恒功率控制：恒转差频率控制时，随着速度的增加，转矩急剧下降，如果设计时转差频率对于最大值留有余地，则在速度增加的同时增加转差频率，可以防止转矩下降过多。即电源电压恒定、转差频率与电源频率成正比，输入电流基本恒定，称为恒功率控制。这种方式等效于直流串励电动机消弱磁场控制。

恒电压控制：U_1/f_1 恒定控制时，即使逆变电路输出电压为最大，如果输出电流、转差频率到最大转矩对应点还有余量，可以用恒转矩控制扩大速度范围。

以上的方法只是用于开环控制系统。如果采用闭环系统，则可使 E_1/f_1 为常数，这样在包括低频在内的整个频率范围内都可得到恒磁通运行。

目前，用于城市轨道交通车辆的闭环控制系统有转差－电流控制、矢量控制及直接转矩控制等。

3. 闭环控制系统控制方式

对于轨道交通牵引系统来说，最主要的是要求牵引系统在一个相当宽度的范围内，对每个速度都提供相应的合适的力矩值。牵引逆变器只有两个控制变量，即电压和频率。

逆变器控制可以划分成两大类，即直接力矩控制法和间接力矩控制法。间接力矩控制法中主要包括滑差控制和磁场定向控制。

（1）转差控制（滑差频率－电流控制）。

在稳态条件下建立定子电流幅值、转差频率与电动机转速、转矩的数学关系，由此推算出各种运行条件下的转差频率，再由转差频率和电动机转速计算出定子频率，根据电压与频率的线性关系得到电动机端电压。由转速、转矩计算出的定子电流给定值与实际反馈值形成电流闭环控制，补偿电动机端电压。

（2）矢量控制（磁场定向控制）。

磁场定向控制，也称矢量控制。这种方法是采用坐标变换的方法，把电动机的三相电流、电压、磁链变换到以转子磁场定向的 M、T 二相坐标系中。这个二相坐标系的 M 轴（磁化轴）沿着转子磁链方向；而与 M 轴垂直的 T 轴则与转子电流的方向重合。三相电流经变换后，它的 M 轴分量就是产生转子磁通的磁化电流；而它的 T 轴分量与 I_2 成正比，代表了电动机的转矩。由于在 $M-T$ 坐标系中两者没有耦合关系，因此电动机的转矩控制可以通过分别对定子电流的这两个分量独立控制来实现，这种情况与直流电动机的调速控制完全相似，其向量图如图 3－25 所示。矢量控制的优点是在保持磁通一定的情况下，控制转矩电流分量，即使转矩目标值急剧变化时也不至于产生显著的振荡和超调，从而实现快速动态响应控制，调速范围宽，使电动机转矩迅速变化到目标值，从而大大提高对空转和滑行控制的效率。其缺点是向量变换、计算均比较复杂。

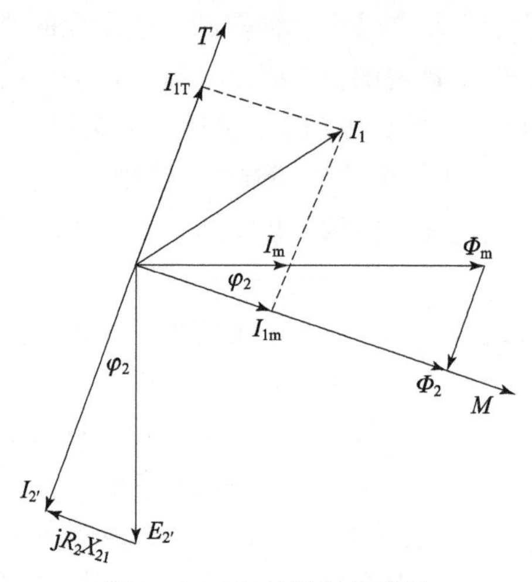

图 3－25 矢量控制向量图

（3）直接转矩控制。

磁场定向的控制方法有直接控制和间接控制两种。直接磁场定向控制法，是直接测量电机气隙磁通，以确定转子磁通向量的大小和位置；间接控制法是检测电机电压和电流等参数，计算出磁通的大小和位置。

直接转矩控制将逆变器的控制模式与牵引电动机的性能作为一个整体，建立磁链和逆变器开关模式之间的关系，通过逆变器开关的控制，获得一个准圆形的气隙磁场，既能实现磁链的幅值控制，又能实现电动机转矩的控制。将磁链调节器和转矩调节器连接起来，共同控制逆变器的开关状态，既保证电动机的磁链矢量近似为一旋转的圆，又能使电动机的转矩快速跟随转矩的给定值而变化，从而使调速系统获得很高的动态性能。

磁场定向控制系统的结构比较复杂，对电机转子参数的变化反应敏感，能在零速度时实现磁场定向，通常需要在控制系统中加入复杂的电机参数在线辨识功能，才能达到理想的控制性能。

任务三 直流牵引传动系统与直线电机的应用

（一）直流牵引电动机的结构与工作原理

电机中存在着磁路和电路，电和磁的联系可通过电磁感应定律来分析。由电磁感应定律可知：导体切割磁力线将在导体中产生感应电动势；由电磁力定律可知：通电导体在磁场内会受到电磁力的作用。城市轨道交通车辆的牵引电机就是利用这两种电磁效应，实现电能与机械能的相互转换，即把电能转变成车辆的机械能。

直流牵引系统采用直流牵引电动机作为驱动电机。直流串励牵引电动机具有启动性能好、调速范围大、调速方法简单、过载能力强、功率充分利用、控制直接简单灵活等优点，因此在直流传动系统中一直作为各种铁道车辆的主要牵引动力。我国的韶山（SSx）系列电力机车和东风型（DFx）内燃机车采用的都是直流牵引系统。北京第一条地铁线使用的列车和上海的地铁1号线列车采用的也是直流牵引系统。

1. 直流电动机的工作原理

直流电动机的工作原理如图3－26所示。在图中，线圈连着换向片，换向片固定于转轴上，随电动机轴一起旋转，换向片之间及换向片与转轴之间均互相绝缘，它们构成的整体称为换向器。电刷A、B在空间上固定不动。在电动机的两电刷端加上直流电压，由电刷和换向器将电能引入电枢线圈中，并保证了同一个极下线圈边中的电流始终是一个方向，继而保证了该极下线圈边所受的电磁力方向不变，保证了电动机能连续地旋转，以实现将电能转换成机械能以拖动生产机械，这就是直流电动机的工作原理。注意：每个线圈边中的电流方向是交变的。

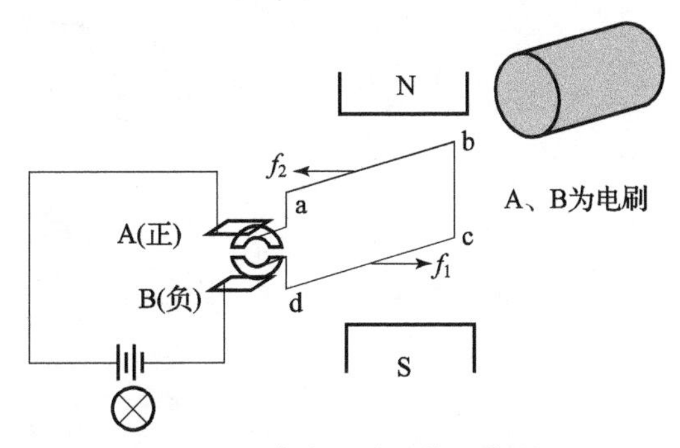

图3－26　直流电动机的工作原理

2. 直流电动机的结构

直流电动机的结构如图3－27所示。电机要实现机电能量变换，电路和磁路之间必须有相对运动。所以旋转电机具备静止的和旋转的两大部分。静止和旋转部分之间有一定大小的间隙，称为气隙。

静止的部分称为定子，作用是产生磁场和作为电机的机械支撑。包括主磁极、换向极、机座、端盖、轴承、电刷装置等。励磁电动机的主磁极由主磁极铁芯和主磁极绕组两部分组成。旋转部分称为转子或电枢，包括电枢铁芯、电枢绕组、换向器、轴和风扇等。用来感应电动势和通过电流，实现能量转换，是电路的主要部分。

3. 直流电动机按励磁方式分类

励磁方式是指直流电动机主磁场产生的方式。直流电动机主磁场的获得通常有两类：一类是由永久磁铁产生；另一类利用给主磁极绕组通入直流电产生。前者称为永磁电动机；后者称为励磁电动机。根据主磁极绕组与电枢绕组连接方式的不同，励磁电动机可分为他励、并励、串励、复励几种形式，如图3－28所示。

他励直流电机：励磁回路的电流由外电源供给，与电枢回路没有电的联系。

并励直流电机：励磁回路与电枢回路是并联的。励磁回路两端的电压就是电枢回路两端的电压。

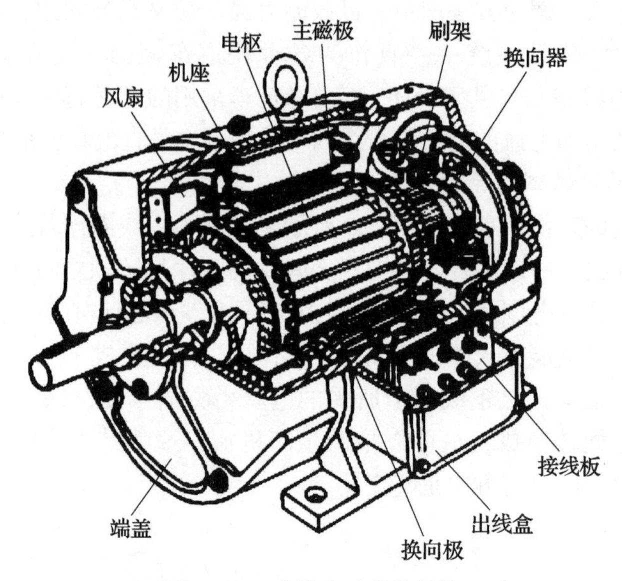

图 3-27　直流电动机的结构

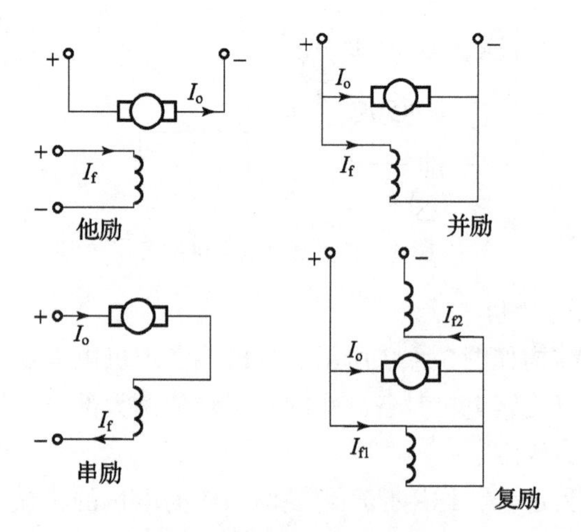

图 3-28　励磁方式原理图

串励直流电机：励磁回路与电枢回路是串联的。励磁回路的电流与电枢回路的电流相等。

复励直流电机：主极有两个励磁绕组，其一与电枢绕组并联，另一个和电枢绕组串联。

4. 直流牵引电动机与电动列车牵引特性分析

电动列车牵引力与电动机转矩、电动列车速度及电动机转速都成正比例关系，因而电动列车的牵引特性曲线 $F=f(v)$ 与电动机的机械特性 $n=f(T)$ 只是坐标比例尺不同，形状类似于双曲线。

电动列车运行时，必须具有机械上和电气上的稳定性。

(1) 机械稳定性。

机械稳定性是指列车正常运行时，由于偶然的原因引起速度发生微量的变化后，电动列车本身能恢复到原有的稳定运行状态。由不同励磁方式直流电动机的机械特性曲线可知，除减复励电动机以外，串励、他励、加复励的直流牵引电动机均能满足稳定性条件，在列车牵引时均具有机械稳定性。

(2) 电气稳定性。

电气稳定性是指列车正常运行时，由于偶然的原因引起电流发生微量的变化后，电动列车本身能恢复到原有的电平衡状态。串励电动机在任何负载情况下，均具有电气稳定性；他励电动机一般情况下也具有电气稳定性，在大电枢电流时，可能进入电气的不稳定状态。

5. 牵引电动机之间的负载分配

列车运行时，有几台牵引电动机并联运行，为了能充分利用电动列车的功率及黏着重量，要求各牵引电动机的负载分配要均匀。但是，由于各牵引电动机的特性有差异和制造的分散性，以及机车动轮直径不完全相同等原因，实际上各牵引电动机负载分配是不均匀的。

如图 3－29 所示为牵引电动机特性有差异时的负载分配情况。从图中可以看出两台特性稍有差异的串励（或并励）牵引电动机，装在一台机车上并联运行时，即使动轮直径相同，电动机转速相同，电动机的负载电流和转矩均有差别。由图 3－29（a）可以看出，串励牵引电动机具有较软的特性，在同一运行速度下的负载电流 I_1 和 I_2 差值比较小。并励牵引电动机特性较硬，如图 3－29（b）所示，负载电流 I_1 和 I_2 差值要比串励牵引电动机大得多。

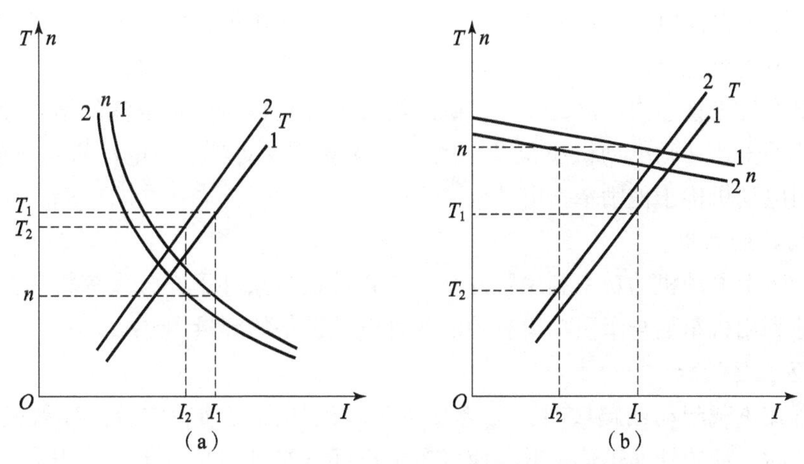

图 3－29　牵引电动机特性有差异时的负载分配

(a) 串励；(b) 并励

如果两台牵引电动机的特性完全相同，而各自驱动的动轮直径稍有不同，机车运行时两台电动机的转速将产生差异，图 3－30 所示为动轮直径有差异时负载分配情况。设一台电动机转速为 n_1，另一台电动机转速为 n_2，由相同转速差异引起的负载电流 I_1 和 I_2

的差值，串励牵引电动机比并励牵引电动机小。

因此，就牵引电动机之间的负载分配而言，串励牵引电动机优于并励牵引电动机，但串励牵引电动机对轮对直径的选配要求较高。

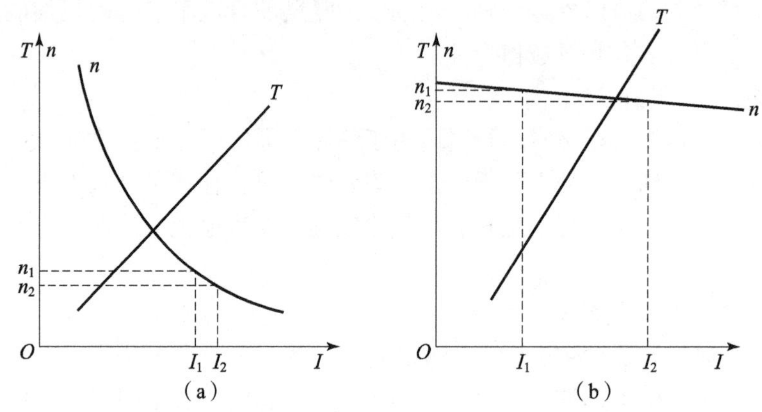

图 3－30　动轮直径有差异时牵引电动机的负载分配

（a）串励；（b）并励

6. 电压波动对牵引电动机工作的影响

机车运行时，接触网网压会经常发生波动，当电压突然变化时，由于列车的机械惯性，机车的速度来不及变化，牵引电动机就可能承受较大电流和牵引力的冲击。并励电动机由于特性较硬，电流和牵引力的冲击都比串励电动机大得多，这将使牵引电动机工作条件恶化，并引起列车运行中的冲动。另外，当牵引电动机的外加电压突然增加时，并励电动机由于励磁电路电流不变，励磁线圈匝数较多，因此电动机励磁回路电流增长速度要比电枢电路电流增长速度慢得多，电枢反电势不能及时增加，在过渡过程开始阶段，会造成电枢电流冲击过大。而串励电动机励磁绕组与电枢绕组串联，电流增长速度相同，虽有磁极铁芯内涡流的影响，磁通增长速度稍慢于电枢电流的增长速度，但所引起的电流冲击比并励电动机小得多。因此，就电压波动对牵引电动机工作的影响而言，串励牵引电动机优于他励牵引电动机。

7. 功率的利用

串励牵引电动机的功率利用较好，能在各种运行条件下充分发挥机车的功率，同时能合理地利用机车上与牵引功率有关的各种电气设备的容量。

8. 防空转性能

机车在重载起动或爬坡时，常会发生黏着破坏而使动轮空转，导致机车牵引力下降。空转时，动轮转速迅速上升，使机车走行部分受到损坏，影响使用寿命；如转速超过牵引电动机最大转速时，还可能造成电机损坏等严重故障。因此，要求牵引电动机应具有良好的防空转性能，当出现动轮空转时，轮对牵引力应随着转速的增高急剧下降，使黏着迅速恢复。并励电动机特性较硬，牵引力随转速上升而大幅下降，轮周牵引力很快低于黏着牵引力，使黏着迅速恢复；而串励牵引电动机特性较软，牵引力下降很小，转速将继续上升，黏着不易恢复，形成空转。

9. 自调节性能

由图3－31可见，并励牵引电动机转速随着负载的增加下降很小，而串励牵引电动机转速却随着负载的增加下降很多。因此，串励牵引电动机的牵引力和速度能够按照机车运行条件自动进行调节，在重载或上坡时，随着机车速度的降低，串励牵引电动机的转矩自动增大，使机车发挥较大的牵引力；在轻载或平道运行时，机车牵引力减小，使机车具有较高的速度，即串励牵引电动机自调节性能好。

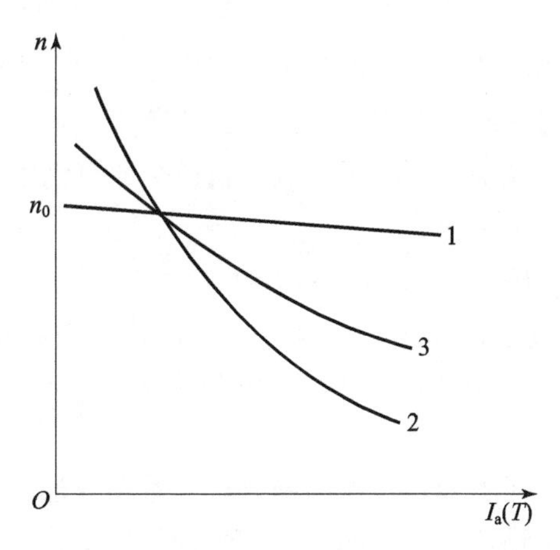

图3－31　直流牵引电动机的转速特性

1—并（他）励；2—串励；3—积复励

由以上几点分析可以看出，具有软特性的直流串励电动机用作电力牵引主要有以下4个方面的优点：

（1）直流串励电动机自调节性能较好，即它的牵引力和速度能够按照机车运行条件自动进行调节，在负载过重或上坡时，直流串励电动机能发挥较大的牵引力，在轻载或平道运行时，它又有较高的速度，以便于提高动车的通过能力。

（2）直流串励牵引电动机的功率利用较好，直流串励牵引电动机转速随着牵引力的增大而自动地降低，在同样牵引力变化下，它的功率变化最小，接近于恒功率运行，能够合理地利用机车上与牵引功率有关的各种电气设备的容量。

（3）直流串励牵引电动机有较大的启动牵引力，因而在相同的牵引条件下，所要求的电动机容量可以降低，电动机重量可以减小。在直流牵引电动机中，直流串励牵引电动机的单位牵引力的重量最小。

（4）在并联工作时负载分配较均匀，可以防止个别牵引电动机在运行时发生严重过载现象。

基于以上几点，作为机车的牵引动力，串励牵引电动机被广泛地应用于电力机车上。

但是，机车上采用串励牵引电动机也存在缺点，主要为：个别传动时，容易发生空转；电气制动时，由于串励发电机特性不稳定，需要将励磁绕组改接为他励。

10. 直流串励牵引电动机的调速

调节直流串励牵引电动机转速的常见方法有：改变牵引电动机的端电压 U 调速；改变牵引电动机的主极磁通 Φ 调速。

（1）改变牵引电动机的端电压 U 调速——调压调速。

①改变牵引电动机的联结法调速，如串并联的方式。由于联结的方式有限，所以可调的电压等级也有限，同时使电动机的连接复杂，现代城市轨道交通车辆一般不用此法。

②凸轮变阻控制调压调速。在电动机回路串接电阻，即通过转动凸轮，使有关接触器接入或切除启动电阻来改变电阻值，以达到调节牵引电动机端电压的目的。串入启动电阻要消耗电能，并不经济，在较早的城市轨道交通车辆中有所应用。

③斩波调阻控制调压调速。

将晶闸管或 GTO 功率元件组成的斩波器作为电子开关，与启动电阻并联，通过斩波器定频调宽或定宽调频控制方式，调节接入主回路的电阻值以改变牵引电动机的端电压。这种方法应用已久，也要消耗电能，并不经济。

④斩波调压调速。

在电动机与电源之间串接斩波器，调节斩波器的导通比来改变电动机的端电压。斩波调压控制可以实现无触点、无级调速，使车辆平稳运行，可靠性也大大提高；无须启动电阻，并可实现再生制动，大大节约电能，降低了运营成本。现代城市轨道交通车辆普遍采用这种调速方法。

（2）改变牵引电动机的主极磁通 Φ 调速。

一般电机的额定磁通已经设计得使铁芯接近饱和，因此，改变磁通只能在额定磁通下减弱磁通，所以又称为消弱磁场调速或磁消调速。普遍采用主磁极（励磁）绕组上并联分路电阻的方法，使电流的一部分流经分路电阻，从而减少励磁电流、磁势和磁通。一般是在牵引电动机端电压已经达到额定电压，而牵引电动机电流比额定电流小时实施。这是一种辅助调速手段，磁场削弱的目的是扩大速度运行范围，充分利用功率。这种调速方法设备简单、控制方便、功率损耗小，可以提高电动机的转速，是直流牵引电动机常用的调速方法之一。为扩大调速范围，直流串励牵引电动机常把几种方法配合使用。如地铁电动车组常采用电枢串接电阻和弱磁调速，铁路电力机车常采用改变电压和弱磁调速。

11. 直流传动系统的调速控制与电气制动

直流传动的城市轨道交通车辆，其调速控制方式一般有两种基本形式：变阻控制和斩波调压控制。

斩波控制调速是一种经济的调速手段，随着电子技术的不断发展及大功率全控型电力电子器件的出现，斩波器的结构得以简化，所以在直流传动的城市轨道交通车辆调压线路中已广泛采用由门极关断晶闸管或绝缘栅双极性晶体管器件组成的大功率斩波器。

12. 牵引电动机的电气制动

电动车辆的电气制动是建立在电动机工作的可逆性基础上的。在牵引工况时，电动机从接触网吸收电能，将电能转换为机械能，产生牵引力，使列车加速或在上坡的线路上以一定的速度运行；在制动工况时，列车停止从接触网受电，电动机改为发电机工况，将列车运行的机械能转换为电能，产生制动力，使列车减速或在下坡的线路上以一定的限速度运行。车辆进行电气制动时，首先应该是再生制动，即向供电网反馈电能。如果触网电压过高或同一供电区段无其他车辆吸收反馈能量，则电路转为电阻制动，把能量消耗在电阻器上。直流牵引电动机的电气制动可分为电阻制动（或能耗制动）和再生制动（或反馈制动）。

电制动时牵引电动机所产生的电能，如果利用电阻使之转化为热能耗散掉，则称之为电阻制动（或能耗制动）。如果将电能重新反馈回电网中去加以利用，就称之为再生制动（或反馈制动）。

（二）直线电机及其应用

从1825年世界第一条铁路出现算起，轨道交通已有180年的历史。快速轨道交通的牵引方式历经蒸汽牵引、内燃牵引、电力牵引等阶段，目前在世界范围内又发展出直线电机牵引的交通方式，包括磁悬浮铁路、直线电机轮轨交通等。1840年惠斯登制作出略具雏形的直线电机，20世纪60年代英国的莱思韦特在直线电机基础理论研究方面取得了重大突破，1975年，在英国设计出了一条直线电机牵引的轮轨列车试验线路。然而，直线电机成功地用于轨道交通却是在磁悬浮列车上首先实现的。由于磁悬浮列车不能再依靠车轮驱动，所以很自然地采用了直接通过电磁力驱动列车的直线电机。

1. 直线电机的基本结构

传统的轮轨接触式铁路，车辆所获得的牵引力、导向力和支撑力都是依靠轮轨相互作用获得，电传动内燃机车或电力机车的牵引力均来自传统的旋转电机。直线电机交通系统使用直线电机来获得牵引动力。直线电机可看作是将旋转电机从转子中心沿径向剖开展平，这样旋转电机则变为直线电机。或者认为直线电机是直径无限大的旋转电机。这时定子中的旋转磁场将变为直线移动磁场，车辆将随着直线电机磁场的移动而向前运动，如图3－32所示。

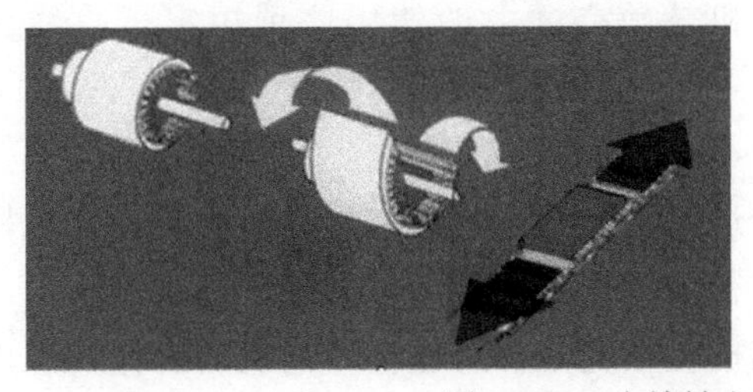

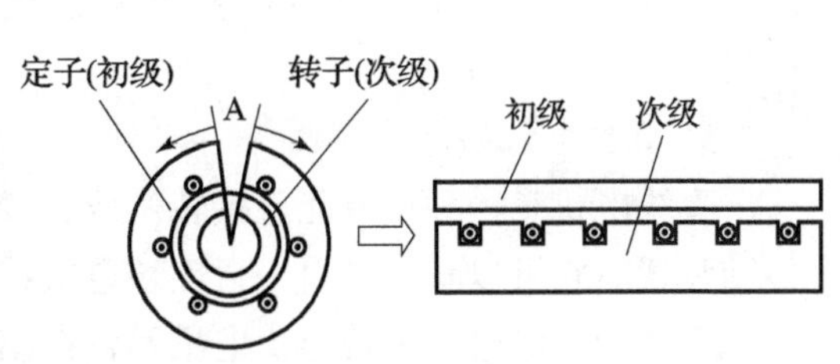

图3－32　由旋转电机演变为直线电机的过程

直线异步电机可以认为是旋转电机在结构方面的一种演变，它可看作是将一台旋转电机沿径向剖开，然后将电机的圆周展成直线。由定子演变而来的一侧称为初级或原边，有直线放置的三相对称绕组；由转子演变而来的一侧称为次级或副边，是一块金属导体，没有绕组。

2. 直线电机的分类

（1）按直线电机结构形式划分。

按直线电机结构形式可分为扁平型、圆筒形或管型等，扁平型直线电机是一种扁平的矩形结构的直线电机，它有单边型和双边型之分。如果仅在一边安放初级，对于这样的结构形式称为单边型直线电机，这种电机最大的缺点是存在一个很大的法向力，而大多数情况下法向力是我们不希望存在的，如果在次级的两边都装上初级，那么这个法向力可以相互抵消，这样的结构形式称为双边型直线电机，双边型直线电机的缺点浪费材料，成本高，占用空间大。

由于在运动时初级与次级之间要做相对运动，可以是定子移动，也可以是转子移动，为保证两级之间的磁耦合，即保证在所需行程范围内初级与次级之间的耦合保持不变，在制造时将初级与次级制造成不同的长度。直线电机可以是短初级长次级，也可以是长初级短次级。考虑到制造成本、运行费用，目前一般均采用短初级长次级。次级只有感应电流的流动，不需要外界供电。初级与次级导体之间有一定的距离即气隙，一般来说，直线电机的气隙比旋转电机的气隙大。

（2）按直线电机的磁场是否同步划分。

由旋转电机的工作原理可知，定子磁场和转子磁场既可以同步运行，也可以不同步运行。如果定子磁场和转子磁场同步运行，通常作为发电机使用，而如果定子磁场和转子磁场不同步运行，通常作为电动机使用。与旋转电机类似，依据初级磁场和次级磁场是否同步可将直线电机划分为直线同步电机和直线感应电机两大类型。

直线同步电机一般采用长定子技术，定子线圈（初级线圈）安装在导轨上，而转子线圈（次级线圈）安装在车辆上。导轨上的定子磁场与车辆上的转子磁场同步运行，控制定子磁场的移动速度就可以控制列车的运行速度。高速、超高速磁悬浮铁路一般使用该种长定子直线同步电机。

直线感应电机一般采用短定子技术，定子线圈（初级线圈）安装在车辆上，而转子部分安装在导轨上。导轨上的转子磁场与车辆上的定子磁场不同步运行，故也称之为直线异步电机。中低速磁悬浮铁路及直线电机轮轨交通一般使用该种短定子直线异步电机。

3. 直线电机的工作原理

直线电机是一种将电能直接转换成直线运动机械能，而不需要任何中间转换机构的传动装置。它可以看成是由一台旋转电机按径向剖开，并展成平面而成。

直线异步电机与旋转异步电机不仅在结构上相类似，而且直线电机的工作原理也与旋转电机相似。当在直线异步电机的初级绕组通入三相交流对称正弦电流时，便在气隙中产生磁场，该气隙磁场在直线电机的长度方向上呈正弦分布。当电流随时间变化时，气隙磁场将按照一定相序排列方向沿直线运动，称为行波磁场。行波磁场的移动速度与旋转磁场在定子内圆表面上的线速度是一样的，称为同步转速。次级金属板可以看成有无数并列安置的导条，次级导条在行波磁场切割下，将感应出电动势并产生电流，该电流与气隙中的磁场相作用就产生电磁推力。在这个推力作用下，如果初级固定不动，则次级在推力作用下就顺着行波磁场运动的方向做直线运动，次级运动的速度即为电机的运动速度；反之，则初级做直线运动，如图3－33所示。

同旋转电机相类似，如果对换任意两相的电源线，即改变三相电源的相序，则可以实现直线电机的反向运行，根据这一原理，可使直线电机做往复直线运动。

次级运动的速度即电机的运动速度随着电源频率的变化而变化，通过调整电源频率f即可改变异步电机的速度，进而调整车辆的运行速度。

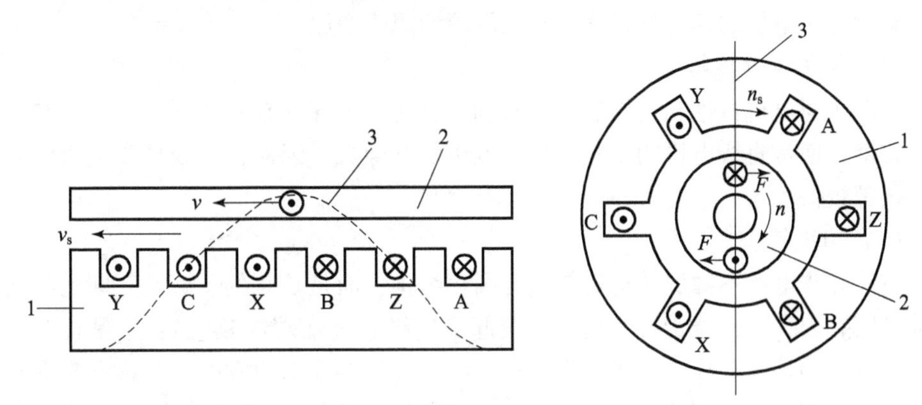

图3－33　直线异步电机与旋转电机的基本工作原理

直线同步电机的初级绕组与直线异步电机的一样，是直线放置的三相绕组；但直线同步电机的次级绕组装有集中式绕组，通以直流电流，是励磁绕组。当初级绕组通入三相交流对称正弦电流和次级励磁绕组接直流电源时，三相绕组产生的行波磁场与次级励磁绕组产生的直流磁场相互作用，使次级受到与行波磁场行进方向相同的电磁力作用，故次级可沿行波磁场方向做直线运动，其速度是同步速度。

同样，改变通入初级绕组三相电源的相序，可以实现直线电机的反向运行；通过调整电源频率f即可改变异步电机的运动速度。

轨道交通系统的直线同步电机几乎无例外地采用长定子，这是因为同步电机转子励磁功率远小于定子，所以把功率较小的励磁绕组安装在车上，可以由谐波发电机与电池给转子励磁绕组供电或采用超导线圈，不用接触轨或接触网，从而可实现高速运行。

除此之外，直线同步电机不仅能产生水平方向的电磁推力，还能产生垂直方向的电磁力，可以克服重力的作用，将次级悬浮起来。因而是磁悬浮列车较为理想的拖动装置。同步电机的优点之一是功率因数大，效率较高，因而比较适合大气隙、大功率电机，所以高速磁悬浮列车主要采用直线同步电机。

4. 直线异步电机特性

（1）推力－速度特性。

将直线异步电机的推力－速度特性与异步旋转电机的特性相比较，则转差率s为

$$s=\frac{v_s-v}{v_s} \tag{3-4}$$

式中：s——转差率；

v_s——同步转速；

v——电机的转速。

在电机运行状态下，s 在 0 和 1 之间。异步旋转电机的转矩最大值发生处转差率较低，而直线异步电机的最大推力在高转差率处，即 $s \approx 1$ 处。可见直线异步电机启动推力大，高速区域的推力小，比较适合动车的驱动要求。

（2）速度－时间特性。

直线异步电机的速度随时间以指数函数的规律增加。

（3）推力－气隙特性。

气隙小对电机特性和工作稳定性有利。但是为了保证在长距离运行中，初、次级不至于相擦，通常直线电机的气隙比旋转电机的气隙大。因而，直线异步电机的效率和功率因数都较低。

（4）边缘效应。

直线异步电机不像旋转电机是闭合圆环结构，而是长直的、两端开断的结构。由于动体长度有限，存在着始端和终端，引起了边缘效应（端部效应），这是直线异步电机和旋转电机的基本差异。直线异步电机的纵向（磁场移动的方向）和横向都存在边缘效应。边缘效应会减少驱动推力，在运行过程中产生阻力增大附加损耗。

5. 直线异步电机的优缺点

优点：

（1）直线异步电机最主要的优点是直接产生直线运动而不需要中间转换装置。

（2）启动推力大，可实现大范围的加速和减速，零部件不受离心力的作用，直线速度不受限制。

（3）直线异步电机的初级和次级结构都很简单，特别是次级，有时甚至可直接利用部分设备本体或运营轨道。可在条件恶劣的环境中使用。

（4）总体结构简单，扁平型部件高度低，噪声小，重量轻，维修容易。

（5）短初级平板形直线电机的次级长，因而散热面大，热负荷可以取得较高。

当直线异步电机运用在交通运输方面时，用其驱动的地铁车辆还具有以下优点：

（1）驱动不受黏着限制。

（2）对复杂地形的适应性较强，爬坡能力强，拐弯半径小，有利于轨道交通选线；减少了隧道横断面的面积，使得工程造价低。

缺点：

（1）效率和功率因数低。通常直线电机的初级和次级之间的气隙较大，需要的磁化电流大，所以空载电流大；边缘效应特别是纵向边缘效应减少了驱动推力，增大了损耗。

（2）除驱动推力外，直线电机初级和次级之间有吸引力，因而必须增加架构强度。为满足长距离，对保持一定气隙的精度要求较高。

6. 直线感应电机轨道系统简介

由直线异步电机驱动的轮轨系统车辆是利用车轮起支承导向作用，与传统轮轨系统相似，但在牵引方面却采用了车载短定子直线异步电机驱动，当初级线圈通以三相交流电时，由于感应而产生电磁力，直接驱动车辆前进，改变磁场移动方向，车辆的运动方向也随之改变。车辆平稳运行时，定子与反应板（感应轨）之间的气隙保持在10 mm左右。该系统走行部件的配置如图 3－34 所示。

图 3－34　直线电机轮轨交通车辆走行部件配置

7. 车载短定子直线异步电动机驱动特点

（1）定子在车上，单边激磁，因此需要接触网/轨或直线变压器供电。

（2）转子在地面，采用感应板（实心、无绕组），结构简单，经济。

（3）采用接触网/轨供电时，运行速度受到限制。

直线感应电机轨道系统主要有以下特征：发车间隔短，使用移动闭塞系统，采用直线电机驱动，钢轮钢轨，轻型车辆，设备高冗余度。

8. 直线牵引电动机在动车中的应用

直线牵引电动机应用于城市轨道交通车辆时，初级可以设置在车上，也可以设置在地面上，分别称为车载初级式和地面初级式。

直线牵引电动机没有旋转部件，不需要齿轮、轴承，不接触就可以传递动力。在城市轨道交通车辆上，利用直线牵引电动机来实现非黏着控制驱动，突破了动轮和轨道之间依靠黏着传递动力的种种限制。同时可降低车辆高度，减少了隧道横断面的面积，使得工程造价低。

对客流量很大的线路，为了减轻动车重量，实现地面对动车的全面控制，采用沿线路敷设线圈的地面初级式异步直线牵引电动机比较有利。

9. 地面初级式异步直线牵引电动机驱动的特点

（1）定子在地面励磁，因此不需要接触网/轨或直线变压器供电，但定子有三相绕组，系统成本较高。

（2）转子在车上，采用感应板（实心、无绕组），结构简单，车体轻。

（3）定子可隐蔽供电，非常安全。为了节省材料或简化供电，对于要求不高的场合，长定子可以做成分段的，当然，这要损失一部分牵引力。

二、项目基本技能训练

1. 说出电力牵引系统的基本概念，并说明牵引控制的要素有哪些？

2. 简要说明电力牵引系统的供电制式和供电方式有几种，主要应用于哪些场合。

3. 绘制牵引系统的主电路简图，说明各组成部分的作用。

4. 拆卸并观察直流电动机的结构，说明直流电动机主要是由几部分组成的，各部分的作用是什么，简述其工作原理。

5. 直流串励牵引电动机具有哪些牵引特性？直流串励电动机作为轨道交通车辆的牵引电机主要有哪些优点？

6. 直流牵引电动机有哪些调速方式？各有何特点？

7. 拆卸并观察交流电动机的结构，说明交流电动机主要是由几部分组成的，各部分的作用是什么，简述其工作原理。并与直流电动机对比，找出它们的异同点。

8. 简单分析直流串励电动机的调速方法，说明各种方法的优缺点。

9. 由转差率的定义分析交流电动机的几种运行方式。

10. 简述 VVVF 的工作原理。

11. 设计表格对比直流串励牵引电动机、交流三相异步电动机和直线电机优缺点。

三、项目基本知识拓展

知识点一　磁悬浮列车及类型

磁悬浮列车是直线电机实际应用的最典型的例子，目前，美、英、日、法、德、加拿大等国都在研制直线悬浮列车，其中日本进展最快。

1. 什么是磁悬浮列车？

磁悬浮列车实际上是依靠电磁吸力或电动斥力将列车悬浮于空中并进行导向，实现列车与地面轨道间的无机械接触，再利用线性电机驱动列车运行。

虽然磁悬浮列车仍然属于陆上有轨交通运输系统，并保留了轨道、道岔和车辆转向架及悬挂系统等许多传统机车车辆的特点，但由于列车在牵引运行时与轨道之间无机械接触，因此从根本上克服了传统列车的轮轨黏着限制、机械噪声和磨损等问题，所以它也许会成为人们梦寐以求的理想陆上交通工具。

2. 磁悬浮列车类型

磁悬浮列车均使用同步直线电机作为驱动器。根据磁悬浮列车上电磁铁的使用方式，磁悬浮铁路的基本制式可分为两大类，即常导磁吸型（Electro Magnetic Suspension，EMS）和超导磁斥型（Electro Dynamic Suspension，EDS）。两种制式的基本结构和工作原理各有不同。常导磁吸型也称常导型，以德国高速常导磁浮列车 transrapid 为代表；超导磁斥型也称超导型，以日本 MAGLEV 为代表。这两种磁悬浮列车各有优缺点和不同的经济技术指标，德国青睐前者，集中精力研制常导高速磁悬浮技术；而日本则看好后者，全力投入高速超导磁悬浮技术之中。

知识点二　德国常导型高速磁悬浮交通（TR）

1. 德国的常导磁悬浮列车简介

常导磁悬浮列车是利用装在车辆两侧转向架上的常导电磁铁（悬浮电磁铁）和铺设在线路导向轨上的磁铁，在磁场的作用下产生吸引力使车辆浮起，车辆和轨面之间的间隙与吸引力的大小成反比。为了保证这种悬浮的可靠性和列车运行的平稳性以及使直线电机有较高的功率，必须精确地控制电磁铁中的电流，才能使磁场保持稳定的强度和悬浮力，使车体与导向轨之间保持 10 ~ 15 mm 的间隙。

通常采用测量间隙用的气隙传感器来进行系统的反馈控制。此种悬浮方式不需设置专用的着地支撑装置和辅助的着地轮。

它是利用普通直流电磁铁电磁吸力的原理将列车悬起，悬浮的气隙较小，一般为 10 mm左右。常导型高速磁悬浮列车的速度可达每小时400 ~ 500 km，适合于城市间的长距离快速运输。

常导磁悬浮列车工作时，首先调整车辆下部的悬浮和导向电磁铁的电磁吸力，与地面轨道两侧的绕组发生磁铁反作用将列车浮起。在车辆侧面导向电磁铁与轨道磁铁的反作用下，使车轮与轨道保持一定的侧向距离，实现轮轨在水平方向和垂直方向的无接触支撑和无接触导向。车辆与行车轨道之间的悬浮间隙为 10 mm，是通过一套高精度电子调整系统得以保证的。此外由于悬浮和导向实际上与列车运行速度无关，所以即使在停车状态下列车仍然可以进入悬浮状态。

常导磁悬浮列车的驱动运用同步直线电机的原理。车辆下部支撑电磁铁线圈的作用就像是同步直线电机的励磁线圈，地面轨道内侧的三相移动磁场驱动绕组起到电枢的作用，它就像同步直线电机的长定子绕组。

从电机的工作原理可以知道，当作为定子的电枢线圈有电时，由于电磁感应而推动电机的转子转动。同样，当沿线布置的变电所向轨道内侧的驱动绕组提供三相调频调幅电力时，由于电磁感应作用承载系统连同列车一起就像电机的“转子”一样被推动做直线运动。从而在悬浮状态下，列车可以完全实现非接触的牵引和制动。

2. 驱动系统

磁悬浮车的初级驱动部分即具有三相移动磁场绕组的定子，不是安装在列车里，而是安装在轨道里。速度可以通过改变三相电流的频率从停车状态到运行速度进行无级调整。

如图 3 – 35 所示为磁浮列车的解剖图。

常导型磁悬浮列车利用电磁吸力实现悬浮，其悬浮原理如图 3 – 36 所示。常导型磁悬浮列车的推进原理和支撑导向原理如图 3 – 37 和图 3 – 38 所示。

3. 制动

改变移动磁场方向的时候，电动机变成发电机，无任何接触地把列车刹住。刹车能量可以反馈到电网里去。

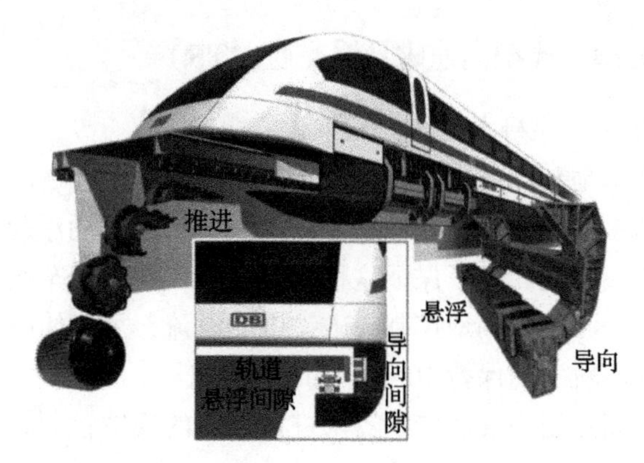

图 3-35 磁悬浮列车解剖图

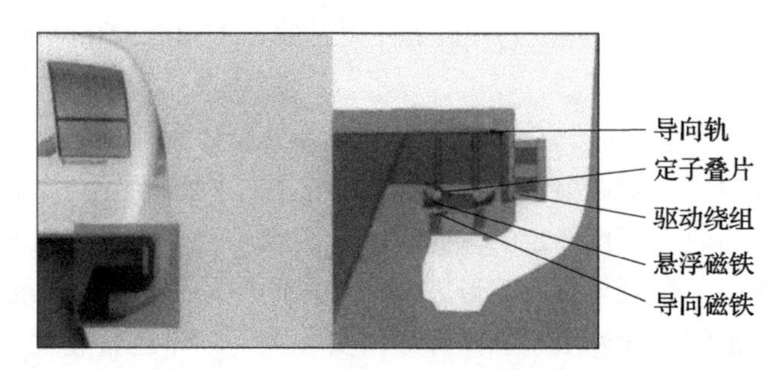

图 3-36 磁悬浮列车悬浮原理图

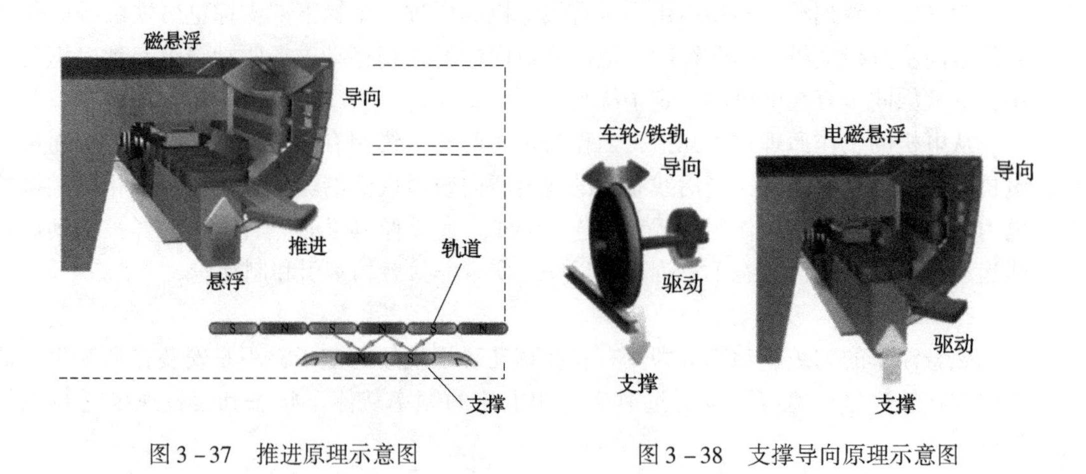

图 3-37 推进原理示意图　　图 3-38 支撑导向原理示意图

知识点三 日本超导型高速磁悬浮交通（MLX）

1. 日本超导磁斥式磁悬浮列车简介

超导型磁悬浮列车也称超导磁斥型，以日本 MAGLEV 为代表。它是利用超导磁体产生的强磁场，在列车运行时与布置在地面上的线圈相互作用，产生电动斥力将列车悬起，悬浮气隙较大，一般为 100 mm 左右，速度可达每小时 500 km 以上。

该车辆侧部安装超导磁体（放在液态氦储存槽内），在轨道两侧铺设一系列铝环线圈。列车运行时，给车上线圈（超导磁体）通电流，产生强磁场，地上线圈（铝环）与之相切割，在铝环内产生感应电流。感应电流产生的磁场与车辆上超导磁体的磁场方向相反，两个磁场产生排斥力。当排斥力大于车辆重量时，车辆浮起。因此，超导磁斥式就是利用置于车辆上的超导磁体，与铺设在轨道上的无源线圈之间的相对运动来产生悬浮力，将车体抬起的。

轨道里面的长定子线性发动机是分为一段一段的，所以它们当中只要有列车所在的一段被供电。配电分站之间的距离及其装机功率视不同驱动要求而定。在需要巨大推力的路段（如上坡、加速度或者制动阶段），分站的设计装机功率比匀速行驶的平缓路段更大。因为驱动装置的初级驱动部分被安装在轨道里，所以磁悬浮列车就不必像其他交通工具那样总是携带着最大荷载所需的全部电动机功率。支撑和导向系统是无接触地通过安装在支撑磁铁里的线性发电机供电的。磁悬浮列车不需要接触线。在电源中断的情况下有车上的蓄电池供电，这些蓄电池在运行过程中通过线性发电机供电。

由于车体内装有处于低温下的强大超导磁体，导向轨导体中的磁通随着车辆的向前运动而改变，从而感应出强大的电流。由于超导磁体的电阻为零，在运行中几乎不消耗能量，而磁场强度很大。在超导体和导轨之间产生的强大排斥力，可使车辆浮起 100 ~ 150 mm，并能使列车运行保持平稳。当车辆向下位移时，超导磁体与悬浮线圈的间距减小，电流增大，浮力增加，又使车辆自动恢复到原来的悬浮高度。这个间隙与速度的大小有关。

2. 磁动悬浮概念

一般起始升举速度为 50 km/h。低于这个速度，即列车在低速运行或停车启动时，悬浮力大大减弱以至消失。因此，必须在车辆上装设机械辅助支撑装置，如辅助支持轮及相应的弹簧支撑，以保证列车安全可靠地运行。控制系统应能实现启动和停车的精确控制。

日本新建的山梨磁悬浮铁路，改变了在地面装设线圈、“垂直悬浮”的宫崎方式，而采用“侧壁悬浮”方式。即在 U 形导轨的侧面装设“8”字形线圈。这种方式的优点是阻力小，悬浮效果好。

3. 磁悬浮列车的推进系统

图 3 – 39 为日本超导磁斥式磁悬浮列车推进原理示意图。在位于轨道两侧的线圈里流动的交流电，能将推进线圈变为电磁体。它与列车上的超导电磁体的相互作用使列车开动起来。列车前进是因为列车头部的电磁体（N 极）被安装在靠前一点的轨道上的电磁体（S 极）所吸引，并且同时又被安装在轨道上稍后一点的电磁体（N 极）所排斥。前进一步后，线圈里流动的电流流向就反转过来了。其结果就是原来那个 S 极线圈，现在变为 N 极线圈了，反之亦然。这样，列车由于电磁极性的转换而得以持续向前奔驰。

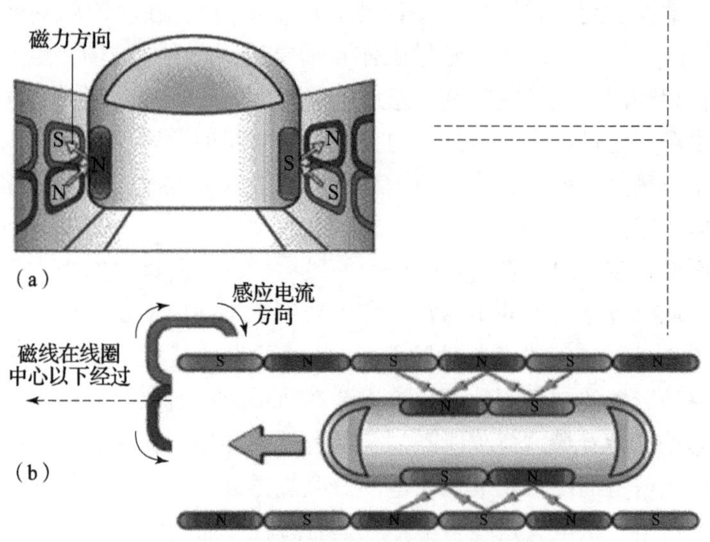

图 3－39　磁悬浮列车的推进原理示意图

根据车速，通过电能转换器调整在线圈里流动的交流电的频率和电压。

图 3－40 为日本超导磁斥式磁悬浮列车悬浮和导向原理示意图。

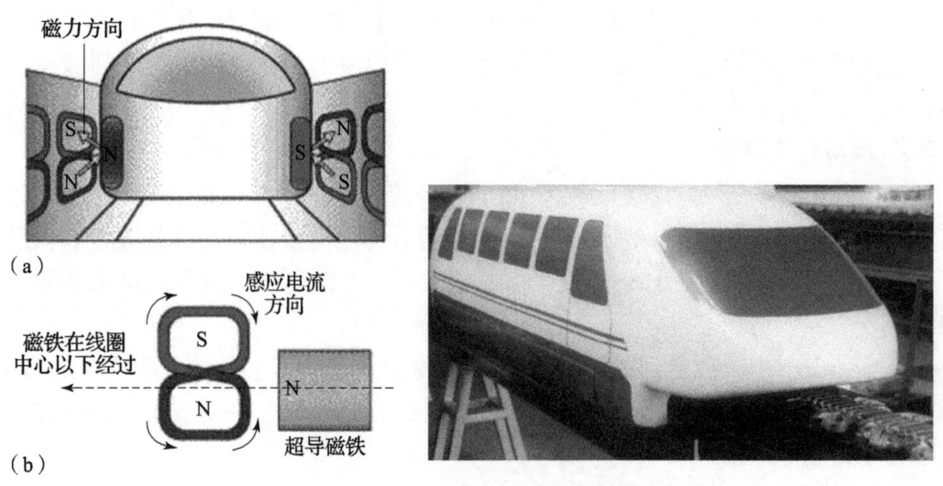

图 3－40　磁悬浮列车的悬浮和导向原理示意图

【项目学习评价】

思考练习题

1. 为什么地铁动车上直－直传动一般采用直流串励牵引电动机？使用中存在哪些问题？

2. 交流牵引电动机为何避免在低速轻载下运行？

3. VVVF 逆变器通常控制异步牵引电动机哪些要素？如何控制？

4. 直线电机可分为哪几类？分别应用在哪些场合？

5. 简述直线异步电机的优缺点。

自我评价、小组互评及教师评价

评价方面	项目评价内容	分值	自我评价	小组评价	教师评价	得分
实操技能	1. 绘制牵引系统的主电路简图。列表说明牵引系统各组成部分的作用、供电制式、供电方式及主要应用场合	25				
	2. 观察直流电动机的结构、组成，简述其工作原理。总结直流牵引系统的优缺点和牵引特性	25				
	3. 观察交流电动机的结构、组成，简述其工作原理。总结交流牵引系统的优缺点和牵引特性	25				
	4. 上网或查阅书籍总结直线同步电机的主要应用，简单介绍磁悬浮列车的发展历史，展望轨道交通的发展方向	25				
学习态度	1. 严肃认真的学习态度					
	2. 严谨、细致的工作作风					

个人学习总结

成功与收获	
改进与不足	
学习体会	

4

项目四

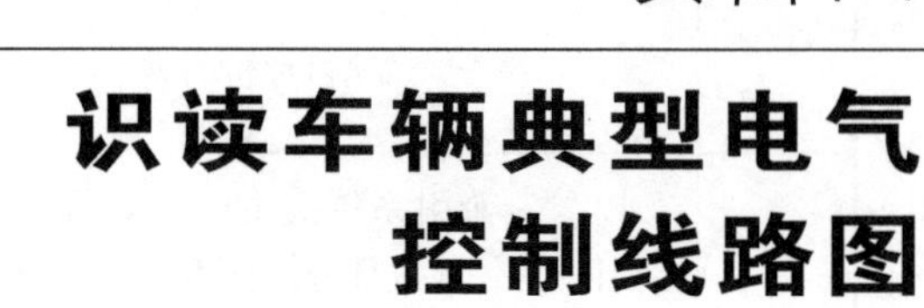

识读车辆典型电气控制线路图

- 任务一　车辆主控电路
- 任务二　识读受电弓与门控电路图

【项目情境创设】

城市轨道交通车辆的电气控制主要有两种，一种是传统的有触点电路控制方式，通过一系列接触器、继电器等器件的“接通”和“断开”来传递控制与检测信号，从而实现整车的控制，这种控制线路也称为继电器控制线路，这种控制方法技术成熟，应用较为广泛。我国早期的城市轨道交通车辆大都采用传统 110 V 有触点电路控制方式，驾驶室设有各种控制按钮开关，这些控制按钮开关通过列车线实现对列车的控制。另外一种是总线控制的方法，总线控制是基于计算机技术的控制，包括列车总线 WTB 和车辆多功能总线系统 MVB。总线控制时，列车所有的控制监测信号包括车门控制和监测信号、气制动检测信号等均通过总线进行传输，并由列车控制系统通过软件实现启动联锁保护功能。总线控制的国际标准 IEC 60375 已于 1999 年正式通过。

继电器控制线路是一种逻辑电路，属于低压直流小功率电路。主要由驾驶控制器、低压电器、主电路与辅助电路中各电器的电磁线圈及其联锁、开关等组成，通过驾驶操纵台上各扳键开关和驾驶控制器手柄操纵，实现对主电路、辅助电路中各电气设备的控制，从而完成对城市轨道交通车辆的牵引、制动的操作和控制。控制线路又是综合线路中最复杂的线路，线路图样数量多，有几十个继电器和大量的开关按钮、指示灯、电磁阀等。面对这样一套错综复杂的线路图，最重要的是要利用电工原理，理出一条清晰的思路来，化繁为简，化难为易，从而学会识读和分析控制线路的方法。

【项目学习目标】

学习目标		学习方式	学时
技能目标	1. 认识各种常用电器的图形符号及其标注方法； 2. 会识读司机激活电路图； 3. 会识读受电弓控制电路图； 4. 会识读门控制电路图	讲授，电器图形符号的绘制，学生自学，电路图上电气元件的查找，控制屏、保护屏的实物对照，幻灯片，课件演示等	11
知识目标	1. 掌握各种常用电器的图形符号及其标注方法； 2. 掌握常用的联锁方法	讲授、幻灯片、课件演示等	1

【项目基本功】

一、项目基本技能

任务一　车辆主控电路的识读

（一）常用电气设备符号及其说明

1. 轨道交通车辆电气控制常用电气设备符号

在城市轨道交通车辆控制线路中，要用到大量的电气元器件，如各种继电器、电磁阀、按钮、开关等，为了能正确地识读电气控制线路图，首先必须知道这些电气元器件的表示方法及电气符号。车辆电器控制线路中常用电气设备符号及其说明如表4－1所示。

表4－1　常用电气设备符号及其说明

序号	图形符号	说明	序号	图形符号	说明
1		受电弓	3	或	接地 接机壳或 接底板
2		抗干扰接地 保护接地	4	优选形 其他形	插头和插座

续表

序号	图形符号	说明	序号	图形符号	说明
5		火花间隙 避雷器	14	或	电抗器 扼流圈
6	或	电压互感器	15	或	电流互感器 脉冲变压器
7		绕组	16		接触器 主触头
8	或	接触器 或继电器 线圈	17		断路器 隔离开关
9		按钮	18		复合按钮 旋转按钮
10	或	联锁触头	19	或　或	延时联锁
11		缓吸、缓放 继电器线圈	20		缓吸和 缓放继电 器线圈
12	优选形 其他形	电阻	21	优选形 其他形	电容
13		电感或带 铁芯电感	22		熔断器

续表

序号	图形符号	说明	序号	图形符号	说明
23	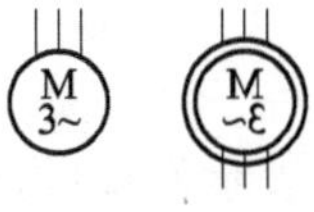 M 3~　M ~ε	三相笼型、绕线式异步电动机	25	 M　M　M	串励、并励、他励直流电动机
24	 或 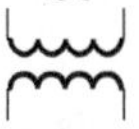	双绕组变压器	26	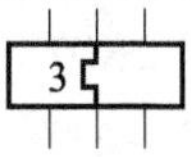 3　或 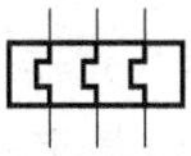	三极热继电器

2. 电路图识图

(1) 电路类型标注。

在城市轨道交通车辆的电路图中，一般分为九类电路，为了区分不同电路，通常采用两位数字编号进行分类，如表4-2所示。

表4-2　城市轨道交通车辆控制系统电路图电路类型编号

数字编号	电路类型	数字编号	电路类型
01	主电路（高压电路）	06	空调电路
02	牵引/制动控制电路	07	辅助设备电路
03	辅助供电电路与辅助电路	08	车门控制电路
04	检测和信息电路	09	特殊设备电路
05	照明电路		

(2) 设备及元件的标注。

城市轨道交通车辆设备和元件的标注采用流水号的标注方法。一般为三位，由数字和字母组合而成。第一位是数字，表示电路类型；第二位是字母，表示设备及元器件类型；第三位是数字，表示该设备及元件的序号。电气设备及元器件常用符号的含义如表4-3所示。

表4-3　城市轨道交通车辆电气设备及元器件常用符号的含义

符号	含义	符号	含义
A 主控电器	R 电阻	B 传感器	S 按钮和转换开关
F 自动空气开关	V 二极管	H 指示灯	Y 车钩电气接线盒
K 接触器、继电器	P 压力继电器		

例如，主控制器2A3，其中

2——表示器件属于牵引/制动控制电路；

A——表示主控电器；

3——表示该类器件的第三个设备。

（3）电气联锁的标注。

继电器、接触器等的电气联锁用两位数字标注。第一位表示联锁顺序；第二位则成对出现，“3、4”表示常开联锁的两个节点，“1、2”表示常闭联锁的两个节点。例如，图4－1中继电器“2K07”线圈下部注有所有联锁的标注，共有8对联锁触头，6对常开，2对常闭。“23－24”表示继电器第1对为常开联锁，“71－72”表示继电器第7对为常闭联锁。

（4）设备联锁及元器件位置、导线的来源与去向的标注。

用带括号的五位数字标注。前两位表示其所在电路的类型，中间两位表示处于该类电路的第几张图样，最后一位表示其处在该张图样中的第几区。例如，图4－1中（04064）表示该导线来源于检测和信息电路第6张图样的第4区。

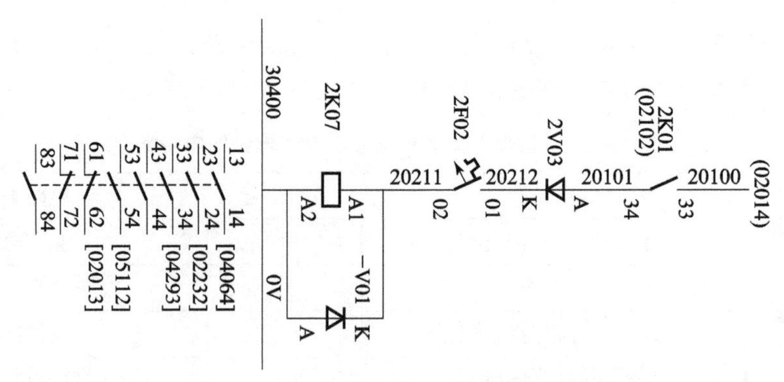

图4－1 城市轨道交通车辆控制线路示例

导线线号也采用五位数字标注。第一位数字表示电路类型。第二、三位表示该类电路的第几张图样，最后两位表示该导线的编号。

（5）车钩装置的触点标注。

自动车钩为了保证可靠连接采用弹簧触点并联连接形式，永久车钩采用弹簧触点连接形式。如图4－2（a）所示9Y06为C车2位端车钩电气接线盒的连接，63与64为不可伸缩触点，263与264为可伸缩触点，在另一单元的C车2位端车钩电气接线盒与之相连接的分别是可伸缩触点与不可伸缩触点，这样保证列车过曲线横向振动时每对触点都能够可靠连接。

（6）压力开关标注。

压力开关在电路图中的标注符号如图4－2（b）所示。压力开关符号上下的参数为其动作整定值，图示当气压大于7.0bar① 时，节点“01－04”闭合；当气压小于6.0bar

① 1 bar（巴）＝100 kPa。

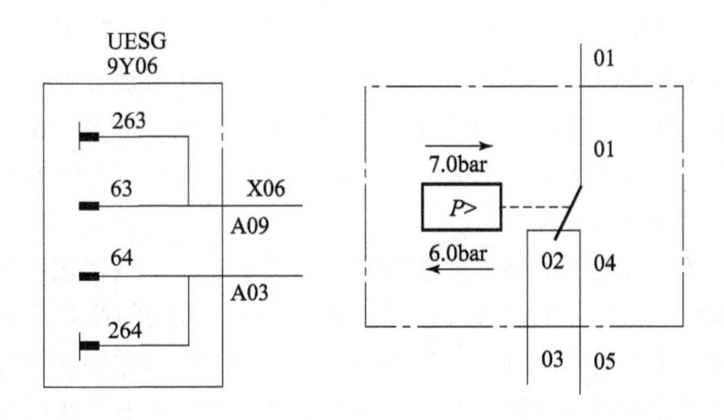

图4－2　城市轨道交通车辆车钩触点和气压开关电路符号

（a）车钩触点；（b）压力开关

时，节点“01－02”闭合；当气压处于6.0～7.0 bar之间时，节点保持先前状态，图中箭头方向即为节点分合的方向。

（7）电路图的分区。

为了查找方便，城市轨道交通车辆电路图借用平面坐标形式定位。横向用数字“1、2、3、4、5、6、7、8”均分，纵向用字母“A、B、C、D、E、F”均分。每张电路图有文字区描述电路功能，说明电路的类型、代号和页码，具体描述如图4－3和图4－4所示。

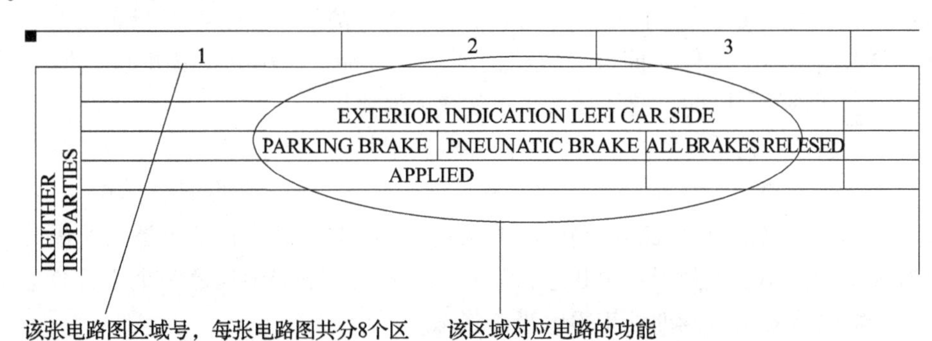

图4－3　城市轨道交通车辆电路图上部的分区和功能指示

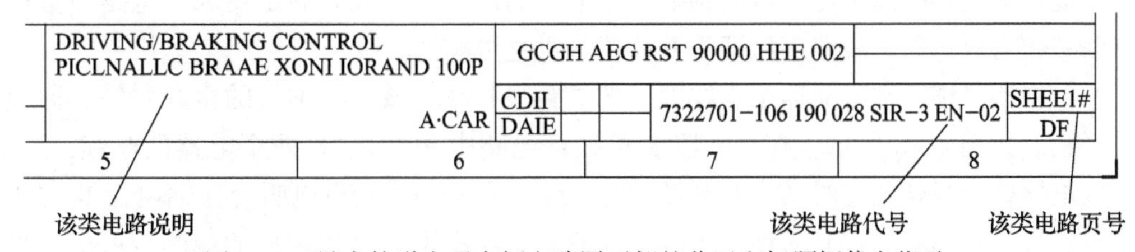

图4－4　城市轨道交通车辆电路图下部的分区和标题框信息指示

（8）电路的结构及逻辑顺序。

借用逻辑函数方法来描述电路的结构及逻辑顺序。电路中有关导线、开关、联锁和电器工作线圈一律用该电器的各车辆规定代号表示。电路中串联联接的元器件用逻辑与

“·”表示其电路结构，并联联接的元器件用逻辑或“+”表示其电路结构。描述控制电路一般从控制电源正极端开始，但有时为了简明和叙述方便可从重要导线开始。继电器、接触器、开关、按钮等的常开联锁用该电器的代号书写，常闭联锁在该电器的代号上加一段直线表示逻辑非，电磁线圈用该电器的代号外加方框表示。

3. 常用的联锁方法

控制电路必须满足主电路、辅助电路的控制要求，如电器按一定顺序动作、驾驶员按一定顺序操作，因此必须设置一些联锁来满足控制线路的逻辑需要。

在设置控制线路的联锁时，首先必须满足线路的控制需求，在此前提下应尽量减少联锁数目，提高线路的可靠性。对于需要列车有故障的情况下维持运行的线路，同样要在控制线路中做相应考虑。对于可能由于误操作造成事故的现象，也应在线路中予以避免或设法补救。因此在设置控制线路的联锁时要统筹考虑，全面考虑。

常用的联锁方法有两大类，即机械联锁和电气联锁。

（1）机械联锁。为避免因驾驶员的误操作造成人身及设备不安全，需要设置一些机械联锁。目前采用的机械联锁主要有以下三种：驾驶控制器换向手柄与调速手柄之间的机械联锁，驾驶台上按键开关与电钥匙的机械联锁，换向手柄及电钥匙与钥匙箱的机械联锁。

（2）电气联锁。电气联锁方法种类较多，常用的电气联锁方法有以下几种：

串联联锁：在某电器的工作线圈前串联若干其他电器的联锁，称为串联联锁。串联联锁是多个条件使一个电器通电，而其中任一条件消失就会使电器线圈失电。在电路中凡是要求满足多个条件才能接通电路的环节一般都采用串联联锁电路。但串联联锁越多，可靠性越低，因此，应尽量减少串联联锁的数量。

并联联锁：在某电器的工作线圈前并联若干其他电器的联锁，称为并联联锁。如图4-5所示，在继电器K的线圈前面并有a、b、c三个电器的联锁，其中a、b为常开联锁，c为常闭联锁。该电路要求在a、b两电器处于释放状态而c电器处于吸合状态时继电器K的线圈不通电处于释放状态，而a、b、c三个电器中任意一个不符合上述工作状态时，继电器K的线圈即处于得电吸合状态。

并联联锁是多个条件中的任一条件成立则该电器线圈吸合通电，只有全部条件消失才能使该电器线圈失电。该联锁方法对电器的动作顺序没有固定要求，电路中常用这种联锁作为双重供电线路以保证重要线路的供电可靠性。

自持联锁：在某电器工作线圈前的电路中并联有该电器本身的常开联锁，称为自持联锁。如图4-6所示，在继电器K的线圈电路中并有a、K两个电器的联锁，当a、K两电器处于吸合状态时其常开联锁闭合，继电器K的线圈得电吸合。继电器K的线圈得电吸合，其本身的常开联锁也闭合，即使a电器释放，继电器K的线圈也可由本身的常开联锁保持供电处于吸合状态。只有在其控制常开联锁以外的其他电路断开时，继电器K的线圈才会失电而释放。这种电路的特点是：电器吸合时需要一定的条件，在电器吸合后即使这种条件消失，电器此时依靠本身的常开联锁仍能保持吸合状态，只有在电路的其他部分断开时，才能使该电器释放。

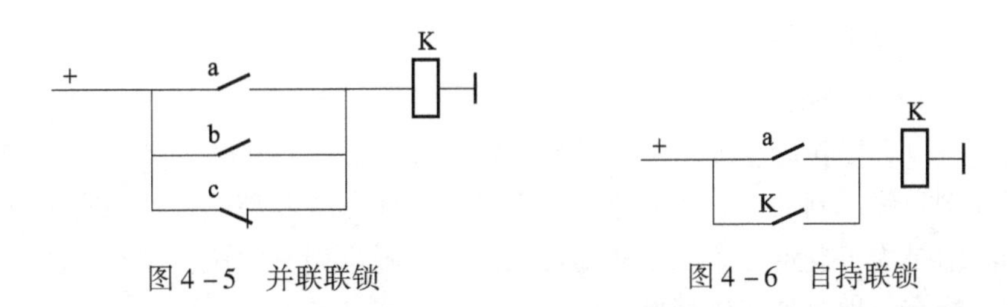

图4－5　并联联锁　　　　图4－6　自持联锁

自持联锁常用于电器的工作条件可能构成后又消失，但又需要在构成条件消失后，必须保持该电器处于吸合状态的情况。图4－1中的继电器2K01的（13－14）联锁即为自持联锁。

延时联锁：延时联锁是指某电器的线圈得失电与其联锁动作不同步，存在时间上的差异。其实现方法有多种，如在电器的铁芯上加短路铜套，从而使所有联锁都具有一定的延时；如加钟表机构只在该电路上具有延时。

（二）列车驾驶台激活电路图识读

城市轨道交通车辆的控制电路电源电压为DC 110 V，在升弓前由蓄电池提供DC 110 V，升弓后由辅助供电系统提供电能。

起动或激活列车时，必须先接通列车蓄电池，即驾驶员通过操纵蓄电池开关进行激活控制，即给操纵控制电路接通DC 110 V电源。

轻轨车辆由2个动车模块和1个拖车模块铰接而成，两个动车模块设有司机室。正常驾驶时，可在两端司机室进行操纵，一端为头车时，则另一端为尾车。通过司机钥匙激活头车，未被激活的另一端则为尾车。操纵头车的牵引/制动控制手柄，可实现列车的牵引及制动。

Mc1—带有司机室的主控动车模块　Mc2—带有司机室的动车模块　Tp—中间拖车模块

列车由车顶受电弓受电，电网电压为直流750 V。牵引电动机采用三相鼠笼式异步电动机，电动机由牵引变流器供电，可以实现牵引、再生制动、电阻制动。

两个动车模块的牵引和制动设备是相同的。Mc1和Mc2动车模块各装有一台变流器（每台变流器包括一台蓄电池充电机、一台辅助变流器和一台两模块牵引变流器），一台变流器冷却箱，一台制动电阻、一组24 V 60 Ah高倍率碱性蓄电池，一台空调机组和一个接触器箱，Mc1和Mc2车的司机室内设有司机台、空调控制柜和综合控制柜，车辆控制单元VCU设在Mc1车的综合控制柜内。Tp模块装有受电弓、受电弓风源箱、库用插座箱和高压主熔断器箱。

1. 驾驶台的激活

城市轨道交通列车有两个驾驶室，为了便于管理和有序的控制，当一个有效激活后另一个则为无效。用78号钥匙插入驾驶台侧的钥匙开关中，逆时针旋转至位置“—”，该端的列车驾驶台便被激活。列车被激活后，钥匙被锁死在钥匙开关中，此时，可以进行下面的操作：

（1）缓解或施加停车制动。

（2）闭合或断开高速断路器。

（3）升起或降下受电弓。

（4）开启或关断列车空调。

当进行以上操作后，即使关断了驾驶台钥匙开关，即回到“0”，由于激活了接触器的逻辑控制，停车制动、高速断路器、受电弓、列车空调都能保持原有的状态。对列车驾驶的激活是为了确定列车的主从驾驶端，从而确定列车的操作端和非操作端，只有在操作端才能有效地对列车进行操作。

2. ATC（列车自动控制系统）的激活

ATC 单元直接和蓄电池连接，但因其内部有电源，能独立于蓄电池工作。激活驾驶台的同时也激活了 ATC 设备。

3. 牵引保护（ATP）的激活

正常情况下要激活牵引保护，必须符合如下条件：ATC 设备已激活；ATP 钥匙开关在“合”的位置；相应的驾驶台已被激活。

轨旁 ATP 故障时要激活牵引保护，必须符合以下条件：ATC 设备已激活；ATP 钥匙开关在“合”的位置；相应的驾驶台已被激活；列车起动前按下“RM”（人工驾驶模式）按钮。在这种情况下，列车只能人工驾驶。

库内动车保护必须符合如下条件：ATC 设备已激活；ATP 钥匙开关在“合”的位置。库内只能人工驾驶，如果轨旁 ATP 和车载 ATP 之间没有数据传输，系统将自动转为“RM”模式，若列车在正线运营时出现轨旁 ATP 故障，列车将实行在库内一样的保护，系统将自动转为“RM”模式。

列车从正线入库的过程中，需要转换成 RM 模式。在离开正线前，显示屏会提醒驾驶员按下“RM”按钮。进入“RM”模式，列车才能进库。如果 ATP 发现有危险的操作状态，它会立刻触发紧急制动，直到列车完全停止。如果 ATP 触发了，必须在列车停止后按下“RM”按钮，以解除列车的紧急制动状态。

4. 列车起动继电器控制

如图 4－7 所示，列车起动继电器控制由列车电源线正端线 30420 提供 DC 110 V，经过列车控制空气自动开关 2F01 提供给列车线 20100，为后续的列车运行方向、制动控制线路和列车牵引控制线路供电。操作驾驶台主控制器钥匙开关，转至起动位，使 2A01 的 S01 行程开关闭合，电源通过二极管 2V01、车辆控制起动继电器 2K07 常闭联锁（62－61），使 2K01～2K03 列车起动继电器得电，控制逻辑为：

30420 · 2F01 · 20100 · 2A01－S01（01－02）· 2V01 ·（2K07＋2K01）·（2K01＋2K02＋2K03）· 30400

2K01 得电后其一组常开联锁（14－13）使上述控制电路自持，另一处常开联锁（24－23）闭合，电源由二极管 2V02、继电器 2K01 常开联锁，使列车起动继电器 2K04、2K05 得电，控制电路逻辑为：

20101 · 2V02 · 2K01（24－23）·（2K04＋2K05）· 30400

由于此时驾驶台被激活，车辆控制屏（TMS～MMI）被置于显示状态，同样驾驶台的指示灯发光，显示设备状态，如受电弓、HSCB 等。

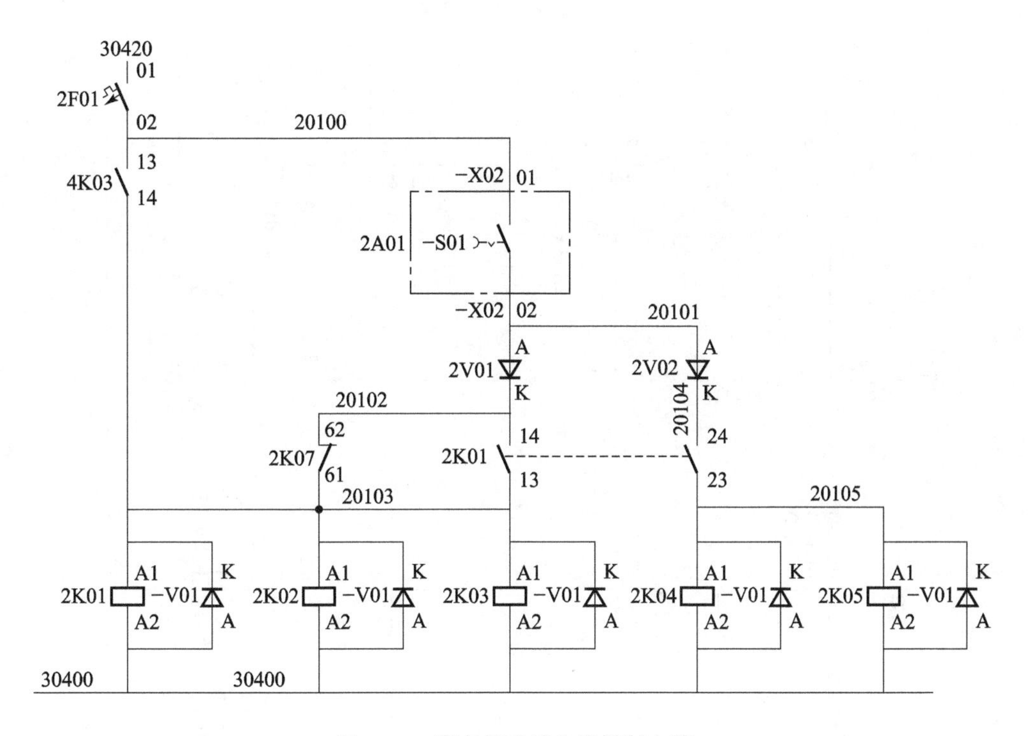

图 4－7　列车起动继电器控制电路

5. 驾驶台互锁控制

当驾驶员在一端驾驶室钥匙开关 2A01－S01 已合，控制的 A 车的 2K07 的常闭联锁（62－61）被 2K01 的常开联锁旁路，列车控制起动继电器 2K01～2K05 处于自持及吸合状态。此时在另一端驾驶室，钥匙开关 2A01－S01 的作用无效，此时即使钥匙开关 2A01－S01 闭合，由于车辆控制继电器 2K07 已吸合，其常闭联锁（62－61）断开，各列车控制起动继电器 2K01～2K05 不能得电，即实现了防止另一个驾驶室被激活的功能。这样通过线路联锁设计保证了列车两端驾驶室不能同时使用，只允许一端驾驶室得电，否则将会引起电气动作混乱，使列车安全失去保障。

在特殊运行模式（自动运行时的折返）时，前面提到的驾驶钥匙开关功能被 4K03 联锁（13－14）所取代，在这时只有 2K01、2K02、2K03 三组列车控制继电器被接通，从而保证车辆的基本运行控制操作和运行保护功能。

任务二　受电弓与门控电路图的识读

（一）受电弓控制的电路控制

受电弓控制电路如图 4－8 所示。由列车电源线（DC 110 V）正端 30420 提供电源，由受电弓和高速断路器控制保护空气开关 2F30 进行过电流保护。

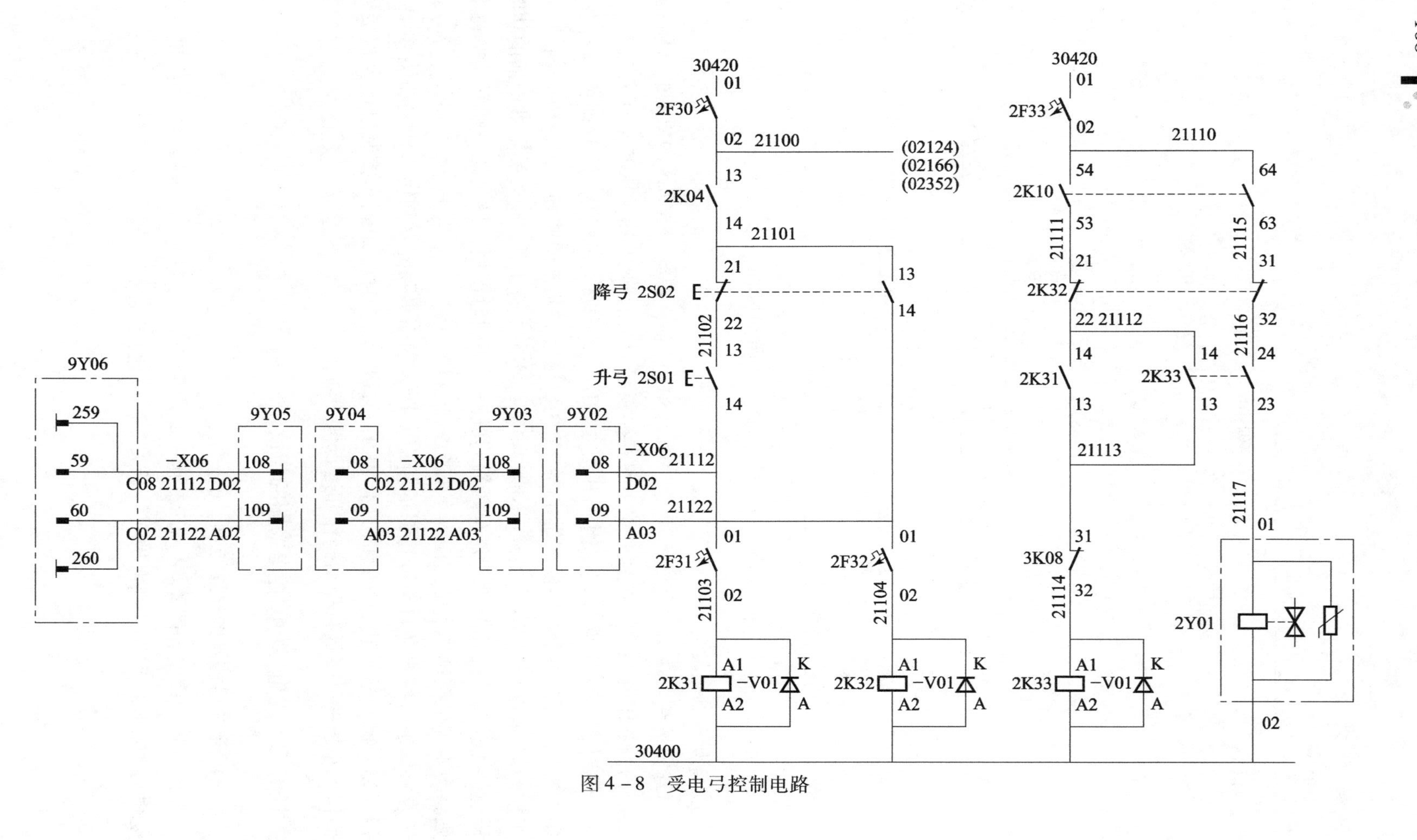
30420
01
2F30
02 21100
(02124)
(02166)
(02352)
13
2K04
14 21101
21
13
降弓 2S02
14
21102
22
13
升弓 2S01
14
9Y06
259
59
60
260
-X06
C08 21112 D02
C02 21122 A02
9Y05
108
109
9Y04
08
09
-X06
C02 21112 D02
A03 21122 A03
9Y03
108
109
9Y02
08
09
-X06
21112
D02
21122
A03
01
2F31
21103
02
01
2F32
21104
02
2K31
A1
-V01
A2
K
A
2K32
2K33
30400
30420
01
2F33
02
21110
54
64
2K10
21111
53
21115
63
21
31
2K32
22 21112
21116
32
14
24
2K31
2K33
13
23
21113
21117
01
31
3K08
21114
32
2Y01
02

图 4-8 受电弓控制电路

当列车激活后，列车控制系统进入工作准备状态，列车控制起动继电器2K04和紧急制动继电器2K10分别得电工作，驾驶员可以操作升弓控制开关2S01来执行“升弓”指令，操作降弓控制开关2S02来执行“降弓”指令。

1. 升弓控制

当按下升弓开关2S01，电源经由自动开关2F31，使升弓起动继电器2K31得电，控制电路逻辑为：

30420·2F30· 2K04·2S02·2S01·2F31·2K31·30400

一组2K31联锁（14－13）控制各自单元车辆受电弓保持继电器2K33得电吸合。具体电路为：电源列车线30420经自动空气开关2F33、紧急制动继电器2K10常开联锁（54－53）、降弓继电器2K32常闭联锁（21－22）、升弓起动继电器2K31常开联锁（14－13）、车间电源供电继电器3K08（此继电器与升弓保持继电器2K33互锁，完成列车车间电源供电和受电弓供电方式的单一供电形式）常闭联锁（31－32）使得受电弓保持继电器2K33得电，并通过自身常开联锁（14－13）完成自持。其控制电路逻辑为：

30420·2F33· 2K10·2K32· （2K31＋2K33）·2K08·2K33·30400

2K33得电后一组常开联锁（24－23）开启受电弓驱动电路，控制电源由控制电源列车线30420经自动空气开关2F33、紧急制动继电器2K10常开联锁（64－63）、降弓继电器2K32常闭联锁（31－32）、受电弓保持继电器2K33常开联锁（24－23）闭合，控制受电弓电磁阀2Y01得电，开通升弓气路，使受电弓升弓并保持受电弓处在合适工作位置。其控制电路逻辑为：

30420·2F33· 2K10·2K32·2K33 ·2Y01·30400

2. 降弓控制

按下降弓控制开关2S02，其常闭联锁（21－22）分断，升弓启动继电器2K31失电，同时2S02的常开联锁（13－14）闭合，使降弓继电器2K32得电，控制电路逻辑为：

30420·2S02·2F32·2K33·30400

其一组常闭联锁（21－22）和（31－32）打开，使得2K33和2Y01失电，受电弓落弓。在紧急情况时，单只受电弓可以通过操作设在A车驾驶控制面板的紧急制动开关使受电弓降弓（双弓），当开关被激活，2K10继电器失电，其常开联锁（54－53）和（64－63）直接分断2K33和2Y01。

要使受电弓能够升起来，升弓气压不能小于3bar时，可以利用A车8号座位下的脚踏泵来提供足够的升弓气压。当列车在“有电无气”状态下升弓时，可以先按下升弓按钮，使电磁阀2Y01得电，连接受电弓的气路被打开，然后踩脚踏板升弓，这就是通常所说的“有电无气”升弓方法。

3. 受电弓状态检测

受电弓的状态可以从按钮灯上判断。当升弓按钮绿灯亮时，表示所有受电弓都已升起；当降弓按钮红灯亮时，表示所有受电弓都已降下；当升弓按钮绿灯和降弓按钮红灯都不亮时，表示两个受电弓处于不同的状态（如升单弓）。列车对受电弓的“升弓”和“降弓”状态的检测方式是不同的，“升弓”状态是通过电压继电器7U01来检测的，如图4－9特殊欠压继电器所示。1U01是变压器，它把接触网的高电压按一定比例变换成低电压。在继电器7U01的内部，该低电压的大小决定触头1.01－1.02和2.01－2.02闭合，受电弓升弓按钮绿灯亮时，表示受电弓升起。“降弓”状态是通过位置传感器7B01来检测的，当受电弓物理位移接近7B01时，其连接电路的两接点1.3－1.4导通，受电弓降弓按钮红灯亮，表示受电弓降下。

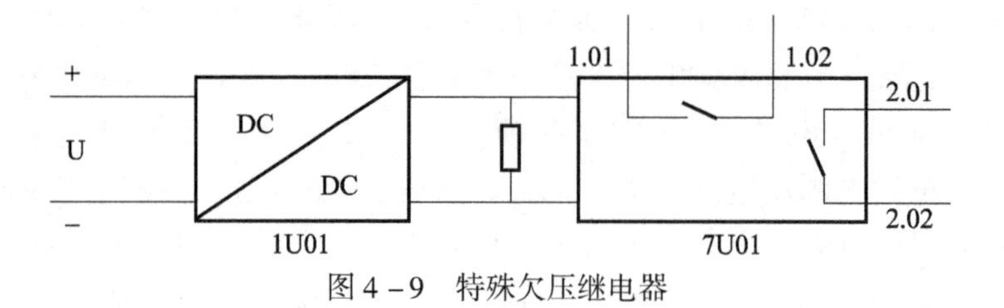

图4－9 特殊欠压继电器

（二）识读车门控制电路图

城市轨道交通车辆的特点是乘客特别密集、站间距离短、停车频繁。车门作为乘客进出列车的通道，其安全保障就显得十分重要，列车必须对各种可能出现的情况进行监测，如车门是否关好、乘客是否被夹住、车门是否打不开等，特别是在乘客被夹住、车门没关好的情况下，列车一旦起动，将会直接危及乘客的生命安全。城市轨道交通车辆一般设有十对车门，每边五对，对于每对车门，列车都设有控制环节对其状态随时进行检测。该环节主要由车门锁好行程开关、车门关好行程开关和车门紧急解锁行程开关检测车门的状态，如图4－10所示电路为单个车门检测的控制原理图，其中车门锁好行程开关和车门关好行程开关串联后与车门紧急解锁行程开关并联。只有当列车所有车门全部关好，列车车门关好继电器8K01、8K09才能得电吸合，这时牵引指令回路才能形成通路，牵引指令才能发出。

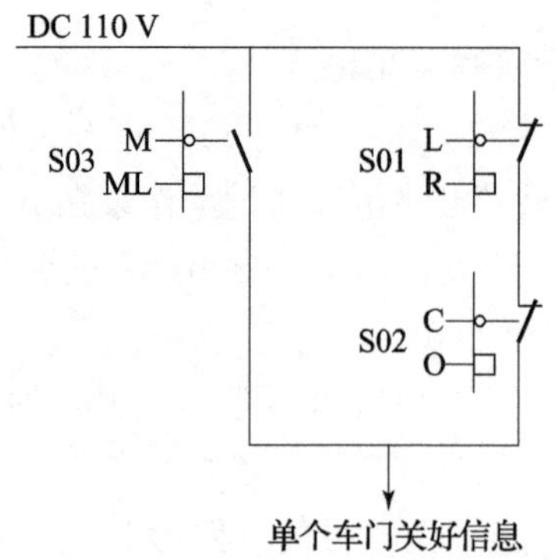

图4－10 列车单个车门检测控制原理图

S01—车门锁好行程开关；S02—车门关好行程开关；S03—车门紧急解锁行程开关

二、项目基本技能训练

1. 车辆电器控制线路中常用电气设备符号的识读。
2. 列举城市轨道交通车辆中常用的低压电器，并简要说明其作用。
3. 说明城市轨道交通车辆控制线路中01、02、06、08的线路类型。
4. 说明城市轨道交通车辆控制线路中A、F、K、S、B、H分别代表哪一类电器。
5. 画图说明电气联锁的几种形式，并简要说明其工作原理及其应用。
6. 画图说明城市轨道交通车辆常用的开关种类。

三、项目基本知识拓展

知识点一　列车牵引控制简介

在设有ATC系统的线路中，列车既能人工驾驶，又能够自动驾驶。ATC系统是列车自动控制系统，它包括列车自动防护子系统ATP（ATP系统是保证行车安全、防止列车进入前方列车占用区段和防止超速运行的设备）、列车自动监控子系统ATS（ATS系统监控列车运行及调整、自动建立进路）和列车自动驾驶子系统ATO（ATO系统是根据控制中心的指令自动使列车正点、安全、平稳运行）。

1. 城轨列车的四种驾驶模式

（1）自动驾驶模式一般用于正线运行，在轨旁ATP设备和车载ATP设备等都正常工作的情况下使用。

（2）ATP监督下的人工驾驶模式（SM）是在ATP故障时使用。在该模式下，驾驶员在ATP的监督下行车，当列车超过ATP允许的速度时发出警告，继而紧急制动。

（3）限制式人工驾驶模式即ATP提供一定的速度防护，列车超过ATP允许的速度时发出警告，ATP将紧急制动，列车由驾驶员驾驶，运行安全由驾驶员负责。

（4）人工驾驶模式（USM）则无ATP防护，列车由驾驶员驾驶，运行安全完全由驾驶员负责。

通常情况下，列车运行都要受到ATP保护。

2. 牵引控制电路

牵引控制电路采用继电器联锁方式，对车门、停放制动、疏散门、气制动等实行联锁控制保护。要实现列车的牵引，必须给定列车的牵引方向、牵引指令、牵引参考值。

（1）牵引方向。

列车牵引方向由驾驶控制器方向手柄给定。在列车静止状态，必须先推动方向手柄确定列车的运行方向。如果在列车运行过程中改变驾驶控制器方向手柄的位置，DCU将会封锁牵引指令。

（2）牵引指令。

列车通过牵引控制保护电路输出牵引指令，列车牵引指令控制主要包括驾驶控制器警惕按钮和牵引起动联锁控制。

（3）五个起动联锁及其控制。

包括主风缸压力起动联锁保护，疏散门起动联锁保护，停车制动起动联锁保护，车门起动联锁保护，气制动起动联锁保护。

知识点二　制动控制电路

列车制动分为电制动和气制动，正常情况下，电制动优先。

1. 制动指令

制动指令有常用制动指令、快速制动指令和紧急制动指令。每个制动指令都是低电平有效。

2. 制动力分配

在正常情况下，列车载荷为 AW0 ~ AW2 时，电制动能提供 100% 的制动力，但是如果出现电网电压过低或者轮对打滑，仅靠电制动力就不能满足制动要求，这时气制动补充制动力。

知识点三　长春轻轨客车正常运行操作程序

（1）所有列车门都已关好，司机台上门未关好，指示灯 HL8 熄灭，车门关好，指示灯 HL9 亮。

（2）安全制动按钮 SB4 在闭合位，安全制动未施加。

（3）左手按压司机控制手柄，使“警惕”按钮闭合（ATP 保护状态可不按压此按钮）。

（4）司机控制手柄从“惰行”位向前推至“牵引”位，司机台上的停放制动未缓解指示灯熄灭。

（5）牵引到一定速度惰行后，要进站实施制动停车，观察电制动施加情况，密切注意减速情况，视制动距离大小，进行改变制动手柄位置。

（6）当列车制动不及时，造成速度过高，而不能在规定距离内停车，要直接将制动手柄拉到电紧急位（即 EB 位），待车速下降到一定速度时，可以改用常用制动进行停车，但一般情况下，应避免进行这样的操作。

（7）当发生紧急情况时，也就是说当司机采取了 EB 制动，此时如果没有网压或是因变流器故障没有电制动，车辆不能停止时，司机要迅速按下安全制动按钮，直至停车。此时车辆只有在车辆停止紧急情况解除后，才能右旋紧急按钮进行缓解。

（8）如果是在 ATP 保护下的运行操作，一旦出现超速行驶的情况，会自动实施制动来控制速度，司机在接到超速报警时，应进行制动，将列车速度控制在目标速度以下。如果在规定的时间内没有实施制动或制动力小，不能使列车速度降到所需速度值以下，则 ATP 自动保护系统自动实施制动，来满足安全要求。

（9）如果在运行过程中，ATP 系统出现故障，需要 ATP 主开关转到“OFF”位，司机控制手柄上的“死人”按钮起作用，司机只有按住按钮，才能实现列车的正常运行。在列车牵引、滑行或低等级制动中，如果警惕按钮超过 55 s 没有动作，或按压警惕按钮时间超过 10 s 时，蜂鸣器将响起，超过 5 s 没有动作，牵引安全回路将断开，列车将施加最大电制动。

列车停车时自动施加了停放制动，坡道停车起动时，不需进行其他附加的操作，由控制系统自动完成。

【项目学习评价】

思考练习题

1. 说明电动列车电气控制电路的分类及作用。
2. 比较城市轨道交通车辆控制类型，区分其优缺点。
3. 分析车辆有几种起动联锁，为什么要设置这些联锁？
4. 试列举城市轨道交通车辆运行中可能造成紧急制动的原因。

自我评价、小组互评及教师评价

评价方面	项目评价内容	分值	自我评价	小组评价	教师评价	得分
实操技能	1. 各小组同学画图说明电气联锁的几种形式，并简要说明其工作原理及其应用	20				
	2. 画图说明城市轨道交通车辆常用的开关种类	20				
	3. 分析列车高速断路器控制电路图（合闸控制和分闸控制）	30				
	4. 分析列车疏散门起动联锁保护	30				
学习态度	1. 严肃认真的学习态度					
	2. 严谨、细致的工作作风					

个人学习总结

成功与收获	
改进与不足	
学习体会	

参考文献

[1] 赵承荻，姚和芳. 电机与电气控制技术 [M]. 北京：高等教育出版社，2006.

[2] 谢家的，祁冠峰. 电力机车电器 [M]. 北京：中国铁道出版社，2008.

[3] 单振清，王金花，王道俊. 传感器与检测技术 [M]. 北京：人民邮电出版社，2009.

[4] 张莹，陶艳. 城市轨道交通供电技术 [M]. 北京：人民交通出版社，2010.

[5] 秦娟兰，贾武通，龙明贵，等. 城市轨道交通车辆电机 [M]. 成都：西南交通大学出版社，2010.

[6] 陈廷凤，龙明贵，王慧，等. 城市轨道交通车辆电器 [M]. 成都：西南交通大学出版社，2010.

[7] 程周. 电工电子技术与技能 [M]. 北京：高等教育出版社，2010.

[8] 华平，唐春林. 城市轨道交通车辆电气控制 [M]. 北京：机械工业出版社，2011.